千古人物

刘光裕 杨慧文 唐史人物传记

柳宗元传

刘光裕 杨慧文 ◎著

中国书籍出版社
China Book Press

前 言

唐代名人柳宗元，在今天还不是个陌生的人物，因为他的一些作品，已选入中学教科书，每一个中学生几乎都认真读过。这本传记有意从新的角度，大致是从思想史和文化史的角度，力求用散文的形式，通过通俗的语言，全面陈述传主为国家、为民族勇于除旧布新的强者形象，展现他在坎坷一生中孜孜不倦地追求真理的人格精神和思想风貌。

柳宗元所处的时代，历史学上一般认为是由封建社会前期向封建社会后期急剧转变的时代。经济上，庶族地主经济正在替代士族地主经济；政治上，建立巩固的中央集权制已成为当时不可阻挡的历史趋势。在这种情况下，意识形态领域随之剧烈地动荡起来。这时恰好又遇上了历史运动中出现的种种因素，其中有些是随机性因素，诸如：大规模社会动乱过去以后，国家政局处于相对稳定状态，社会上形成了中兴国家与深刻反思相结合的思潮；由于实行科举取士和教育事业的发展，参政意识强烈的"士"阶层人数激增，其中不少人思想活跃，热情而有朝气；国家的文化政策显得比较宽松，文网不严；思想战线上儒、佛、道三家既斗争又融合，而儒学在斗争中显出自己的软弱无力，对儒学地位威胁最大的佛教，内部的改革派即禅宗又开始在全国佛教界取得历史性的胜利。凡此种种，促使当时锐意进取的志士仁人，耽于沉思，勇于呼号。从朝廷到民间，到处都在讨论，时时都有争辩。争论安邦治国的大政方略，争论度支税收、科举取士、经学价值，也争论写怎样的诗和如何读书作文。在一片闹哄哄、乱糟糟的历史现象背后，在短短的四十来年中，新的思想冲破旧经学以及其他陈规旧索的禁锢，不断涌现出来，旧的思想在政治、经济以及经学、宗教、文学等各个地方都遭到前所未有的挑战和反抗。虽然时代政治经常面临危机，思想界却有了突破性的进展，当然这种进展从总的方面看，还不足以使新的观念在现实中最后站住脚。这表明诞生思想家和改革家的时代来到了。事实上，这个时期不仅产生了柳宗元，还产生了韩愈和其他一些思想家，还产生了一大批历史上著名的政治活动家、经济活动家、军事活动家、宗教活动家、文学家和艺术家等。因此，把诞生了柳宗元、韩愈的中唐时期，与诞生了李白、杜甫的盛唐时期相比，从文化史而不仅仅是从文学史的观点看，中唐肯定比盛唐更为重要。

至于柳宗元，他无疑是这个时期思想文化界的代表性人物。他的文学成就是许多人早已熟知的。此外，他在政治学、哲学、宗教学、经济学以及法学等方面，都提出了新的见解，其中有些思想在历史上影响深远。因此，在今天中国的政治学说史、哲学史、文学史、宗教学说史、经济学说史、法学史上，他都是不可不讲的重要人物。

作为历史人物，柳宗元在今天引人注目处，还有他的精神风貌。对他来说，排不去、解不掉的心事，始终是忧国忧民。他一生热情地关怀人民疾苦，为自己造就了如此性格本色。当颇为勇敢的政治改革活动失败以后，他一直沉沦下僚，后半生蹉跎岁月，以惊人的毅力著书立说，在困顿生涯中始终自强不息。他思想解放，不受拘束，无疑是当时社会上偶像崇拜观念较少的人；又坚持真理于患难之中，犹有宁为玉碎不为瓦全的硬骨头精神。他为官一生，命运多难，然而两袖清风，在乌烟瘴气的封建官场上卓然保持着自己的清廉和正直，可谓冰清玉洁。当然，他绝非超凡脱俗。贵族子弟的骄矜之气，自负之心，随处可见；待人处事，老是锋芒毕露，改不掉棱角分明而又咄咄逼人的脾气；受打击以后又未免患得患失，一时间显得相当脆弱。只要是如实地介绍一个人，杰出人物大概也是既崇高又平凡，既伟大又渺小，既有君子之风，又有世俗之气。所以，读者在本书中将要见到的柳宗元，与他人一样有血肉之躯，无非是生活中曾经有过的一个人。

法国著名作家罗曼·罗兰写有蜚声文坛的"三大英雄传记"，在其中第一部《贝多芬传》的"序言"中，他特地这样告诉自己的读者："人类中最优秀的和你们同在。汲取他们的勇气做我们的养料吧。"柳宗元就是"人类中最优秀的"人物，他不也应当是和人们"同在"的吗？我们且把罗曼·罗兰这句话移录于此，然后，再一起去领略本书中这位"最优秀"人物的一生丰采。

目录 | Contents

壹 家庭与求学 /1

河东柳氏 /3

动乱时代 /5

父博学又刚直 /10

「少精敏，无不通达」 /13

决不做「章句师」 /18

贰 长安朝官生涯 /23

故里长安 /25

一帆风顺 /29

「名声大振」 /35

「弱冠同怀长者忧」 /39

叁 以民为本思想 /45

一代名臣的沉落 /47

「心乎生民而已」 /54

「为吏者，人役也」 /60

「狂疏人」种种 /64

肆 参加永贞革新 /71

唐德宗死了 /73

王叔文党人 /76

"人情大悦"的新政 /80

"八司马"事件 /86

伍 永州司马十年 /93

赴任永州 /95

从龙兴寺到愚溪 /97

"无忘生人之患" /103

"皆是太平之不遇人" /111

发愤著书 /120

陆 一场哲学论战 /127

哲学界复兴的背景 /129

"受命不于天,于其人" /131

与韩愈论争 /137

刘禹锡参加论战 /143

柒 维护国家统一 /149

"四王"事件 /151

长期争论的一个问题 /154

理论上的两个难点 /157

"公天下之端自秦始" /162

捌 以儒统佛 /167

三教合流 /169

重巽和尚 /172

曹溪禅师碑 /177

"浮屠诚有不可斥者" /181

玖 领导古文运动 /189

韩愈是战友 /191

"文者以明道" /194

"雄深雅健,似司马子长" /200

寓言和山水游记 /207

拾　出任柳州刺史 /213

「谁料翻为岭外行」 /215

「种柳柳江边」 /221

「生有高名，没为众悲」 /226

拾壹　英名长存 /231

到宋代被重新发现 /233

上千年的议论纷争 /237

柳学研究在今天 /245

附　录 /249

一　柳宗元事迹著作编年 /249

二　参考书目 /257

后　记 /259

再版后记 /262

家庭与求学

河东柳氏

柳宗元，字子厚，生于唐代宗大历八年（公元773年），也就是安史之乱①平定以后的第十个年头。这个时期属于唐代中叶，柳宗元就是活跃于中唐政界和文化界的人物，他的思想和作品，都具有中唐的历史特点。他祖籍是蒲州解县（今山西运城市西南解州镇）。蒲州在秦朝以后隶属河东郡，所以人们称他"河东柳宗元"，他的著作又称为《河东先生集》，或《柳河东集》。不过，他本人生于京城长安，一生从未到山西老家去过。

在南北朝时期，柳宗元的祖先——河东柳氏家族，是我国北方一支势力很强的士族，接连几代人在朝廷封侯拜相，社会上的声望和地位很高。我国历史上的士族，也称世族。在实行门阀统治的时代，少数几家士族垄断国家的全部政治权力，在经济方面享有最多的特权。所以在封建统治阶级中，士族是地位最高的阶层，就像处于金字塔的顶端那样。

中国的士族统治体制形成于汉代，兴盛于南北朝，到唐代，已经明显地衰落了，逐渐代之而起的是庶族地主的统治。唐王朝主要是依靠山西、陕西一带的封建势力建立起来的，河东柳氏正是唐王朝立国时依靠的社会势力之一。所以在初唐，这个士族的成员能与唐王室结成姻亲，很多人在政界担任要职，柳宗元的高伯祖柳奭（shì）在唐高宗时做宰相，柳奭的外甥女是唐高宗的皇后。据柳宗元说，唐高宗时仅尚书省的柳氏，就有"二十二人"（见《送澥序》）。这时的河东柳氏依然鼎盛而显赫。

---

① 安史之乱是唐代发生的最大武装叛乱，自玄宗天宝十四载（公元755年）开始，至代宗广德元年（公元763年）基本结束。

可是，经过武则天掌权时搞的残酷政治斗争，这个家族的势力一落千丈。再过一百来年，到柳宗元时，境况仍是今非昔比。

在柳宗元的家庭中，既没有食邑封户①为他们提供奢侈享乐的巨额财富，又不能从门荫②中依靠世袭得到官做，这些特权原是士族所有的，现在他家一概失去了。当然，在长安西郊还有良田数顷和果树数百株，长安城里有房产两处，至于赋税徭役方面的豁免权，那是但凡登科或做官的人都享有的。如此看来，他家的经济情况已与一般地主家庭差别不大，但仍然是官宦人家，在社会上有令人看重的士族声望，这在当时来说还是相当要紧的。

曾经是豪门望族的河东柳氏，现在已经衰落。从历史发展的观点看，这正符合士族体制即将退出历史舞台的必然趋势。只是就柳宗元而言，这意味着家庭对他个人的前途，已经帮不了多少忙，今后非靠自己去努力奋斗不可。

柳宗元经常带着自豪而惋惜的心情，絮絮陈说河东柳氏以往那段显赫的历史，赞美为"士林盛族"；他决心奋发有为，以能光耀门庭，真正对得起柳氏先人。这种很强的宗族门第意识，无疑是河东柳氏在他头脑中留下的烙印。然而，柳宗元生长在安史之乱以后动荡不安的时代，在这个时代中，他最关心的是国家的前途和人民的命运，并继承了祖国的优秀文化遗产而加以发展，所以从他整个思想看，是顺应了历史发展的潮流。他一生所走的路，是与士族利益和士族观念背道而驰的。

---

① 食邑本是卿大夫的封地，即采邑，因收取封地的赋税而食，故名食邑。食邑内人户称封户。
② 门荫是凭借先人之功而循例得官，从门荫得官不必通过科举考试。

动乱时代

柳宗元的父亲叫柳镇，母亲是卢氏。柳宗元降生时，这个家庭中已经有了两个年龄不大的姐姐；他始终未能有兄弟，是家中独子。他祖父做过县令，有五个儿子，柳镇是长子。爆发安史之乱时，柳镇只有二十来岁，他带领这个大家庭从长安逃难，在兵荒马乱中长途跋涉，先到山西避难，接着又逃到安徽宣城，历尽艰辛。安史之乱平定后，有许多北方人逃难到南方后便定居下来。柳镇则很快回到了北方，把妻子、家室安顿在长安，自己到外地做官。柳宗元来到人间时，柳镇已经三十五岁。这时安史之乱虽然早已过去，但遗留下来的一大堆问题，犹如魔影一般，长期笼罩着全国。

历时八年的安史之乱，是由少数民族出身的镇守边境的将领挑起的，他们想夺取唐室政权，终于酿成全国性的战乱。这无疑是一场空前的浩劫，把当时世界上最强盛的大唐帝国推向了崩溃的边缘，又给全国人民带来惨重的灾难。

柳宗元出生前三年（公元770年），著名大诗人杜甫在饱尝了战乱之苦后，无声无息地逝世在从长沙沿湘江驶往岳阳的一条小船上。在战乱中，杜甫从陕西领着妻子儿女，翻过秦岭山脉，徒步走到四川，以后又长期过着颠沛流离、饥寒交迫的生活。他写的"三吏"、"三别"等诗篇，是人民蒙受苦难的忠实记录。像柳镇以及比他年长的杜甫，这些人总算在九死一生中活了下来，而更多的人是在战乱中丧生。可是杜甫在漂泊十一年之后，未能返回故里，客死他乡。这就是当时中国人民的命运。

安史之乱以后，整个北中国满目疮痍，而各地又是烽火未息。杜甫在去世前，从四川流落到湖南，就是因为遇上湖南的兵乱，阻断了北上回家的路。他在题为《逃难》[①]的一首诗中，写道："故国莽丘墟，邻里各分散，归路从此迷，涕尽湘江岸。"后两句诗，是写由于不能回归故乡，诗人在湘江岸边伤心落泪，这也是当时许多流落者的共同心情。前两句诗，是描述诗人故乡在战后的凄惨景象：那里只留下莽莽草木丛中的一片废墟，活着的乡亲邻里都逃走了。杜甫的家乡在河南巩县，靠近唐代的东都洛阳，这一带本是著名的繁华富庶之地。因为洛阳一度成为安史叛军的巢穴，这一带的战祸尤为惨重。杜甫诗中所写景象，大概是他在南方听说的。平叛中转战南北的大将朔方节度使郭子仪，曾亲眼目睹那里的景况。他说，洛阳"宫室焚烧，十不存一；百曹荒废，曾无尺椽；中间畿内，不满千户"。又说，广大的中原地区"人烟断绝，千里萧条"（《旧唐书·郭子仪传》）。柳宗元在长安诞生时的现实情况，大致如此。

不久前，唐帝国曾出现过"贞观之治"和"开元盛世"那样空前繁荣、威振四方的局面，如今的现实形势却非常险峻。黄河中下游普遍遭受严重破坏，而那里原是经济文化最发达的地区。战火所及，生灵涂炭，户口锐减。全国战乱前有九百余万户，战乱后只剩下一百九十多万户，损失户口达四分之三以上。在这些损失的户口中，虽有一部分是逃亡了，或者被豪强隐瞒了，但大部分都死于战乱中。国家从这次战祸中站立起来以后，虽然在政治、军事、经济等方面都做过不少努力，经济方面的调整和改革很多，故而江淮地区的经济发展较快，中原地区的经济也缓慢复苏；但民生维艰，国家财政拮据，政治上难以摆脱困境。生于安史之乱后的柳宗元所见到的唐帝国已经是一蹶不振了。杜甫诗中所记"小邑犹藏万家室"（《忆昔》）那种物资丰盈的繁荣景象，只存留在人们的美好记忆之中。

安史之乱遗留下的问题很多，仅就政治问题而言，主要是两个：一是藩镇割据，二是宦官擅权。

存在藩镇割据问题，是因为在长期战乱中，出现了一批骄悍的藩将。

[①] 据肖涤非著《杜甫诗选注》，此诗作于杜甫去世那一年（公元770年）。

杜甫有诗道:"王室比多难,高官皆武臣"(《送陵州路使君赴任》),说的是那时的实际情况。唐朝本是文官体制,中央和地方的官吏皆由文官担任,起初只是在边境上设立几个由武臣负责的节度使,担负边防任务。安史战乱把武臣推向了前台,他们担任要职,接受封赏,出现"高官皆武臣"的局面。朝廷为了应付打仗,又在内地普遍设立节度使。凡是节度使,都在地方上集军事、政治、经济三方面大权于一身,成为手中权力很大的藩将。其中有些藩将,持强而独霸一方,形成了与中央对抗的割据局面。

当时最大的藩镇割据势力是河北诸镇:魏博镇、成德镇、卢龙镇、淄青镇。这四个藩镇将领强占了今天山东、河北两省的全部,有时还把势力扩展到今天江苏、安徽的北部,扼运河通道,直逼朝廷赋税的主要来源江淮地区。他们兵强将广,地盘又是连块成片,可以互相呼应,所以气焰十分嚣张。再是在今天河南信阳、汝南一带的淮西镇,也长期被藩将割据。淮西镇靠近全国政治中心洛阳和长安,对朝廷造成的威胁最大。此外,在长江中下游和四川盆地,也曾发生藩将叛乱。中央朝廷实际统治的地区,比以前大大缩小,经济力量和军事力量严重不足,要想削平藩镇割据,已缺乏足够的实力。只要存在藩镇割据,就没有全国的真正统一,这是当时政治家和思想家必须正视的重大政治问题。

藩镇割据带来了战争。柳宗元出生以后,局部性战争接连不断,藩镇与藩镇之间,藩镇与朝廷之间,经常打仗,全国狼烟四起,打打停停,停停打打,总是平息不下来。从柳宗元九岁那年开始,藩镇的军事叛乱出现了高潮。这次叛乱发生在唐德宗建中年间,史称"建中之乱"。

在建中之乱期间,首先是河北四镇的田悦、朱滔等四个藩将联合反唐。唐军与叛军在今山东、河北地区进行大规模激战,唐军初战胜利,往后却形成了两军对峙,相持不下的局面。接着是淮西地区的淮宁节度使李希烈起而反唐,自称"楚帝",攻开封,围襄阳,威胁洛阳。年届七十六岁的大书法家颜真卿[①],作为朝廷使臣正在李希烈军中,由于反对称帝,就遭到李希烈杀害。朝廷抽调西部边防线上的泾原部队进攻李希烈,

---

① 颜真卿(公元709—785年),字清臣,京兆万年(今陕西西安市)人,历任殿中侍御史、吏部尚书、太子太师等,封鲁郡公,世称颜鲁公。

可是泾原部队路过长安时，因为朝廷不给犒赏而激起兵变，攻陷了长安。叛军首领朱泚在长安自称"大秦皇帝"，史称"泾师兵变"。在泾师兵变期间，唐德宗只带着几百人从长安皇宫仓皇逃走，到奉天（今陕西乾县）后被叛军紧紧包围，以后又逃往汉中，十分狼狈。这次建中之乱，是安史之乱后最大的一次藩镇叛乱，国家形势岌岌可危。战争延续了五六年才算平息下来。

安史之乱还没有成为遥远的过去，就发生了这场建中之乱，这件事是任何关心国家前途命运的人都不能不细加思考的。对于柳宗元来说，建中之乱是令人难忘的。他平生考虑国事，恐怕随时都会在脑海中浮现出这场动乱。

至于宦官擅权，这问题自然是产生在朝廷内部。宦官本是皇帝家奴，况且东汉就在宦官手中灭亡，这前车之鉴，唐代人怎能不知道？所以初唐时曾明文规定，宦官不得参与朝政。可是，安史之乱以后，随着藩镇割据势力的出现，朝廷控制机能不断削弱，皇帝对文武臣僚的猜疑和不信任与日俱增，因此逐渐地把更多的军政要务，交给自己的家奴宦官去办。封建政治是君主专制主义，皇帝坚持要这样做，谁也没有办法。朝廷内宦官擅权的形势，就这样逐渐形成。

大将领兵打仗，皇帝派宦官去做监军，此事在唐玄宗时就有，以后就沿袭下来。当唐军与安史叛军作战，皇帝到处派宦官做监军。宦官不懂打仗，但在军队中他是皇帝的私人代表，权力很大，说话更有分量。于是，常常是打了胜仗，就居为己功；吃了败仗，就说是将军的错误。赫赫名将郭子仪在这方面吃够了宦官鱼朝恩的苦头。平叛时唐军进展缓慢，宦官监军实为原因之一。到唐德宗时，由于经历过"泾师兵变"，皇帝对武将更加不信任，就干脆把中央禁军直接交给宦官统率。中央禁军是归朝廷直接掌握的最大一支军队，部署在长安及其周围地区。宦官从监军到自己去统率军队，是一次至关重要的变化。柳宗元年轻时，宦官就开始统率中央禁军了，从此宦官的权势大盛。这类人一旦得手，是什么坏事都能做得出来的。

宦官不仅插足军务，统领禁军，还担任朝廷的枢密使和宣慰使，任务是执掌机要，传宣诏令。他们经常以皇帝代言人的身份，出现在百官面前，这就为他们进一步窃取宫廷政治权力大开方便之门。在这种情况下，连有些宰辅大臣对宦官也另眼相看，厚颜无耻者径直走宦官的门路去谋取高位。

皇帝信任宦官，无非是以为宦官驯服听话，封建君主从自己的政治利益出发，需要这种驯服听话的人。然而宦官大都是没有文化、缺德少才的小人，年轻时被阉入宫，常常有狭隘自私、妒贤嫉能、残酷无情、贪财好利等变态心理，让他们参与朝政，朝政不可能不坏。况且只要宦官得势，官场上一定会盛行拍马奉承之风，忠言直谏者日见减少。所以宦官擅权是造成朝廷力量自我损耗的主要原因，对朝廷政治的危害，比藩镇割据更为直接。这些情况，生长在长安的柳宗元完全可以耳闻目睹。

安史之乱以后，唐帝国由盛转衰，志士仁人们对国家的衰落感到痛心疾首。如何使国家摆脱困境，重振初盛唐时代的雄风，这个问题引起了人们的普遍关注，社会上从而出现一股相当强大的中兴思潮。柳宗元长大后，也成为这思潮中人。柳宗元从小经历了战争的动乱，看到的是混乱、腐败的政局和人民蒙受苦难的情景，因而头脑中形成了浓厚的忧患意识和兴亡之感，促使他一生都没有忘记救国救民。患难时代往往比太平盛世更能锻炼人才，促人成长。身处这个时代，无论在事功方面还是在著作方面，柳宗元都是能够有所成就的。可是，来自社会方面的困难和阻力，又是相当巨大和可怕的。因而，他在人生道路上难免会到处碰壁，以至于弄得头破血流。

父博学又刚直

从家庭情况看,作为士族的河东柳氏已经衰落,但柳家有较高的文化水平,家风清正淳厚,在社会上有多方面的联系。这对柳宗元本人的成长来说,是有利因素。

父亲柳镇一生为仕途奔波,不过大多是做参军、县令之类的地方小官。去世前五年,才到朝廷做殿中侍御史,官阶从七品上。在仕途上,他始终很不顺畅。

柳镇自己更像是个书生,能写诗作文,又是明经①出身,所以对古代儒家经典无不精通。安史之乱时,柳家有一个时期在山西王屋山避难,那时他为柳家子弟讲过学,传授《左传》和《周易》。安史之乱刚刚平定,他立即向朝廷提交两份建议书:一份是建议劝人耕种,恢复生产;另一份是主张兴办太学,恢复教育事业。他本是关心国家又十分重视文化的人。由于是士族门庭,本人又学识渊博,因而能结交一代名流,如中唐著名文人梁萧和韩会、诗人李益,以及政界许多要人。柳宗元生活在这样的家庭中,从小受到学术文化的熏陶,在耳濡目染中增长知识,又有机会了解社会情况,接触实际,开阔眼界。

在官场上,柳镇的职位不高,但为人正直,嫉恶如仇。三十来岁时,柳镇在晋州(今山西临汾)做录事参军,顶头上司是晋州刺史。此人乃武将出身,缺少文化,脾气粗暴,任意打人杀人,府衙里没有人敢同他

---

① 在唐代,明经与进士同时列为科举取士的科目,以经义取者为明经,以诗赋取者为进士。

讲理。有一次，一个无辜者即将被刺史打死，柳镇看不过去，挺身而出，用自己的身体挡住棍棒，反对刺史的暴行。晋州刺史因此暴跳如雷，掀掉桌子，折断坐席，却没有能镇服柳镇。得罪了刺史，他的晋州录事参军自然是做不下去了，于是调到长安县做主簿。面对官场的乌烟瘴气，柳镇坚持正义，胸怀良心，不讲圆滑，没有媚骨，这种人怎能讨得上级的欢心呢？所以，他的仕途坎坷并不令人奇怪。柳宗元的性格，很多地方就有乃父之风。

五十岁时，柳镇从地方调到朝廷做殿中侍御史。这是御史台的官员，担任监察工作。一上任，柳镇便遇到了复杂而棘手的卢岳遗产案。这时，柳宗元已十六岁。

陕虢观察史卢岳死后，妾裴氏生有儿子，应该得到一份遗产，但卢妻想独吞遗产，裴氏因而上诉状告。朝廷有两个权势很大的人，袒护卢岳妻子，一个是御史中丞卢佋，他就是柳镇的顶头上司；另一个是宰相窦参，他如今是唐德宗李适手下的红人。在柳镇之前，这个案子本来由殿中侍御史穆赞主持审理，穆赞不同意袒护卢妻，就被卢佋和窦参捏造了接受裴氏贿赂的罪名，逮捕入狱。穆赞的弟弟不服，到公堂上为哥哥击鼓鸣冤，于是朝廷提出重新审理此案。这次便由新上任的御史柳镇主持，会同刑部和大理寺的官员协同办理。这个案子确实很难办，案情中的是非是一回事，涉及到与官场中权势人物的关系，又是另一回事。穆赞的下场便说明了这个问题。然而柳镇大义凛然，不怕官场权势。他密奏皇帝，秉公处理了卢岳遗产，又平了穆赞的冤案。

权臣窦参因此对柳镇大为不满，过了一年，就找个借口，把柳镇贬到长江三峡旁边的夔州（今重庆奉节），去做小小的司马。已是十六七岁的柳宗元，对于这次父亲遭遇中的是非曲直，自然能看得一清二楚。父亲要离家远行，柳宗元送亲人出长安城外将近百里，一直到蓝田县城。这是一条通往荆、襄的古驿道，再向东南走，过秦岭便是商洛山区，一片茫茫大山，父子两人只得在此依依分手。这时候，柳镇对儿子说了这样一句话："吾目无涕。"受屈而决不掉泪，老人的性格，竟是这样刚强。

三年以后，名臣陆贽①出任宰相，原宰相窦参贬官，因而召柳镇回朝廷任侍御史。侍御史比他原任殿中侍御史的官阶要高一点。朝廷诏书上这样称赞他："守正为心，疾恶不惧。"意思是坚守正直是你的心愿，反对邪恶从不畏惧。五十四岁的柳镇见了这八个字，想到虽然仕途坎坷，但自己光明磊落的为人，终于被人们理解。贬官没有使他落泪，这时竟高兴得老泪纵横。

柳镇五十五岁那年春天，即贞元九年（公元793年），二十一岁的柳宗元在长安中了进士。由于科举考试常有营私舞弊，所以这次考试一结束，唐德宗就查询官僚子弟中有没有通过不正当手段登科及第的。当有关人员讲到，新科进士柳宗元是柳镇的儿子时，皇帝接着说："是故抗奸臣窦参者耶！吾知其不为子求举矣。"柳镇的刚直品格名闻长安，所以连皇帝也已听说。

柳宗元对父亲的刚直不阿，有非常深刻的印象。在他为父亲写的《先侍御史府君神道表》中，详细地记载着柳镇的这些事。

---

① 陆贽（公元754-805年），字敬舆，吴地嘉兴府青浦（今属上海市）人，著作有《陆宣公翰苑集》。

"少精敏，无不通达"

对柳宗元进行启蒙教育的，是其母亲卢氏。

卢氏也生长于士族家庭。当时的士族，政治上虽往往趋于保守，但对于中国传统文化又是掌握较多的。士族家庭大多有家学，通经读史是士族子弟的一种风尚。卢氏在家里，七岁开始读《诗经》《孝女传》一类书籍，兄弟们所读的历史典籍和诸子百家，也成为她的读物，因而有一定文化根底。柳宗元四岁那年，全家暂住长安西郊乡下，卢氏教他读书识字。因为手头没有书，就靠母亲口授，柳宗元跟着默记。他从小用功，这一年仅学习古代的辞赋就有十四篇。说来也巧，比柳宗元年长一岁的大诗人白居易，也是母亲启蒙教学的。这都是因为处于离乱的时代，他们的母亲都有文化，而父亲又都在外地做官，不常在家。对于柳宗元来说，卢氏的启蒙教育，及早地开发了他的智力，为他今后的学业奠定了良好基础。

贤慧豁达的卢氏，与姑嫂能很好地相处，对儿女善于管教，又慈爱勤恳。柳宗元的两个姐姐在家里学女红，也学文化；他的大姐写得一手隶书，还善操琴。这是一个生活中充满了文化气氛的家庭。

年龄稍大以后，柳宗元曾想进太学学习。太学是皇家办的高级学府，学生都是做过五品以上官员的子孙，河东柳氏的子弟是有资格进太学的。当柳宗元听说太学生并不认真读书，惯于吵架斗殴，侮辱师长，学风如此不正，他就不敢再有进太学的念头了。他在"乡间家塾"中继续学习。乡学是地方上办的，往往有较好的老师，学习纪律也较为严格。后来，中唐名臣阳城做国子监司业，主管太学，这时候柳宗元对太学的不良印象才有了改观。

大约在十来岁以后有好几年，柳宗元离开长安的家，到南方去跟随父亲生活。那时候，柳镇在夏口（今湖北武昌）和南昌等地的官府做事，他把柳宗元带在身边，显然是有关于儿子的学业前程方面的考虑。柳宗元有学力深厚的父亲指点，学业上的长进自然很快。况且柳镇在夏口和南昌的上司是李兼，就是后来成为柳宗元妻子杨氏的外祖父。杨氏三岁丧母以后，一直住在外祖父李兼家里。柳宗元比杨氏大四岁，这本是一门娃娃亲，正式订婚就在他十三岁那一年。柳宗元实际上是到未婚妻杨氏的外祖父所管辖的地区，那里有乡学，为他提供了很好的学习条件。

在南方期间，柳宗元经常与人讨论学业。在夏口，他与少年朋友虞鸣鹤相善，因住处很近，常在一起讲文论道；在九江，他结识了正在用功读书的萧錬。这两个少年朋友，后来也都考取了进士。

熟悉柳宗元的同时代人，无不称赞他资质聪颖。他生长在学术气氛浓厚的家庭中，孩提时代有母亲的及早启蒙，以后又在"乡间家塾"中勤奋学习，加上经过像柳镇等学识渊博的长辈精心指教，一个少年儿童具备这样优越的主观条件和客观条件，往往可能会早熟。

贞元元年（公元785年），柳宗元十三岁。这一年七月，"泾师兵变"后接着发动军事叛乱的藩将李怀光，在河中府（今山西永济、闻喜一带）被围身死。正在南方的柳宗元，为讨平叛乱写了一篇《贺平李怀光表》，这是今天可以见到的他最早的作品。表，是上奏皇帝的一种文体，政府官员常请擅作文章的人代写，这时柳宗元还是少年，他这篇文章是代姓崔的中丞写的。《贺平李怀光表》只留下残篇。从中可以看出，他采用的是很难掌握的骈文，措词练达，对仗工整，概述叙事，颇有气势，称得上是出手非凡的佳作。

十三岁的孩子能写出这种文章，历来有人怀疑。不过古人习诗作文，大都年龄较小，杜甫七岁写诗，韩愈七岁作文。学习写作早，再加上培养得法，一些天资聪明的孩子，就有可能写出一鸣惊人的作品来。初唐的王勃①，在十四岁时一挥而就，写了《滕王阁序》，成为千古传诵的骈文佳作；中唐的白居易，十五六岁写的名作《赋得古草原送别》，轰动诗坛。在同时代人中，刘禹锡对柳宗元情况最为了解，他为柳宗元文集写的序言《柳君集纪》，称："子厚始以童子有奇名于贞元初。""子厚"是柳宗元的字。古代平辈人之间的称谓，一般只称对方的字，不直呼其名。刘禹锡这话是说柳宗元在贞元初年有奇童的美名。既然在贞元元年他写《贺平李怀光表》这样的文章，那他"童子有奇名"，便成为顺理成章的事情。

尽管在童子少年时，柳宗元就在文坛崭露头角，但并没有影响他继续努力去学习。勤奋好学是他从小养成的习惯。他家从长安西郊，搬到长安城内亲仁里居住以后，长安善和里柳家旧宅内所藏的三千卷皇帝赐书，从此就成为了他的心中爱物。二十多年后，由于他贬官，全家到了南方，可是那三千卷书不得不留在长安柳家故居。在南方，柳宗元给长安人写信时，特地问到故居房子已经换了三次主人，不知那三千卷藏书还在不在？他虽身在千里之外，还是念念不忘那些书。

柳宗元的学习兴趣很广泛。小时候曾迷过书法和音乐，还都下过一番工夫。在书法方面，他自己家里本珍藏有许多魏晋时期的书法作品，而他又把长安城里要人们私人珍藏的书法都看遍了。以后在永州生活时，别人给他看署年为西晋"永嘉"②的一篇墓中出土石书，他马上发现，这石书书法上是模仿了王羲之③的笔法。王羲之生于西晋永嘉后八年，并不是西晋永嘉时人。西晋永嘉时人，怎么会有东晋书法家特有的书法呢？由此，也断定这墓中出土的石书，是一件假古董。对书法有这样高的鉴别能力，可见他在这方面的造诣很深。他本人的书法艺术，在唐代也很有名，虽然他曾对别人说，由于年幼时没有好的老师指教，所以书法和音乐这两者都没有坚持学习下去，但其实，他是唐代的书法家之一。书

---

① 王勃（公元650-676年），字子安，在初唐文坛上与杨炯、卢照邻、骆宾王齐名，并称"初唐四杰"。
② 永嘉是西晋怀帝司马炽的年号，年代为公元307-313年。
③ 王羲之（公元321-379年），字逸少，官至右军将军，故人称"王右军"，东晋著名大书法家。

法中他以"章草"闻名,当时学习他"章草"的人很多,只是他的手迹今天很难见到罢了。值得提出的是,唐代柳家出了很多书法家,如柳宗元的堂叔父柳公绰,特别是柳公权①,皆是书法名家。

柳宗元读书不拘一格。那时学生学习的重点,自然必须是儒家经典,柳宗元不能例外,但他对诸子百家,以至三教九流,都用心研讨。他二十五六岁写的文章,就对经、史、子、集广征博引。倒不是说广征博引就算好文章,然而能说明他年轻时读书的广泛。

柳宗元年少时就养成好学和博学的习惯,年龄大了,还是如此作风不改。三十来岁的柳宗元,已经是在朝廷做了几年官的人,还与他的朋友刘禹锡、韩泰一起,兴致勃勃去听那时著名的《诗经》专家讲学。三十三岁那年,他正从事政治革新活动,官做礼部员外郎,政务非常繁忙,在这种情况下,还拜陆质②为老师。年迈的陆质,为他抱病讲解《春秋》,表扬他学习进步很快。这时的柳宗元,在长安文坛上已经享有声誉,青年文人对他趋之若鹜,可是遇到了比自己高明的人,仍是不忘虚心学习。

唐代文人一般过着浪漫的生活,狎妓饮酒与赋诗作文,并行不悖,社会上不以为怪。柳宗元一生对生活所持态度,与时尚有所不同。如果说他生活中有什么爱好,那最大的爱好就是读书,在后半生政治失意时期,他更把读书看作是从苦闷中寻求解脱的一种手段。

好学和博学,使柳宗元的知识面很宽。从他一生情况看,儒学思想对他影响最大。孔子和孟子倡导的"仁政"以及"民本"学说,被他终生信奉;此外,道家的自然观,先秦、两汉诸人的元气说,法家的"义""利"学说和历史发展观,佛家的哲学思辨等,都使他发生浓厚兴趣,有些被他吸收利用。他既推崇先秦诸子,又钦佩屈原、司马迁等人,经、史、子、集无不通晓。在自己文章中,他经常纵论古今,或者借古说今,这表明他史学修养很深。他的文章对山川地形、道路物产等也有精确的描述,这不能不是平时留心地理学的结果。对儒家天命论的批评,历史上

---

① 柳公权(公元778—865年),字诚悬,柳公绰的弟弟。两人都是唐代书法家,又以柳公权更为有名。
② 陆质(公元741?—805年),字伯仲,原名陆淳,中唐著名经学家。参见杨慧文《陆质生平事迹考》,《山东大学学报》1988年第3期。

当以柳宗元最为彻底，这个历史功绩，完全与他接受了道家自然观和研究过天文学有关。那时，长安皇家有世界上最先进的天文仪器和这方面的丰富藏书，他天文历算方面的知识应获于此。对于佛教、道教、法学、经济学和医学等，他也都有过研究。他似乎有无穷的智慧和精力，希望把所有知识都掌握在自己头脑中。

作为思想家的柳宗元，在思想领域有不少创新和建树。这得力于他博古通今，读书不拘一格，掌握了为一般人所不重视的那些学问。他的学识是带有多科性和综合性的。唐代青年除学习写诗之外，一般只重视学习"五经"或"九经"，甚至仅仅钻研其中一"经"，对别的再也不感兴趣。在学习方面，柳宗元走的是另一条路子。如果他也是把知识局限在少数经典书本上，就不可能产生新鲜思想，后来肯定也不能成为思想家。

与柳宗元同时代的另一位著名思想家和文学家韩愈，称："子厚少精敏，无不通达。"（《柳子厚墓志铭》）这话是称赞他年少时思维精细敏捷，各类学问无不融会贯通。实际情况正是如此，柳宗元不仅天资聪颖，而且特别注重好学和博学，这才成为学识上"无不通达"的人。

决不做"章句师"

柳宗元年长以后，特别是在文化界享有盛誉以后，许多青年人都乐意向他请教。一生襟怀坦荡的柳宗元，经常在文章中公开谈论自己的缺点和不足；对于青年人，他常常介绍自己年轻时在求学和为人方面所走过的弯路，通过现身说法，去为青年人提供鉴戒。然而，有两件事他从不懊悔，一是年幼好学，在解剖自己时，他并不否认这是自己的优点；另一就是自己从来不想做"章句师"。有一个叫严厚舆的青年写信求教，要拜他为师。他在回信中有这样一句话："今世固不少章句师，仆幸非其人。"语气中，对章句师表示很轻蔑、鄙夷。好学而不做章句师，是他在成功道路上的一条重要经验。

什么是章句师？简单地说，就是对儒家经典著作只求字句解释的那种人。章句师遵从的是章句学，章句学大致就是有关儒家经典著作的字句意思的学问。我国经学章句兴起于汉代，唐代正流行。

柳宗元这样旗帜鲜明地反对章句师，实际上是针对唐代的经学章句而来的。从社会意义看，此举非同小可。

中国古代的经学属于儒学，不过它与儒学还不是一回事。在唐代，被列为"经"的著作，有《周易》《尚书》《毛诗》《礼记》《左传》，这称为"五经"；这"五经"，再加上《周礼》《仪礼》《公羊传》《谷梁传》，就成为"九经"。"五经"、"九经"在儒学著作中属于古典作品，又并非全部作品。比如儒学中的《论语》《孟子》，在唐代还不具有"经"的地位，至于后人写的许多儒学作品，一般都没有成为"经"。凡被称是"经"的作品，一定受到官方的支持和保护。经学是封建社会的理论基础和行为准则，在思想领域内具有绝对真理的最高权威地位，人人必须信仰和遵从，不能怀疑和反对。如果反对"经"，就可能犯"非圣"之罪，弄得不好是要被法办的。

经学是唐代学生必修的主课。"五经"或"九经"大都产生在先秦，形成于汉代，其中少数篇章是西汉人假冒古人写的。这些作品年代久远，字句意思很不好懂。所以早在汉代，跟随着"经"在政治上被重视，同时也就产生了解释"经"的章句学，而"经"在社会生活中所具有的权威地位，又使经学章句也获得了权威性。唐代以前，经学章句中门派很多，主要分南、北两大派。不同门派对经典有不同的解释，不利于统一思想。于是，唐太宗命令经学家孔颖达[1]等人，作《五经正义》，由朝廷颁发全国，作为统一教材。唐代学生都需读《五经正义》，柳宗元自然不能例外。

唐代的科举考试，既要考讲经，又要考背经。讲经是讲解经文意思，考生的回答不能违背国家规定的注本。考背经在当时称"帖经"，考法是把经书中任何一部分的前后两边遮帖起来，只留中间一行字，再用纸帖盖这一行中的任何三个字，令考生把它背出来。这样的考试方法相当古怪，似乎是专门为了训练死记硬背。可是不论考明经还是考进士，都要先考讲经和背经，这道关口通不过，其余考试项目都不能参加。所以，人们必须学会了对经学章句的死记硬背，才能获取科举功名；要是学不会，科举考试就通不过，当然也就不能做官享受荣华富贵。章句师的本领，恰好就是能死记硬背经学章句，这种本领符合官方所提倡的，又能给自己带来莫大的好处，何乐而不为？柳宗元劝人们不要去做章句师，那是因为他发现了经学章句误国的弊端。可是，在这种社会情况下，肯定有很多人心甘情愿去做章句师。

在全国教育中采用统一的经学教材，又通过这种考试，促使人们掌握这统一教材，这样做使唐代的经学趋于统一，异说都消失在这个统一之中。在此同时，也产生了新的问题，就是人们必须死守经学章句，不能越雷池一步，连前人对经文的注释也不敢违反。于是，人们的思想被

---

[1] 孔颖达（公元 754-648 年），字冲远，著名经学家。隋朝明经及第，入唐后任国子司业至国子祭酒。与魏征合撰《隋史》；与颜师古、王琰等撰《五经正义》一百八十卷（今注疏本《五经疏》）。

经学章句牢牢地束缚住了。与南北朝相比较，唐代最重视经学，重视的结果，却是使经学走进了这样的死胡同。这一有趣的历史现象，颇令人寻思。

早在柳宗元反对章句师之前，盛唐诗人李白写过一首诗，题为《嘲鲁儒》："鲁叟谈'五经'，白发死章句，问以经济策，茫如坠烟雾。"这里"白发死章句"的"鲁叟"，就是柳宗元所说的那种章句师；诗中所说"经济策"，指经世济民之策。李白批评那些人拿不出安邦定国、经世济民的良策，因而认为这种人既然不能从事政治，还不如回家里去种地为好。盛唐时像李白那样批评章句师的人并不多见。到了中唐柳宗元的时代，已经有一批人同时发表比李白更为激烈的言论。

中唐是封建社会的前期形态向后期形态急剧转变的时期，经济上正从士族经济向庄园地主经济转变，政治上正在进一步完善中央集权的国家体制。在这种情况下，形成于汉代的经学，其中的陈腐观念如果不做适当调整，就不能适应社会形势的变化。何况中唐多灾多难，人们纷纷寻求国家中兴之路。在这种特定形势中，人们更容易觉察到死守经学章句种种教条所存在的极大危害。所以，中唐时不少人开始怀疑经学章句，故意离开旧经学去试图建立新儒学。经学家陆质，继承老师啖助、朋友赵匡的成果，重新解释了儒家重要经典《春秋》，在社会上引起很大反响。柳宗元三十三岁时拜陆质做老师。那时"疑经"是一股社会思潮，这一思潮的实质，是寻求与发展变化了的现实相适应的新的思想武器，社会上一批头脑清醒的人，起而反对章句师。柳宗元也受到了这一思潮的影响。他既信奉儒学，但又不拘泥于儒学教条，愉快地扮演着新思想探索者的角色。他的思想解放，显得生动活泼。总的看，是问题的提出多于解决，具有新旧思想交替时的特征。

柳宗元在二十五岁时，曾说过："学不能探奥义，穷章句，为腐烂之儒。"（《上大理崔大卿应制举不敏启》）把章句师称之为"腐烂之儒"，言下之意是对其不屑一顾，从此可看出，他对死守经学章句，持有怎样坚定的反对态度。二十五岁时说这种话，看来立志不做章句师，应该更早。

柳宗元本人对经学章句，实际上并非不熟悉。为了参加科举考试，他在这方面也是下过一番苦功夫的。有过这样一件事：有一次，刘禹锡写信告诉他，有一个高僧提出了关于《周易》的一个新见解。他接信后马上回信，认为这个高僧的见解，是接受了孔颖达《五经正义》里的看法，而孔颖达又是根据东汉郑玄[①]和晋代学者韩康伯[②]的注解，所以根本算不得什么新见解。在回信中，他还对刘禹锡建议，做学问必须先把前人著作研讨过，发现确实有错，再加以纠正，这才是最牢靠的（见《与刘禹锡论〈周易〉九六书》）。仅仅是有关《周易》的一个观点，他就从孔颖达上溯韩康伯和郑玄，源流演变，娴熟于胸，这表明柳宗元对经学章句是很熟悉的。尽管如此，他不愿做章句师，而且在年轻时就有此决心，因为他追求比经学章句更大的学问。

只有背书本领的章句师，根本不能经世致用，被柳宗元称作"腐烂之儒"，是很合适的。至于柳宗元自己，他曾明确表示要独立思考，不去做照搬古书上现成话那种事情。在信中，他对别人这样讲："理不一断于古书老生，直趣尧舜之道、孔子之志，明而出之，又古之所难有也。"（《与杨凭书》）他大致是想抛开传、注之类，直接去寻求圣人的思想，融会贯通以后再用自己的话把道理明白地讲出来。这样做确实很难，然而他希望自己能做到。他还提出"辅时及物为道"，把辅助时政和有利于社会，作为自己遵奉的一个思想原则。与这点相联系，在思想理论的作用方面，他一再强调"佐世""救世""益于世用"等。他这些言论，都是重在解决现实问题，包含人们的思想应与现实相联系这种意思，与章句师的学风大相径庭。

在思想作风方面，柳宗元在年轻时就选择了重视研究实际问题的路子。因此，虽然一生埋头读书，然而学究们的那种冬烘气，在他身上是最少的。研究实际问题，比死记硬背经学章句要困难百倍，还充满风险。论学问，他决非不能做章句师，何况当时读书而死守章句的人，在官场上触目皆是，常常能平平安安地做官。如他堂伯父柳芳，读了很多书，颇有文才，早年受过一点挫折，以后写历史作品都不褒贬人物，这样不问世上是非，于是就升了官，结果以高官而终。可是人各有志，柳宗元

[①] 郑玄（公元127—200年），字康成，遍注五经，在经学史上是集汉代经学之大成者。
[②] 韩康伯（公元332—380年），晋代经学家。生卒年据余嘉锡《世说新语笺疏》。

始终不屑做这样的人。

　　能够影响一个人一生的道路和成就的,常常只是生活中最初的重要几步。身处动乱的时代,有父亲柳镇作为自己做人的榜样,柳宗元从而养成浓厚的忧患意识和兴亡之感,并进而以救国救民为己任,较早地意识到时代的使命。从小好学又博学,在这方面,以诗书传家的柳氏家风对他的影响最大。对一个人的成长来说,这些都是很重要的。可仅仅如此,柳宗元以后或许成为真正的正人君子,或许成为微不足道的章句师,但决不会是人们所见的那个思想家柳宗元。只有当这个天资聪明的年轻人,下决心不做章句师,懂得必须反对死守经学章句,这样,他成为思想家的前景,才逐渐明朗化。晚年时他如此坚定地要求青年不做章句师,说明他以前已经多少觉察到这一点。

长安朝官生涯

故里长安

柳宗元把长安当作自己的故乡。他住在长安城内亲仁坊（又称亲仁里）。在他仅有的四十七年人生历程中，三十三岁以前都是在长安。他在长安度过了自己的前半生，经历了一生中最重要的政治历程。

从西周开始到唐代，长安是经历了十个朝代的千年古都。唐代的长安，雄伟壮丽，是大唐帝国首屈一指的大都会，在世界城市中也是无与伦比的。由于长安是唐帝国的京都，当时的人们常把它作为故国和忠君的同义语，在许多人的心目中，它又象征着前途和希望，繁华和文明，生在唐代的人，谁不想一睹长安的丰采！

唐都长安从隋代开始规划和兴建，隋文帝杨坚开皇二年（公元582年），嫌北周旧都（即汉初所建的长安城）狭小，不能适应发展的需要，决定另建新都，初名大兴城。负责这座城市总体设计的就是宇文恺[①]，他是中国历史上最优秀的建筑学家之一；城内的许多重要建筑，又是唐代建筑大师阎立德的精心杰作。皇城和宫殿，位于全城中轴线的北部；皇城外郭城内，东西平行的十一条大街和南北并列的十四条大街，把郭城分成一百零八个坊，坊是居民区；其中东半部五十四坊归万年县管辖，西半部五十四坊归长安县管辖。柳家所在的亲仁坊，是万年县管辖的五十四坊之一。整个城市呈东西方向稍长的长方形，大的街道宽达一百五十米左右，小的街道也有二十五米，不论在古代还是现代，都称

[①] 宇文恺（公元555-612年），字安乐，隋朔方（今陕西靖边北白城子）人。隋文帝时任营新都副监。

得上是通衢大道。所有街道相交处，都是笔直的十字形；全城整齐对称，呈十分美观的棋盘式格局；街旁种有槐树，绿树成荫。把万年、长安两县，以及官署、军队、百姓等都计算在内，估计长安有上百万人口；全城周长，据今人勘查，达七十华里，城郊浩大的禁苑，还不算在内。城内有三大宫殿群：太极宫、大明宫、兴庆宫，称雄一时的秦汉宫殿，与此相比又显得黯然失色。在战乱中，长安城内那些重要建筑侥幸保存了下来。汉代时的长安，在世界上可与欧洲的古罗马城相媲美，但到公元五世纪中叶，古罗马城被从欧洲北部来的汪达尔人夷为一片废墟。西方的罗马帝国灭亡时，东方的中国有幸结束了南北朝的分裂局面，奇迹般地再度强盛起来。因此，由隋入唐的长安城，在当时世界上再也找不到可以与之相比肩的城市了。

在这座世界上最壮观的城市中，柳家所在的亲仁坊，位于城的东半部，处于全城中心地带，位置极好。长安东半部是达官贵人聚居之地，所以柳家亲仁坊的邻居中，有名将郭子仪的私宅。郭子仪封汾阳王，他的住宅占有亲仁坊四分之一土地，是长安有名的富豪。柳宗元家能在这里居住，自然与河东柳氏的显赫过去有关。

柳宗元在长安诞生，在长安成长，离开长安以后仍对这里念念不忘。这是他一生最难忘怀的地方。不仅仅是柳宗元，唐代人大都用自豪而向往的心情谈起长安，因为长安有特殊重要的地位。长期生活在这样的大都会，不只能够博见广闻，大开眼界，而且还能养成对现实世界的一种阔大胸襟，以及文化上的开放心理。

长安作为全国的政治中心和文化中心，设有帝国的最高行政机构，中华民族创造的灿烂文化大都集中在长安。唐帝国建立的封建政治体制，在当时是相当完善而先进的。安史之乱长安陷落之后，朝廷能快速结集力量，战胜叛军，重新控制国家，这件事本身就表明这种政治体制所具有的活力。安史之乱平定以后，帝国政治困难重重，然而中兴势力十分活跃，长安又成为谋划中兴的志士仁人的活跃舞台。在柳宗元之前，军事家郭子仪、财政专家刘晏①、政治活动家兼思想家陆贽等人，都为国家作出了重要贡献。

随着全国经济的缓慢复苏，长安经济依靠全国赋税的集中供应，于战乱后率先繁荣起来。除大规模官营作坊和居民区各色商贩，长安还有东市和西市两大商业区。货物来自四面八方，有全世界为之倾倒的绚丽丝绸，有巧夺天工的越窑青瓷和邢窑白瓷②，有中国人首先享用的奇妙饮料茶叶，还有琳琅满目的工艺品和各地风味小吃。还可见到许多国外产品，如波斯、大食，天竺等国来的香料、药物、珠宝等。

长安又是具有国际意义的城市。丝绸之路是东方和西方之间架起的一条最大也是最远的文化通道，它的起点就是长安。波斯以及西亚各国商人，长年云集长安；日本、新罗等国派来的留学生和使臣等，人数众多，络绎不绝；印度传来的佛教，在长安香火大盛；许多亚洲邻国的音乐、舞蹈和杂技等艺术，长安人也有幸经常见到。这是一个从经济到文化都非常开放的城市。柳宗元写关于驿道的一篇文章时，开头就这样形容长安交通发达和宾客辐凑的盛况："凡万国之会，四夷之来，天下之道途，毕出于邦畿之内。"（《馆驿使壁记》）这无非是记实而已，谈不上有什么夸张，不过从这话中，也可看出文章作者具有阔视四方、包容天下的泱泱大国气派。

柳宗元在长安，目睹朝廷政治风云的变幻，在自己脑海中刻下印记；又在长安获取了他所需要的功名，进而自己步入政界；三十三岁之前，他在长安从事重要政治活动和文化活动。

长安官宦人家子弟，很多是吃喝玩乐、斗鸡走狗的恶少。李白有诗写道："路逢斗鸡者，冠盖何辉赫！"（《古风》二十四）他在长安亲眼看见斗鸡取乐的人，都是声势显赫的。可是，官宦人家子弟也有一些是用功读书的，柳宗元便是其中之一，况且中唐国难当头，忧国忧民的

---

① 刘晏（公元715-780年），字士安，曹州南华（今山东东明）人，历任户部侍郎，度支、铸钱、租庸等使，吏部尚书、同平章事等职，理财达二十年。
② 越窑青瓷产于越州（今浙江绍兴），邢窑白瓷产于邢州（今河北邢台）。唐三彩的瓷釉具有黄、绿、赭三种颜色，更是唐代陶瓷业的新发明，但唐三彩兴于初盛唐，中唐已不多见。

人比盛唐更多一些。当时读书人的出路是做官，科举又是从读书走向做官的桥梁。唐代科举设有进士、明经、明法、明书、明算等科目，其中以进士和明经最为重要。唐代政界要员以进士出身居多，所以进士科比明经科更被人们重视。考明经往往是十人取一，考进士常常是百人取一，比明经竞争更激烈。

功名心理，是唐代知识界非常普遍的社会心理。少年读书的人，到了一定年纪，理所当然地要去参加科举考试。柳宗元自十七岁开始，在长安参加科举考试，五年后即贞元九年（公元793年）进士及第。那一年，他二十一岁。社会上通常认为五十岁中进士也不算晚，因而有"三十老明经，五十少进士"的说法。柳宗元是在二十一岁中进士，因为取得了这样好的成绩，名声便立刻传遍长安城。

国家科举一般是正月考试，二月放榜。像柳宗元那样在榜上有名的人，都是春风得意，照例要到大雁塔去题名，再到曲江池去宴游。巍峨的大雁塔今天仍是西安城里一景，当年它矗立在长安城内晋昌坊，在柳家正南方，中间只隔三个坊；碧波荡漾的曲江池，春天一片翠荷，在柳家东南方，但距离较远一些。柳宗元度过了进士及第后那些欢乐日子，到这年五月，父亲柳镇不幸去世。遵照礼制，他必须在家守丧三年。三年期满，二十四岁那年，他与杨氏完婚。他们虽然早已订亲，但守丧期间是禁止婚娶的。

考中了进士，并不能马上在朝廷授官。按照尚书省各部的分工，礼部管科举考试，吏部管官吏任免。所以在礼部考取了进士的人，还要通过吏部的另一次考试，才能任命官职。柳宗元在父丧期间不能参加考试，守丧期满以后，二十六岁时考取了吏部的博学宏词科。这样，他通过自己奋斗，打通了走向政界的道路，久已盼望的长安朝官生涯，从此开始了。

一帆风顺

考取博学宏词科以后，柳宗元被任命为集贤殿书院正字，成了朝廷官员。朝廷三省六部官署，都在亲仁坊北面的皇城中，离柳家不算远。集贤殿书院属朝廷中书省。中书省的任务是秉承皇帝旨意，拟订文告，执掌机要，下属机构集贤殿书院负责校理经籍这类工作。做这种文字性工作，柳宗元自然得心应手，而且这里闲暇较多，为他了解朝廷典章制度，熟悉全国政治情况，阅读皇家丰富藏书，提供了很好的机会。

柳宗元在集贤殿书院工作了三年。届任期满，柳宗元调任蓝田（今陕西蓝田县）县尉。这一年，他已是二十九岁。虽说县尉职位不高，不过是分管县里地方军事工作的小官，但蓝田县非同一般，紧靠京城长安，属京畿道。在京畿道中，长安、万年两县称京县，蓝田那样的县称畿县，畿县县尉的官阶比一般县尉要高。唐代选拔朝廷要员，往往需要曾担任过地方州县职务的人，这大概也有取得实际工作经验的考虑。刚刚踏上政界的青年官吏，为了给自己今后晋升铺平道路，要在蓝田那样的畿县谋个职位，取得地方工作经历，并不是很容易的事。因此，任命柳宗元做蓝田县尉，可以看作是对他的信任。

就在柳宗元被任命做蓝田县尉这一年，韦夏卿恰好出任京兆尹。京兆尹是京城长安的最高行政长官，蓝田县就归京兆尹管辖。韦夏卿这时已到花甲之年，他待人厚道，做过苏州刺史、常州刺史等，在政界颇有施政宽廉和乐于提掖后进的名声。他与柳宗元本来没有什么特别关系，由于看中了这个青年的文才，就留柳宗元在京兆府做文字工作。所以柳宗元虽有蓝田县尉的任命，实际上未做多少县尉的事情。

两年以后，也就是柳宗元三十一岁的时候，他果然被提拔，由蓝田县尉调到朝廷的监察机构御史台，做监察御史里行。所谓里行，就是见习的意思。监察御史的工作，大致是监督朝廷礼仪，巡察中央和地方的政治、经济、司法等。这是八品官员，没有施政实权，但是可以过问的事情很多，又准参见皇帝，参加议政，遇到处理复杂问题，就能表现出才能和品德，对青年官员的晋升非常有利。年轻人一旦做上了监察御史或左右拾遗，同僚往往会另眼相看，因为这意味着委以大任已为时不远。

从集贤殿书院到蓝田县尉，再到监察御史，在当时来说是一条理想的升迁之路。这个履历中没有什么曲折和弯路，一切都是顺顺当当，沿着阶梯不断上升的。谁都看得出来，柳宗元的政治前途十分美好，在这方面他足以引起旁人的羡慕和妒嫉。事实上监察御史他也只做了两年，就升任礼部员外郎，官阶从六品上。这一年，他年仅三十三岁，已是台省的郎官，朝廷的要员。他父亲辛辛苦苦在官场奋斗一辈子，也不如他现在的官职高，他真的是比父亲幸运多了。

柳宗元的许多青年朋友，如刘禹锡、吕温、韩愈、崔群等，这时候也都先后通过科举步入政界。刘禹锡、吕温、崔群三人都比他长一岁，韩愈比他长五岁。这些人后来都是历史上的名人，当年作为时代青年中的俊杰，相会在长安。

刘禹锡，字梦得，是中唐诗坛上的佼佼者，大诗人白居易赞他"诗称国手"。长安人最早看到的刘禹锡，是一位有理想、有抱负又有点桀傲不驯的青年政治家兼哲学家。他祖籍中山（今河北定州市），唐代宗大历七年（公元772年）诞生在吴郡（今江苏苏州），在南方水乡度过了童年。二十来岁游学长安，凭自己的学识，很快于贞元九年（公元793年）与柳宗元同登进士第，因而他们有同年之谊。接着他又顺利地通过了吏部的考试，在柳宗元守丧期间，在长安东宫做了两年太子校书。后因遇上父亲病故，不得不南奔扬州。在柳宗元调蓝田尉那一年，他从扬州调回北方，任京兆府渭南县主簿，这时他与柳宗元经常见面。他们两人同一年从县职调到朝廷任监察御史，当柳宗元从监察御史升任礼部员外郎，刘禹锡也升任屯田员外郎，又分管朝廷财政工作。这两个胸怀大志的年轻才子，在政治生涯中同步升迁，结下了莫逆之交。

具有远见卓识的中唐政治家吕温,字化光,河中(今山西永济市)人,生于唐代宗大历七年(公元772年)。文章和诗写得不错。幼年时代生活在扬州等地,以后举家搬回洛阳,常常来往于洛阳与长安之间。他与柳宗元本有点亲戚关系,所以两人认识很早。他考进士不算顺利,登第比柳宗元晚五年,可是接着在第二年就通过吏部的考试,这样就与柳宗元同时在集贤殿书院工作了两年。他思想活跃,见解独到,二十七岁那年写过一篇《诸葛武侯庙记》,借评诸葛亮来论当代政治。唐人论诸葛亮,就如杜甫诗"出师未捷身先死,常使英雄泪满襟"(《蜀相》),一般都是充满同情和敬惜之情。吕温的见解相当特别,他明确指出诸葛亮"才有余而见未至",就是能力很强然而政治见解并不高明。在吕温看来,东汉末年,汉家流毒已经"在人骨髓",人民恨透了汉朝,可是在这样的情况下,诸葛亮还是打着"复汉"的旗号,"未能审时定势,大顺人心"。换句话说,是违背了人民意愿。因此,诸葛亮的事业是肯定要失败的。这种论述表明,吕温深信取得人民的真心支持,乃是王朝政治成败的关键,这也是他对安史之乱以后时代政治的基本看法。吕温信仰仁政爱民的政治学说。他后来做道州(治所在营道,今湖南道县)刺史,颇有政绩,可遇到道州江华县有位姓毛的县令,偏偏好打人。他调离道州前,写了一首诗送给这个毛县令,最后两句是:"今朝别后无他嘱,虽是蒲鞭也莫施。"看来,他对毛县令很不放心,嘱他连蒲草做的鞭子也不能用。吕温这些观点,与柳宗元、刘禹锡十分契合。年轻的吕温,在仕途上也很顺利。他在柳宗元担任监察御史那年,由唐德宗亲自提名做左拾遗;第二年,又以侍御史的身份,出使吐蕃。这说明了朝廷对他的器重。

从当时的情况看,柳宗元与刘禹锡、吕温三人是晋升最快的青年朝官,在同辈人中很少有可与之相比的,因此在朝廷内外十分引人注目。这三个青年彼此十分相好,有志同道合和难解难分的友情。才华横溢,加上少年得志,致使他们身上逐渐形成一种锐气和傲气。一方面他们不畏艰险,敢于进取,有一股一往无前的精神;另一方面他们又锋芒毕露,天真乐观,看待世事往往流于简单化。这些年轻人政治热情高昂,可是又显得过于单纯,思想单纯,就个人而言不是什么问题,然而在官场政治中,未必是有益的。

从今后的学术成就看,唯韩愈可与柳宗元相当,所以后人一向以"韩、柳"并称。不过在年轻时代,柳宗元仕途十分畅达,韩愈却不很得志,仕途坎坷。韩愈字退之,河南河阳(今河南孟州市西)人,自谓郡望昌黎(今属辽宁)。他从小父母双亡,由哥哥韩会抚养;韩会去世后,他在嫂嫂家里日子过得相当清苦。青少年时代,他转辗生活于广东、河南、安徽等地。二十岁离家到长安谋取功名,二十五岁考取了进士,可是以后几年在吏部考试中,他一再名落孙山。韩愈家族在政界的关系不深,因此,韩愈在长安奔走达十年之久,竟不能谋得一官半职,一再给宰相写信,苦苦表白,也是无用。他只得抑郁不欢地离开京师到河南,以后又到了安徽,过了几年寄人篱下的幕僚生活。韩会是颇有名气的散文作家,与柳镇是朋友。韩愈又曾寄居安邑里马燧家,与亲仁里相邻,所以韩、柳的结识交往很早。柳宗元做蓝田尉那一年,韩愈从外地调到京城调选官职,次年任四门博士,这是国家高等学府"国子监"中的教师。那些年,柳宗元并未去蓝田,留在京兆府,所以同在长安。两年后,柳宗元、韩愈、刘禹锡三人同时调任监察御史。这几年,他们在一起过了一段无话不谈的难忘生活。韩愈是柳宗元的好朋友,与刘禹锡关系也不错,只是韩愈在做监察御史的当年年底,受到权臣排挤,被贬到遥远的广东去做阳山县令。韩愈的政治生命刚出现转机,就受此打击,很难在长安政界站住脚跟,尽管他这时在文坛上已经成为知名人物。在以后的十五六年中,柳宗元和韩愈大概只见过一次面,然而友谊始终未断。他们的友谊,是依赖彼此的信任,也依靠不断的书信往来和学术争论继续发展下去的。

崔群和韩愈是同榜进士,他们都比柳宗元早一年登第。他们的主考官是陆贽,同榜所取二十多名进士,其中如崔群、韩愈、李绛等,很快在社会上显现出真才实学。唐代重视人才,人们称这是"龙虎榜",意为这榜进士大多是"龙虎"一般出众的人才。这既是赞美这榜进士,又是赞美主考官陆贽。崔群字敦诗,贝州武城(今山东武城县)人,生于唐代宗大历七年(公元772年)。他家与柳宗元家同属北方著名士族,来往较多。柳宗元择友一向谨慎,去取不以亲疏,而以志同道合为准。他在年轻时写的《送崔群序》中说:"余与崔君有通家之旧,外党之睦,然吾不以是合之";又称崔群为人既"和"又"正",而他自己"刚柔不常，造次爽宜"，因此以崔群为榜样。崔群本人不以文学闻名，但是品德超群，见识卓越。柳宗元在集贤殿书院时，崔群任校书郎，不久，他离开京城到宣州（今安徽宣城）出任判官，一直到柳宗元离开长安，他才回到朝廷做事。在官场上，崔群属于清流，以后官至宰相，有"贤相"之称。崔群和柳宗元始终心心相印。

在柳宗元的朋友中，富有政治才能和文化才能的，还有不少，刘禹锡、吕温、韩愈、崔群只是其中一部分。这也说明中唐人才济济，这又与社会上重视文化教育有关。

唐代的文化教育素称发达，科举取士又是自隋至唐在政治体制革新中的一个重要创造。科举制度这种新事物，无疑为发挥人们的从政积极性和扩大封建统治的社会基础，又为像柳宗元、韩愈、刘禹锡这样一些人才被发现和被承认，提供了一种较好的社会机制。在当时历史条件下，是冲破封建世袭而体现了某种民主精神的先进制度，也是世界中世纪史上值得一提的大事。

当唐王朝由盛转衰的时候，在中唐的朝廷政治中，还保留着国家强盛时确立的那种重视文化教育的优良传统，这可说是国家政治的一种幸运。安史之乱刚刚结束，朝野倡导恢复教育事业的人就有很多，柳镇建议立即开办太学，便是其中之一。这表明统治阶层中头脑清醒者仍有不少。因而即使财政十分困难，复兴教育的步伐却是相当快的。柳宗元在长安时，唐德宗已执政二十余年。唐德宗有种种昏庸之处，但在唐代帝王中，他是比较重视文化教育的。贞元年间，国家局势暂时趋于安定，唐德宗改变过去三年一次科举的老习惯，几乎年年开科取士。在思想领域，文字狱并未流行，文网较松。唐德宗曾在长安主持儒、佛、道三教公开讲论，这种三教讲论，未必真正各抒己见，却也算鼓励讨论。唐德宗在政治上犯过不少重大错误，让宦官统率禁军只是其中之一，但他在文化教育方面所做的事情，有利于活跃思想和培养人才。这对柳宗元的思想和事业也有影响。

中唐通过发达的教育事业和科举取士，培养了人数众多的知识阶层，所以柳宗元一再提到当代的"士"人特别多。这些人才，在国家政治进程和文化发展中，用不同方式通过不同途径，发挥了作用。中唐古文运动中的众多作者、后来帮助唐宪宗战胜割据势力的那些政治家,大部分是贞元年间涌现出来的人才,另有少部分是元和年间涌现出来的。中唐和晚唐政治上存在腐败的一面,从中消耗了朝廷内部的许多力量。但是,当安史叛军把唐帝国打翻在地以后,唐朝国运犹能延续两百年,其中重视教育和重视人才,不能不认为是一个重要原因。

"名声大振"

长安时期的柳宗元，不只在仕途上一帆风顺，在长安文坛上的名声，也是越来越大。对于才华出众的青年来说，由于可以凭自己作品在文坛上取得名声，因而可以不受年龄和资格的限制，所以比在政界取得成就往往要快得多。柳宗元尽管只是二三十岁的年轻人，在政界衮衮诸公心目中，是无足轻重的后生小子，然而他的文章，却已受到长安要人们的交口赞誉。年长的大官也仰慕他的文名，不断前来请他作文。韩愈在《柳子厚墓志铭》中真实地记载，这时的柳宗元，在长安"名声大振，一时皆慕与之交"。

邠宁节度使张献甫，封朗宁郡王，是正一品大官。他带重兵镇守在长安西北的重镇邠州（治所在新平，今陕西彬县），担负着抵御吐蕃东进的任务。在长安城内，这个节度使修建一座邠宁进奏院。所谓进奏院，有点像今日的办事处，是节度使到京城朝拜皇帝、述说工作时歇息的地方。贞元十二年（公元796年）建成，张献甫特意邀请柳宗元撰写《邠宁进奏院记》。柳宗元乐于动笔，文章挥手写成，在文末，又赫然署上"河东柳宗元为记"字样，毫不示弱。这一年，他才二十四岁，还没有通过吏部的考试。

同一年的秋天，关中大旱，德宗皇帝迷信，要出驾拜神求雨。京兆尹韩皋因此命县令裴均，修建了长安附近的终南山祠堂和太白山祠堂。祠堂修建完毕，皇帝求雨也已收场。这在当时算是德政，有必要大肆宣扬一番。古人常用的办法，就是刻石勒碑，于是这两个祠堂的两篇碑文和一篇碑阴文，都出于柳宗元之手。就碑文内容看，并不可取，然而在

— 35 —

当时却是事关皇帝的重头文章。京兆尹韩皋是唐代著名书法家兼画家韩滉的儿子，他信得过二十四岁的青年柳宗元写这种重头文章，这说明柳宗元的文名，确实已经不小。

古代有在官署墙壁上题记的习俗，一般是记载有关这官署的历史和官员的职能、作用等，称作"壁记""堂记"，文章往往具有对官员的工作提供规范的意义。柳宗元在长安做官期间，为中央和地方的官署一共写了七八篇这种性质的文章，《邠宁进奏院记》是其中之一。再如《四门助教厅壁记》，作于他二十七岁时；"四门助教"是在"国子监"做有关教育辅助工作的学官，四门助教厅就是他们的官署。又如《诸使兼御史中丞壁记》作于三十二岁时，"诸使兼御史中丞"，是指兼有御史中丞这种高官头衔的朝廷使臣，这篇文章就是专为他们的官署所写。这类写在官署墙壁上的文章，内容大都板板正正，语言简明扼要，所记事实，至今还有历史文献的价值。长安是文人荟萃之地，这类文章要请柳宗元写，就因为在长安文坛上，他是非同凡响的人物。

在青年人那里，柳宗元更受尊重。到亲仁里登门求教的青年很多。他一向乐于助人，有时一天竟来几十人，简直可说是门庭若市了。古人送别亲友，常常写诗作文相赠。而为送别所写的文章称"序"。有些人，特别喜欢请柳宗元写序。在他二十九岁那年春天，有个名叫班肃的四川人，考中进士以后，要回老家去看望父母。长安一批青年为班肃送行，这些送行的人大都是柳宗元的朋友，他们各自写了送别的诗，故意留着序文不写。第二天清早，参加送别的新科进士辛殆庶，赶到柳宗元家里，说为班肃送行的诗已经写好，留下这个序要写，柳宗元的文字长于叙事，这文章由他写最适宜。其实，柳宗元与班肃不太熟悉，又没有参加昨天的送别，可是辛殆庶连写序的绢素都带来了，盛情难却，非写不可，他只得勉强凑成一篇。出现这种情况，是由于那时一些青年，对柳宗元的文章有一种崇拜心理。

长安文坛上，柳宗元是名副其实的红人。这时候，老一辈的文章家如独孤及、梁肃等人，都相继谢世，文坛上能与柳宗元相匹敌的，全国首推他的朋友韩愈。韩愈仕途不畅，大力从事创作，团结了一批文人，举起古文运动的旗帜，一时间声势颇大。柳宗元在长安时期的创作成就，与同期韩愈相比，稍有不如之处，然而文名并不在韩愈之下。论原因，大概是韩愈在长安政界未能站住脚跟，而且他在写作中的许多大胆创新，偏于保守的长安人暂时还不能接受。柳宗元的文章既有散文的流畅，又较多地保留着骈文的华丽，文笔挥洒自如，严谨肃穆，所以很受长安人的欢迎。他离开长安以后，文章中骈文的痕迹进一步减少，这方面其实是向韩愈靠拢。柳宗元一生的著作成就，是与他不断注意向别人学习分不开的。

既然柳宗元有这样大的文名，京兆尹韦夏卿因此不让他去蓝田赴任，留在自己身边做文字工作。两年以后，李实接替韦夏卿做京兆尹。京兆尹是从三品大官，而李实是残暴的贪官酷吏，柳宗元也不得不代李实写了一些官样文章，因为他已有为韦夏卿代笔的先例。他从小自视甚高，这种捉刀代笔的生涯，不符合他不甘受人摆布的性格。后来，在给内弟杨诲之的信中，他就谈到自己被韦夏卿留在京兆府工作时，日夜奔走在达官贵人堂阶之下的不愉快心情。

文名虽大，可是柳宗元自己不甘心做一个文章家。古人立身处世，讲的是"立德、立功、立言"，把品德修养（"立德"）和建功立业（"立功"），看得比文章写作（"立言"）更重要。柳宗元曾经把写文章比做"博弈"，"博弈"是古代一种赌棋游戏。他在长安时，竟称文章家是"博弈之雄"，即赌棋游戏的高手而已。这个话说得相当偏激。长安时期他已经写了不少有价值的文章，像他这样在写作上取得成就的年轻人，竟说这种瞧不起文章家的话，其中该有难言的苦衷。大抵是因为捉刀代笔，不得不写那些一钱不值的官样文章，把写官样文章比做"博弈"，倒也不无道理。从另一方面看，是由于政治上正处于一帆风顺的境地，今后大有施展宏图的可能性，因此并不想通过写文章，去为自己谋取地位和荣誉。为国家建功立业的愿望，即事功心理，远远大于写作要求。这是他长安时期思想中的实际情况。

柳宗元年轻时这样高度重视事功实践，在古代知识分子中是相当普遍的一种精神风貌。他的好友刘禹锡、吕温等莫不如此。刘禹锡幼时在江南跟人学习作诗，被诗歌理论家皎然和尚等人赏识，赞誉"孺子可教"；吕温年少时写的文章，曾誉满洛阳城。可是，他们长大后都不甘心仅仅做一名文人，他们热心于做治国的政治家，在长安与柳宗元一起，积极投身政治活动。中年以后，他们三人一齐失去了政治上建功立业的机会，但却留下了众多作品。三人中刘禹锡年寿最高，当两位朋友去世以后，刘禹锡还特地出来说明，他们并不是只会舞文弄墨的人。

  刘禹锡讲这话的时候，自己已经五十岁了。他利用为吕温文集作序的机会，在序文中再三说明：写文章还不能表现吕温的真正才能，这好比古代的英雄后羿[①]，他只有射巴蛇和九个太阳，才可以充分发挥自己射箭的本领，射近处的小鸟，反而不一定能射中。这并不是后羿本人的射箭能力有问题，而是没有遇到自己射箭的对象。刘禹锡这话，是鉴于吕温著作成就不算突出，话中既有不为朋友护短的意思，又是惋惜吕温没有得到发挥政治才能的机会，话说得相当巧妙。接着，刘禹锡故意宕开一笔，说："后之达解者，推而广之，知余之素交，不相索于文字之内而已。"（《吕君集纪》）这里所说"素交"，当然不仅仅是吕温，一定包括前年去世的柳宗元，因为他们三人之间的友情是最深厚的。刘禹锡说明自己和朋友之间不是限于文字上的交情，言下之意，自然是指思想上的志同道合和治国才能的一致。看来，他是深怕后人产生误解，认为自己和吕温、柳宗元等都是不能从事政治实践的书生。刘禹锡不愧是柳宗元的知音。

[①] 后羿是我国古代传说中善射箭的英雄。

"弱冠同怀长者忧"

  青年朝官并不负有重任，政务并不繁忙，因此柳宗元有很多时间参加社交活动。与他来往密切的朋友，除刘禹锡、吕温、韩愈、崔群外，还有韩泰、李景俭、李建、独孤申叔等人。这些人是清一色的贵族子弟兼青年进士，其中如吕温的父亲做过湖南观察使，李景俭是李唐王朝宗室的后裔。然而，这些年轻人都不是浑浑噩噩之徒，都不愿待在家庭的安乐窝中。唐代进士没有不会写诗的，况且刘禹锡、韩愈、柳宗元等人的诗才很高，可是这些人都不像盛唐人那样热衷于吟咏情性，他们更倾向于理性和思维。中唐是在安史之乱大灾难后出现的反思时代，这些年轻人一心要到现实中去寻求苦涩的真理，为的是使国家能从厄运中重新振作起来。柳宗元从富有儒学传统的家庭走出来，从尊圣读经的浓重氛围中，来到这个有理想、有朝气的青年群体，认识社会，学习社会。

  这些年轻人，经常碰头和聚会。或者在晚上，或者在路途中，或者相聚弹琴饮酒，只要是碰上在一起，就议论国事民生，学术文化。他们的讨论十分热烈，思想解放，很少约束，因而显得异常活跃。在这些人中，柳宗元和吕温称得上是能言善辩的人物。

  在韩愈的记忆中，柳宗元当年是出色的辩论家。他与大家讨论国事，总是联系当代和古代的事实，所运用的材料，广泛取自经学、史学和诸子百家的著作，情绪高昂，精神奋发，所讲道理常使在座听众心悦诚服（见《柳子厚墓志铭》）。刘禹锡谈起过吕温年轻时参加他们讨论的情景。吕温研讨治国的理论时，范围总是涉及古今千百年，他善于批判和论争，讲话时滔滔不绝，口若悬河，遇到要紧处，自以为有了心得，便拍手称快，手舞足蹈，得意的神色马上显露在脸上（见《吕君集纪》）。

其实，韩愈和刘禹锡他们自己的情况，大致也是如此，韩愈在年轻时曾这样夫子自道："前古之兴亡，未尝不经于心也；当世之得失，未尝不留于意也"（《与凤翔邢尚书书》）。他和柳宗元、吕温等一样努力考察古今的兴亡得失，为的是探讨如何医治这千疮百孔的国家。刘禹锡曾自称"少年负志气，信道不从时"（《学阮公体》），意思是年轻时胸怀远大志向，信奉真理而不屈从时俗见解，这种精神在这些年轻人身上显得非常一致。他们以天下为己任，有才学，有抱负，既热情奔放，积极地寻找真理，又有贵族青年那种志满气得、目空一切的骄矜气概。每当聚会晤谈就无所顾忌地探讨问题，自由自在地高谈阔论。

青年进士和青年官员们的这种业余生活，洋溢着追求真理的精神，又颇有浪漫色彩。柳宗元到了晚年，还对此留有很深的印象。当吕温在元和六年（公元811年）过早地去世，柳宗元在悼念文章中特别谈到自己和吕温在长安时的那段生活。他回忆："君昔与余，讲德讨儒。时中之奥，希圣为徒。志存致君，笑咏唐虞。揭兹日月，以耀群愚。疑生所怪，怒起特殊。"（《东平吕君诔》）这样的回忆，令他既向往又感伤，淡淡的温馨中更多的是失望。

长安相聚以后的漫长岁月中，这些青年人有不尽相同的政治经历。政治斗争尖锐复杂，变幻莫测，所以朋友们不得不各走各的路，然而他们之间的友情似乎并未受多大影响。后来的事实证明，这些青年是时代的精英，国家的栋梁，他们之中产生了中唐第一流的政治家、哲学家、思想家、散文家和诗人。历史上留下了他们走过的足迹。

在政治见解和文化思想方面，这个青年群体中有许多一致的看法，反对墨守经学章句，便是其中之一。

韩愈在年轻时就写了著名论文《师说》，其中谈到做老师的如果只教会学生章句，就是"小学而大遗"，即抓住小事情而丢了根本性的大问题。该文主要从正面论述"师道"是"传道、授业、解惑"。就反对章句师而言，这与柳宗元批评"腐烂之儒"，实是异曲同工。吕温呼吁复兴师道，时间不在韩愈《师说》之后，他又指出那些只会"讽诵章句"、"穿凿文字"的章句师，"不可与为政而论交"，既不可从政做官，也不能跟他们做朋友，这种态度是何等坚决（见《与族兄皋论春秋书》）。刘禹锡年轻时这方面的言论并未留下，但年长后揭露章句师欺世害人，入木三分，别具一格。他在答友人的信中说："世之服儒衣冠、道古语、居学官者，为不鲜矣，求其知所以然者几何人？"又说："今夫儒者，函矢相攻，蜩螗相喧，不啻于彀弓射空矢者，孰为其的哉？"（《答容州窦中丞书》）所说"儒者"，就是柳宗元讲的"章句师"。刘禹锡认为，那些"服儒衣冠、道古语、居学官"的人，夸夸其谈的议论固然很多，就像夏天知了的喧闹一般，可是他们的本事其实就是拉着满弓向空处射箭，善于无的放矢而已。

如此看来，并不是柳宗元一个人激烈地反对章句师作风，当时有相当大的一批人起来反对，至少柳宗元的朋友大都持这种态度。对这些年轻人来说，产生这样一致的认识，很难说是谁影响了谁，应是他们在共同探讨中互相影响的结果。时代已经进步到应该结束章句师丑恶表现的时候了，因此，那些富有时代意识的人，都以十分厌恶的心情，去谈论章句师。他们反对脱离实际，反对到书本中去讨生活，敢于正视现实，着重思考实际问题。他们这样做了，所以成为有出息的青年人。他们这种作风，又促使中唐社会风气逐步转变，其影响一直延续到宋代。

柳宗元在这个青年群体和谐的人际关系中，频频进行思想交流，既是他影响别人，又是别人影响他。这种情况，对他的成长十分有利。他从来是很坦白的，后来曾公开承认，自己原来有些不清楚的道理，是在青年时代与这些朋友的交往和讨论中，逐渐明确起来的。聪明勤奋的柳宗元，既吸取了中华民族的优秀文化遗产，又得到同时代人的先进思想营养，为他以后成为时代的代言人，登上时代思维的高峰，准备着条件。

有关当代政治中的两大问题：藩镇割据和宦官擅权，柳宗元很早就形成了相当成熟的看法。他处于那种既解放又活跃的青年群体中，自己又思想敏锐，文思敏捷，所以很容易产生新鲜有价值的想法。

就削平藩镇割据来说，站在朝廷立场的人几乎没有公开反对的，所以在长安城里，关于这个问题的分歧不在于要不要，而在于能不能，主要是如何去削平藩镇割据。柳宗元二十多岁在集贤殿书院供职时，曾写过一篇题为《辩侵伐论》的文章，内容就是阐明朝廷如何对割据势力用兵。

这个初出茅庐、在政界还不显眼的年轻人，在他的观点中，却有出人意料的深谋远虑和老成练达之处。

《辩侵伐论》说明了这样两个观点。一是对割据势力应采取区别对待政策。作者认为，凡是仅仅不服从王命，但还能保境安民的藩镇，应先"致文告，修文德"，采取政治攻势，如果不行，然后再考虑兴师问罪；凡是既不服从王命又残害人民的藩镇，那就用兵征讨。柳宗元提出这样的区别对待政策，其中也包括分化瓦解的内容，它作为策略思想，是很有益的。因为当时朝廷实力不足，全面出击必然分散力量，结果难免造成"建中之乱"那种难以收拾的局面，这正是割据势力巴不得出现的事情。多年以后到唐宪宗年间，宰相李绛和裴度等人与割据势力进行斗争，大致就是采用这种策略，果然奏效。

另一是在用兵的准备工作方面，柳宗元特别强调应实行仁义政治。关于用兵准备工作，文章提出了"义有余""人力有余""货食有余"这三项原则。"人力有余"与"货食有余"，指兵员与物资的充足，这是用兵打仗的常识，并无特别见地，值得注意的是作者把"义有余"放在第一位。所谓"义有余"，就是充分地实行仁义政治。在他看来，削平藩镇割据，并非只是军事问题，虽然一般人都仅仅把它视为军事问题，其实这首先是政治问题。他认为，如果朝廷能够拿出比藩镇统治强得多的仁政，取得了人民的真心支持，有了道义上的优势，再兴仁义之师，何愁不能胜利？

在考虑削平藩镇割据时，如此重视策略思想和政治手段，又把行仁政作为军事行动的前提，这些地方未尝不可说是老谋深算，尽管提这意见的是一个不到三十岁的年轻人。柳宗元政治思想的特色，在此已开始表现出来。就仁政即"义有余"而言，困难之处在于，有谁肯真正把它付诸实施呢？

唐德宗年间正是宦官势力恶性膨胀时期，这时候柳宗元正在长安。宦官擅权的后果如何，东汉已有前车之鉴，所以朝臣中多数人心里比较清楚。可是多数人清楚没有用，因为皇帝一人心里不明白。这问题本来就出在皇帝身上，所以非常难办。这倒不是什么高深的理论问题，然而公开提出这问题本身就需要很大勇气，况且还不一定能解决。柳宗元是心里有话就要说的人，碰上了宦官擅权问题，却也不敢直来直去。他用借古讽今的手法，写了一篇文章，就是《晋文公问守原议》。

我国春秋时期，晋国的国君晋文公从周襄王那里接受了一块称作"原"的封地。到底派谁去做这块封地上的长官呢？晋文公征求宦官的意见，又根据宦官的意见做出了决定。这个历史材料被柳宗元看中了，他在《晋文公问守原议》中，对晋文公作了极为尖锐的批评。

文章这样批评晋文公：选择封疆大吏如此重大的国事，不在朝廷公开讨论，而在内宫私下商议，不广泛听取朝廷大臣的意见，偏偏单独在宫中与宦官策划，虽然这次确定的人选还算不错，这也不对，因为"贼贤失政之端，由是滋矣"，就是陷害忠良、政治腐败的祸端，就从这里产生出来了。在柳宗元看来，宦官不论有无正确意见，都不应听取。宦官不得参与朝政，唐初立为国家法度，中唐时这法度已破坏殆尽。柳宗元已经看出，皇帝出于某种实用目的去利用宦官，这样做的结果，必将形成政治生活中的祸端。

《晋文公问守原议》又把晋文公和齐桓公联系起来分析。以前，齐桓公任用宰相管仲，齐国因而兴盛；宠信宦官竖刁等人，齐国就此衰败。现在晋文公继承齐桓公的霸业，成为诸侯首领，却毫不接受齐桓公失败的教训，怎能叫诸侯心服呢？以后历代宦官在朝政中所做的坏事，都是晋文公遗留下来的恶果。如此批评晋文公听信宦官的历史影响，未免失之过重。然而，柳宗元意在提醒当代，如果不接受宦官乱政的教训，一定会成为历史的罪人。在此用心，可谓良苦。

柳宗元批评晋文公的那些话，实际上都是说给今人听的。奇怪的是他并未批评宦官。作为名门出身的朝官，他压根儿就不把这些阉人放在眼里，在别的文章中，他同样对阉人持一种不屑理会的态度。在《晋文公问守原议》中，他只批评国君一人，自然是因为宦官的问题就产生在国君身上，这里表现了他有过人的胆量和非凡的机智。分析犀利，逻辑严谨，在议论文中，这是一篇难得的好文章。能写出这样的文章，韩愈记载柳宗元与别人讨论问题时经常使对方折服，就是完全可信的了。

在长安朝官生涯中，柳宗元除了三十三岁那年做礼部员外郎，其他时候没有什么实权，因此并无明显政绩可谈。这几年，是他仕途上最为得意的时期,政治热情很高,但更多的精力是放在对现实的观察和思考上,又在与朋友的交往讨论中逐渐形成自己的思想。在此同时他当然没有忘记继续读书学习。他希望有朝一日,能把自己的思想变成现实,改革政治,拯救人民,使国家重新昌盛起来。后来,刘禹锡在给柳宗元的赠答诗中,称他们是"弱冠同怀长者忧"。"弱冠"一词,本指二十来岁年纪,这里意为年轻时代。这是说,我们年轻时虽然不担负治国的重任,但都怀抱着"长者"们那种有关国家民族的深重忧虑。长安时期柳宗元形成了他的大部分思想,而贯穿一生对他思想产生重大影响的,就是忧国忧民。

柳宗元自己在晚年的回忆中,也这样写道:"少时陈力希公侯,许国不复为身谋。"(《冉溪》)前一句是说自己有功名心,而且是很强烈的功名心,年轻时努力从政就想做"公侯"那样的大官。他这人胸中不带阴私,一辈子不会隐蔽自己,甚至不懂得向政敌隐瞒自己的政见,似乎以为世上人都是和自己一样的君子,所以自己有功名心就老老实实讲给别人听。其实,对他们这些人来说,自己说要做官,却不一定就是庸俗,问题只在做怎样的官。一心要做官又说自己不愿做官,倒是值得防范的一种虚伪。后一句是讲他自己做官,愿意以身许国,不为自己谋图私利。这是政治家应有的高贵品质,柳宗元大体上是照着自己年轻时立下的志愿去做的。

正是血气方刚的年纪,柳宗元热情洋溢地向往着未来,意气风发,充满乐观情绪,天真地陶醉在自己锦绣般的美好前程中。面对着由盛转衰的唐帝国,他信心十足,不怕困难重重,毫不怀疑自己能为国家干出一番轰轰烈烈的事业来。

以民为本思想

一代名臣的沉落

自唐肃宗开始,经唐代宗,到柳宗元时代的唐德宗,安史之乱以后这几个皇帝的文告中,都一再提到中兴国家的任务。唐德宗一上台,就对割据势力全面用兵,造成了柳宗元十来岁时发生的好几年战争。这件事做得并不高明,但无疑颇有中兴之意。唐帝国毕竟有过强盛昌明的过去,安史叛乱把这个庞大帝国推进了苦难的深渊,当人们痛定思痛时,不甘国家沉沦下去的社会心理变得非常强烈,奔走于野,呼喊于朝,要求中兴的人很多;雄心未失,宏图犹存,这是中唐社会意识与弱国懦夫思想存在的一个显著不同处。因此,唐德宗贞元年间社会上的中兴思潮相当普遍,柳宗元和他的朋友在长安热烈讨论国事,从中表现出来的昂扬政治热情,正是以这中兴思潮为社会背景的。

安史之乱以后的二三十年来,国家经济逐渐复苏。广大劳动人民开垦荒地,汗洒国土,一些朝廷官员也注意修水利,赈饥馑,终于使江淮地区经济很快发展,中原和关中地区经济也在不断的灾荒中恢复。朝廷用武力保障运河交通动脉的畅通,又改善了漕运,江淮地区的粮食可以顺利抵达洛阳、长安;改革了赋税制度,实行了"两税法"后,国家财政收入有较大增加。经济的复苏,使人们对中兴的希望增大了。在这种情况下,柳宗元和他的朋友们一起建立起"重见天宝承平时"[①]的政治信念,一心想为振兴国家贡献自己的才力。

整个中唐都处于安史之乱以后的反思之中。柳宗元等人这时的着眼

---

① 此为刘禹锡《平蔡州》中的诗句。"天宝"是唐玄宗李隆基所用年号。

点,主要放在政治改革上,希望通过革新政治去重振国威。在柳宗元进入政界之前,倡导改革中兴的著名人物是陆贽。他是安史之乱以后出现的第一位杰出政论家,又是全国深负众望的政治活动家。他以自己丰富的智慧和出色的政绩,在迷惘人们的心中,唤起了中兴的信心,特别是关于仁政救国的思想,启迪了以后一大批年轻人的中兴理想。在长安,柳宗元能亲见他受到许多人的仰慕和尊敬,又招致一些人的攻击和反对。他的思想、行为和风范,在人们心中的影响极大。

说到陆贽,可真是一位传奇式的风云人物。吴地嘉兴府青浦(今属上海市)人,生于安史之乱爆发的前一年(公元754年),比柳宗元年长十九岁。十八岁进士及第,这个江南才子马上名扬长安城。在建中年间的藩镇叛乱趋于高潮时,唐德宗任命他为翰林学士。这是皇帝身边的一位文学侍从官,职责是在内廷执掌机要、撰写诏书等。他以这种身份为皇帝策划军机,谋办政事,充当使者,对平定叛乱和安定局势,起了史所公认的重要作用。

刚任翰林学士时,陆贽还不到三十岁,政治上已很成熟。朝廷自然有宰相当政,但他们拿不出安邦定国的良策,灾难临头之时,唐德宗事事愿与陆贽商量。"泾师兵变"以后,皇帝在逃难途中,一路上有讨好的人进献瓜果,唐德宗与宰相商议,给这些进献瓜果的人封赏"试官"。"试官"是一种并无实职只有虚名的官员称号。为这件事,皇帝两次把文件批给陆贽,请他帮助拿主意。第一次与他说"商量可否",第二次又说已与宰相商议好了,"与亦无妨"。可是,陆贽两次都回答说不可。他认为当今治国,更应严明赏罚,给后方送瓜果的人封赏"试官",那在前线用血肉之躯去拼命打仗的人将会产生怎样的想法呢?所以,他提出给这些讨好的人,赏些财物就行。争论的结果,唐德宗还是否决了宰相的意见,照着陆贽的意见去办。

陆贽的才能,千余年来一向受人称道,他文韬武略兼备,足智多谋。"泾师兵变"以前,唐德宗先是在山东、河北征讨朱滔等割据势力,当淮西李希烈公开叛变以后,又在河南洛阳以东开辟了另一个战场。在这两个战场上,朝廷方面投入了全部兵力,卫戍长安的中央禁军也都调上前线,看来皇帝决心不小,可是举措完全失当。这样做的结果,首先造成长安守备空虚,其次是旷日持久的战争消耗巨大,长安人连住房都要纳税(称间架税),私人马匹也征去打仗,弄得民不聊生,怨声载道。陆贽任翰林学士后,看到长安形势危在旦夕,立刻提醒皇帝:万一再出一个像朱滔、李希烈那样的人,径直进攻长安,那将怎样应付呢?为此,陆贽两次上书皇帝,提出如下建议:暂停河北、山东方面的战争,留一些兵力静以待观;从那里抽调兵力到淮西战场,再把中央禁军调回长安设防;同时宣布免除苛捐杂税,稳定长安的人心。在当时,这是足以应急的万全之策,照此去做,根本不必调用泾原一兵一卒去淮西,所以就不会有"泾师兵变"。即使调用泾原兵卒,怎能有人敢以区区五千泾师在长安作乱称帝呢?历史学家无不称赞陆贽有先见之明。然而唐德宗那时没有把这个年轻翰林学士的意见放在眼里,建议未采纳,终于尝到了被赶出皇宫去逃难的苦头。有了这样的教训,难怪唐德宗在战乱中事事都愿与陆贽商量。

唐德宗论年纪比陆贽大八岁,做太子时也带过兵,如今位在至尊,可是才能远远低于陆贽。战乱期间,形势瞬息万变,稍有疏忽,就贻误大事,幸有陆贽跟随左右。"建中之乱"终于平息下去了,局势转危为安。陆贽耐心教皇帝如何处理错综复杂的政事,包括话应该怎样讲,诏书要怎样写等,又絮絮讲解如何治理好这危难中的国家。今天读陆贽的文集中他当年写的那些奏章,看到的就像是一个年长的老师在教一个年幼的学生,对皇帝循循善诱,不厌其详。所以,这个翰林学士,实际上是做了宰相的工作,当时人就称他"内相"。在患难中,皇帝还是听了他一些话,不过也并非全听得进去。当长安已经收复而皇帝还没有回宫时,唐德宗命他起草一份诏书,令前线部队寻访长安陷落时逃散的嫔妃,并且要求立即遣送到行宫。写这样的诏书,陆贽拒绝从命。他写了一篇文字回复,反而劝皇帝千万别在这个时候做这种事情,又讲了一番"贪逸欲而践祸机"的道理,最后竟说:"未敢承旨,伏惟圣裁!"陆贽抗旨,皇帝未予追究,因为他深知此时还用得着此人。可是陆贽所讲那番不要贪图享乐的道理,他完全不予理睬。没有写成诏书,皇帝改为派人去传达口谕,反正嫔妃是非找回来不可。

政治上善于遇难应急的人,未必就有深虑远图,而陆贽恰恰是两者兼得。他一心一意要从根本上改革政治,在中唐他是第一个全面策划振兴唐帝国的。在奏章中，他一再提到"中兴"和"维新"，不断给皇帝灌输"贞观之治"的经验和安史之乱的教训。他劝皇帝改革政治的主张，归纳起来无非是两条：一是远小人，近君子；二是节用而爱人。前者是组织上任用贤人，后者是施政上推行仁政，他坚持立国需以民为本，这是他的基本政治观点。在柳宗元之前，陆贽是中唐政坛上提倡仁政民本的主要人物。

把道理讲给皇帝听，陆贽总是怕对方不理解，因此经常举一反三，再穿插一些动人的故事。有一次，他与唐德宗讲到，当年泾师叛兵在光天化日之下到皇宫抢东西，长安老百姓对此"恬然不惊"，无动于衷，还与叛兵一起进宫。这是为什么呢？是由于人民苦于不能聊生，相反皇宫中财物堆积如山，既然朝廷恩泽不流向人民，人心又怎能归向朝廷？他又举例，当年泾师叛军围困奉天（今陕西乾县）城时，城内要派一个人出去侦察敌情，这个人因为衣不蔽体，只求一身御寒的棉衣，结果棉衣并未得到，他还是应命出去了。陆贽是希望皇帝不要忘记这些普通的穷苦人。因此，他对皇帝讲得最多的一些道理，就是"失众必败，得众必成"；"理乱之本，系乎人心"；"以人为本，以财为末，人安则财赡，本固则邦宁"；等等。他坚持认为，当前必须实行仁政，轻徭薄赋，让人民安居乐业，只要人心向唐，其他事情就好办了。陆贽的这些思想，唐德宗不感兴趣，以后却有不少成为柳宗元著作中的重要命题。

在"建中之乱"中吃过逃难苦头的唐德宗，一时也产生了悔意，但是，他把这次失败归于"天命"。为这件事，陆贽这样开导皇帝："天所视听，皆因于人，非人事外自有天命也"；"人事治而天降乱，未之有也"。他又指出，庶民看上去愚昧，其实是真正的"神"，因为朝廷政治的得失，他们都能辨别，好坏又都能知道，这就像是"神"一样。所以只要不吝改过，"务得人心"，就可以治理天下。他还如此表白："归天下之心，济中兴之业，此臣之愿也。"陆贽认为，决定王朝命运的不是天命，而是人心。这样明确用仁政民本思想去反对传统的天命神学，他在这方面成为柳宗元的先驱者，而柳宗元又丰富和发展了他的这种思想。

在兵荒马乱时，唐德宗深知陆贽这种人才的作用，因而待他极厚。亲切地叫他的小名陆九，有时甚至脱下自己的衣服，去给他披上。有一次，在逃难路上走散了，唐德宗不见了陆贽，立刻悬赏千金去寻找。总之，把他看作自己依靠的左右手。在中国古代知识分子的心理中，特别看重这种所谓知遇之恩。陆贽为此感激零涕，每逢皇帝垂询，总是披肝沥胆，剀切陈词，竭诚谏净。他以为这样做是尽忠，然而皇帝不一定也是这样想，特别是到了患难已经过去的时候。陆贽本人在官场一贯洁身自重，以清廉闻名。可是，官场上贿赂成风，唐德宗自己就最喜欢下面给他进奉财物，身旁有这样一个品行高洁的人，颇感不安，特地派人去劝说陆贽不必如此"孤贞"，下面送的鞭子、靴子之类财物，收下无妨，或许真的有"关心"之意。陆贽婉言谢绝了这道"圣旨"，仍是我行我素。中国自古的志士仁人，都以国事民生为重。陆贽切望拯救苦难深重的国家民族，他向皇帝提出从政治、经济到军事的一整套改革方针，他的事业是要实现这套方针，并不是图谋个人私利。可是，唐德宗不可能成为唐太宗那样的皇帝，根本无法理解陆贽的为人，所以很难与他长期共事下去。

当政局安定下来以后，唐德宗有心享乐，并无多少真意去实行"维新"。"节用爱人"这类话，嘴上说说自然可以，真正做起来谈何容易，触犯了自己和周围人的既得利益，他们又怎能善罢甘休？所以，陆贽的改革主张，尽管一些具体意见也曾付诸实施，但切中时弊的根本观点，却不能被采纳。更由于陆贽才高名大，为人鲠直，频频的逆耳忠言，对皇帝也是得理不让人，皇帝觉得与这样一个死板的君子在一起，远不如让圆通的马屁精站在自己身边心舒意畅。因此，陆贽尽管早已是众望所归，唐德宗却迟迟不肯付予实权。

实际做宰相，陆贽只有两三年的时间。当患难过去以后，唐德宗越来越感到耿介之臣的不可爱，终于听信了佞臣裴延龄对陆贽的诬告，翻脸不认人，一怒之下，竟要杀陆贽的头。幸有谏议大夫阳城等人冒死救护，陆贽总算免于一死，于是贬做忠州（今重庆忠县）别驾，这已算是"皇恩浩荡"了。其实，裴延龄敢于诬告，是摸准了皇帝要踢开陆贽的心思，奸臣都有这种本领。所以不少大臣心中不服，也毫无办法。十年以后（公元805年），陆贽空怀救国才能，抑郁死于忠州贬所，年仅五十二岁。在必须仰皇帝鼻息的专制政治中，要想做点救国救民的事情，绝没那么容易。柳宗元以及他的朋友，在这方面都显得过于天真乐观了，大概是因为他们还太年轻。

陆贽去世几年后，中唐另一位重要人物权德舆①就编好了他的文集。权德舆在文集序言中指出，陆贽是像初盛唐时为国家作出杰出贡献的著名宰相魏征、房玄龄、姚崇、宋璟那样的杰出人才，朝廷不用他，乃是"吾唐不幸"。"吾唐不幸"这句饱含辛酸悲愤的话，是对陆贽才能和作用的最大肯定。权德舆由谏官累升至礼部尚书，在陆贽去世后做过宰相，很有文名。他如此敬重陆贽，长安城里除了奸臣和小人，不佩服陆贽的人大概不多。陆贽贬官以后，他的作品包括奏章和代皇帝写的诏书等，唐德宗都未禁止流传。唐代的政治比封建社会后期，或许还要开明一些。

在朝廷政治中，陆贽一共活跃了十多年。在战乱中，他代皇帝撰写的许多诏书，表达了要按照仁政民本思想去"改过""维新"的意愿，曾使在前线作战的纠纠武夫纷纷感动落泪。尽管皇帝并未完全照此去做，却已经在全社会广泛宣传了这种思想。在他写的许多奏章中，表达这方面的思想观点十分详尽，充满浩然正气，广大知识界为之倾倒。有些奏章在权德舆编定文集之前，便在世上流传。后来，宋代的苏轼②在元祐八年（公元1093年）把陆贽的奏章编成集子，交给哲宗皇帝，并说："愿陛下置之坐隅，如见贽面，反复熟读，如与贽言"，必能"成治功于岁月"。在国运衰颓、民心不振的时候，国家政治中出现了陆贽这样一个思想上的强者，他所宣传的仁政民本思想，他对国家前途的坚定信念，以及在人们面前展现出来的雄心和风范，都能启人灵窍，振人心扉，鼓舞人们的勇气，增强人们的信心，去为再现初盛唐的强盛景象而奋斗。

柳宗元进入政界时，正是陆贽被皇帝一脚踢开以后不久。柳宗元是在长安长大的，陆贽作为一代名臣，他一定是知道的。他父亲柳镇贬官后恢复名誉，就是因为陆贽暂时做了宰相。陆贽的思想观点和从政风范，他更应该是清楚的。在集贤殿书院时，柳宗元曾接连写了两篇文章，一篇是《国子司业阳城遗爱碣》，另一篇是《与太学诸生书》，这两篇文章热情颂扬了贬官后的阳城。阳城字亢宗。贞元四年（公元788年）由

---

① 权德舆（公元759-818年），字载之，天水略阳（今甘肃秦安东北）人，著作有《权文公集》。
② 苏轼（1037-1101年）字子瞻，号东坡居士，北宋大文学家，又是书画家和思想家。

宰相李泌推荐任谏议大夫，多年一言不发，到陆贽被裴延龄陷害时，才出来大鸣不平，因而自己接连贬官。阳城因救陆贽而贬为国子监司业，不久又贬为通州刺史。这在长安是人人皆知的事。所以柳宗元热情颂扬贬官后的阳城，骨子里也是热情颂扬陆贽，只是这方面的话不能公开说出来，因为唐德宗还在台上，谁都不敢直接冒犯皇帝。仅就公开颂扬贬官后的阳城来说，从留下的历史资料看，在唐德宗执政时，也只有柳宗元等数人而已。那时候的柳宗元，年纪不过二十六七岁。

柳宗元是继陆贽之后，在政界大声疾呼仁政民本思想的又一思想家。中国历史上的志士仁人，经常如此前仆后继。强调以民为本，成为柳宗元思想的一大特色。现代研究柳宗元最有成就的学者章士钊指出：柳宗元"取唯民主义以为政本，一切轻君而重民"（《柳文指要》（下）卷一），这一评说很精当。陆贽在忠州十年，为躲避诽谤，闭门谢客，不敢著书立说，而柳宗元始终可以进行写作，所以留下的作品比陆贽多；陆贽的作品以奏章和文告居多，其中不可能没有一点官场作风，柳宗元宣传仁政民本的作品，远比陆贽生动丰富，思想也更深刻。当然，从思想的历史渊源看他们都是继承了孔子、孟子仁政、王道等学说，又是继承了唐代初年的唐太宗、魏征等人强调立国以民为本的思想传统，在中唐的历史条件下加以发展。

"心乎生民而已"

唐德宗有意中兴唐室，竟不用陆贽那样的英才，却重用阉人宦官，简直滑稽，权德舆因此叹作"吾唐不幸"。这种事情在封建专制政治中，说来也并不少见。皇帝君临天下，最重视唯我独尊，因此最喜欢人拍马奉承。所以，陆贽这样才高名大又敢说敢为的人，皇帝常常并不喜欢。再是皇帝从来认为自己骄奢淫逸，是理所当然的。所谓"节用爱人"，固然大有利于争取民心，可是皇帝究竟还是不肯放弃自己的享乐去"爱人"。比如建中之乱未平，唐德宗就急忙找回自己的嫔妃之类，谁也阻挡不住。陆贽固然有胆有谋，但是皇帝和贵族的既得利益是最现实的，又是最有力的，它足以把陆贽的作用限制起来，以至最后把陆贽赶出朝廷。

可是，在中国的传统文化中，爱国主义是源远流长的强大思想传统，不论在怎样困难的境地，总有许多人把关心国家的前途，视为自己的职责。因此，在唐德宗前期政治中，陆贽提倡以民为本，仁政救国，这种思想对社会上一批年轻人有很大吸引力。吕温写的《诸葛武侯庙记》，其中宣传的就是这种思想。柳宗元在二十六岁任集贤殿书院正字时，曾称要"致大康于民，垂不灭之声"（《答元公瑾书》），就是使老百姓都安居乐业，从而使自己在历史上留下不朽的名声，可见他也把仁政救国作为自己的终身事业。他在集贤殿书院时写的《辩侵伐论》，把"义有余"作为削平藩镇割据的第一位大事，这一思想与陆贽倡导的仁政民本，是一脉相承的。在人生态度方面，柳宗元年轻时就瞧不起"不知耕农之勤劳"的纨绔子弟；到后来，他又认为自古以来的豪杰贤士，对人民的饥寒交迫和蒙受暴力摧残，都能放声呼吁，表示哀怜和同情（见《送吕让序》）。

柳宗元把关心人民疾苦与关心国家命运两件事联系在一起，从而逐渐在思想上形成鲜明的个性特征。

长安时期，柳宗元广泛地考察现实。藩镇叛乱和长安陷落是年幼时经历的，陆贽和阳城在政界的沧桑变故，是他青年时代目睹的。此外，他又留意军队中老校兵卒、造房子工匠、卖药商人、种树农民等各种人的生活。柳家在政界的亲友很多，他自己的朋友又来自今天的江苏、江西、湖北、湖南、河南、山西、四川等地，所以他不难了解全国政治中的真实情况。年纪虽然不大，已是见多识广，又能深思熟虑，而萦回于脑际最多的，就是有关人民苦难的种种问题。

柳宗元有一个叔父，长期在邠宁节度使府做官。他二十来岁时常常去看望这位叔父，因而到过长安西北方的邠州、宁州、泾州等地，这些地方离长安有百余里或几百里。安史之乱以后，唐王朝国力衰弱，吐蕃东进，河西、陇右地区尽失于吐蕃，边防线因此向后退缩了千余里。李泌和陆贽帮助唐德宗从政治和军事两方面着手，阻止了吐蕃东进的气焰，西部边防线才较为平静，但邠州、宁州、泾州等地都成了边防要地，必须有重兵把守。柳宗元借看望叔父的机会，到那里考察边防形势，又注意民情，找年老退伍的军官兵卒谈话，从中了解当地流传有关段秀实的许多情况。柳宗元十一岁那年，泾师兵变，朱泚在长安称帝，段秀实由于陷入敌境，拒不降敌，被朱泚杀害。叛乱平定后朝廷追赠他为太尉，所以人们称他段太尉。不过，当时人一般只知道段秀实壮烈牺牲的情景，不了解这位英雄平时的作风和为人。柳宗元根据自己搜集到的材料，后来写成了《段太尉逸事状》。

在这篇文章中，作者着重记叙了段秀实的两件事。

一件是段秀实救护一位交不起田租的农民。段秀实在泾州驻军中做过营田官，那时的泾州驻军首领强占民田几十顷，租给农民耕种。这种租佃剥削，是当时社会上继士族地主而起的庄园地主的主要剥削方式。那个驻军首领实际上就是地主。他利用手中权势，对农民进行残酷剥削。有一年大旱，庄稼不收，他强行收租，把一个交不起租的农民打得半死。任营田官的段秀实，尽力帮助这个农民，把他养在自己家里，亲自替他上药治伤，喂饭养伤，又卖掉自己代步用的仅有的一匹马，给那个农民去交租。后来，那个毒打农民的驻军首领，听到段秀实的这些事，据说是羞愧而死。

另一件是段秀实制止扰害百姓的邠州兵乱。郭子仪的儿子郭晞带兵驻在邠州，成群结队的士兵在邠州大街上敲诈勒索，行凶伤人，弄得老百姓终日不得安宁。对于这样的为非作歹，郭晞放任不管，邠宁节度使由于害怕郭子仪的权势，也不敢过问。段秀实这时候已经升任泾州刺史，邠州的兵乱本来与他无关，然而毛遂自荐，自己要求从泾州调到邠州做都虞候。他这样做，完全是为了为民除害。兵乱是武装人员持强凌弱，非常可怕；都虞候是地方政府的执法官，由都虞候解决兵乱有很大的危险性。但是段秀实到邠州后，看准时机，严惩了杀人砸店的兵卒。他因此激怒了驻军，几乎要动武了。他又冒着生命危险，只身到乱军中去说服驻军将领郭晞，郭晞终于承认错误。邠州兵乱就这样平息下去。

段秀实是抗敌英雄，大家都知道，并不需要柳宗元再说什么。但在柳宗元的笔下，这位抗敌英雄原来是爱民如子又敢于为民除暴的好官。一个年轻人，到从未去过的地方，新鲜见闻一定很多，可是柳宗元在众多的所见所闻中，格外重视段秀实这两件事，而且详细地记录在文章中。这一事例最能反映柳宗元年轻时思想的特点。经常深深打动他的，是国事民情，最令他担心的，是人民的疾苦。他写这《段太尉逸事状》，意在借这位英雄的赫赫名声，宣传官员应解民于倒悬的思想。以后到元和九年（公元814年），韩愈任史馆撰修时，柳宗元就把文章最后修改完毕，包括事实核对无误，交给韩愈作为修史材料，用来教育后代。《新唐书·段秀实传》，就用了他这篇文章所提供的材料。

在柳宗元的作品中，像段秀实那样的好官形象很少，批评官吏的话倒很多，讲人民苦难的作品更多。有一篇《捕蛇者说》，写的是南方一个姓蒋的农民，一家三代人曾冒着生命危险去捕捉毒蛇，为的是向官府交毒蛇来抵赋税。这位农民的祖父和父亲，都是被毒蛇咬死的，可是当建议他往后不再交毒蛇而恢复交赋税时，这个农民竟悲痛地哭泣起来。毒蛇固然非常可怕，可是赋税比毒蛇更加可怕。他自述说："君将哀而生之乎？则吾斯役不幸，未若复吾赋不幸之甚也。"又说：我家三代人在这里，六十年来乡亲们的生活一天不如一天，不是全家死亡，就是举家逃走，剩下的人家不多了，这都是因为赋税惨重，唯独我这靠捕捉毒蛇而可以不交赋税的，现在还能活着。捕毒蛇虽然也难免一死，但是，"比吾乡邻之死则已后矣，又安敢毒耶？"柳宗元所在的中唐，一是要打仗，二是为了满足从皇室到官员的挥霍，形成的沉重负担，都转嫁给人民，因此苛捐杂税特别沉重。《捕蛇者说》对如此重的赋税作了沉痛的控诉，充满了对人民苦难的深切同情。作者采用自己与捕蛇农民对话的形式，显得特别真切自然，语言沉着冷静，从中显示的悲愤之情，更加强烈，读来催人泪下。

生长在动荡不安的年代，人民苦于战乱和赋税，又常有灾荒袭来，所以听到的和见到的都是人民的痛苦和呻吟，这不能不使柳宗元忧心忡忡。他担忧政局中潜伏着更大的危险。从政界情况看，自建中之乱以后，朝廷和叛乱藩镇之间虽然处于暂时妥协状态，但朝廷与藩镇之间、朝臣与宦官之间、臣僚与臣僚之间，存在错综复杂的矛盾，国家政治又没有什么起色。这些情形，很容易使人联想起类似的历史事件，如东汉最后在军阀混战中灭亡等。

柳宗元写过一篇题为《舜禹之事》的文章，大致作于长安①，内容就是谈论汉朝当年怎样被曹魏取而代之。对于汉朝灭亡的原因，作者作了如下分析：汉室对人民失去德政已经很久了，它不与人民相联系因而被人民遗忘，到了不可收拾的地步。汉朝末年的宦官和董卓、袁绍、陶谦这些人对人民的危害，可以说是恶贯满盈。曹丕的父亲曹操依靠强力排除了人民的祸患，三十多年后，天下之主属于曹氏，人民再没有对汉朝的思念。《舜禹之事》所讲的内容，其实与陆贽给唐德宗讲的那个故事，泾师叛兵到皇宫抢东西，长安人民"恬然不惊"，两者本意相同，都是强调争取人心的重要性，呼吁实行仁政德治。陆贽讲的是现实情况，柳宗元是讲历史。历史是一面无情的镜子，既然人心不向着汉朝，曹魏就可以凭强力取汉而代之。那么，这种事情难道不可能在唐代重演吗？

现实中的政治形势潜伏着危机，使头脑清醒的人感到非常焦虑。针

---

① 《舜禹之事》，曾有人怀疑是否为柳宗元所作。章士钊《柳文指要》考证，认为确是柳宗元作品，孙昌武《柳宗元传论》第四章列为长安时期之作。

对这种形势，继陆贽之后，中唐宣传仁政的人很多，如吕温、刘禹锡、白居易等。在柳宗元看来，立国需以民为本，王朝兴衰更替的命运，最终只决定于人心的向背，这是他很早就树立的坚定信念。因此，他一生中写过许多文章倡导仁政，认为只有推行仁政，才能解除人民苦难，达到争取人心的目的。可靠的中兴救国之路应是如此。着眼于人民和人心，柳宗元这种思想，与那个时代空喊削平藩镇割据、中兴唐室的多数人，有明显的不同。他在另一篇文章中，利用了远古的一个历史传说，作出一番别出心裁的解释，表达的还是这种思想。

这篇文章题为《伊尹五就桀赞》，讲的是商汤时著名宰相伊尹的故事。伊尹是儒家的重要圣人，孔子明确肯定过伊尹，他说："汤有天下，选于众，举伊尹，不仁者远矣。"（《论语·颜渊》）孟子对伊尹的赞扬更多。据说，伊尹在跟从商汤讨伐夏桀之前，曾五次归附夏桀。为什么伊尹这样的圣人，会去归附夏桀这样的暴君呢？柳宗元在文章中提出这个问题以后，接着便进行解答。他指出，伊尹这时考虑的是，如果夏桀能改正错误，那么天下的人民就迅速得救了，而商汤去解救人民的苦难，却不能如此迅速。商汤固然是仁者，夏桀固然是暴君，这些伊尹明明知道，却还是五次去归附夏桀，目的就是为了迅速解救苦难的人民。最后，伊尹看到夏桀不可救药，就毅然担任商汤的宰相，去讨伐夏桀。他的目的还是为了解救人民。因此，柳宗元认为："吾观圣人之急生人，莫若伊尹。"

说伊尹有爱民思想，大致是根据《孟子》所说。可是，柳宗元这样解释伊尹五次归附夏桀，却是没有什么根据的，所以历史上注重考据的人，大都对这篇文章持尖锐的批评态度。《伊尹五就桀赞》本来就不是什么考据文章，而是一事一议的杂文，杂文所写故事大都要有点根据，而议论是自由的。这类文章唐代人写得很多，柳宗元、韩愈尤其擅长。

在《伊尹五就桀赞》中，作者借赞颂伊尹这个儒家公认的圣人，来表达一种不便由自己直接说出来的观点，这个观点就是："圣人出于天下，不夏商其心，心乎生民而已。"所谓"生民"，就是今人所说人民。这句话是说，圣人伊尹对待天下大事，并非心向着夏朝还是商朝，只是心向着人民而已。

柳宗元始终认为，自己是忠于唐王朝的臣僚。他说这话，无非是要求把解救人民苦难和争取人心，作为唐王朝现实政治中的首要问题。柳宗元思想中确实存在与众不同的开明之处，在他看来，政治家必须把为人民着想放在首位，必须把心向人民和解救人民这个问题，看得比自己忠于某个皇帝和王朝属于谁这类问题更加重要。对封建专制制度下的臣民来说，忠君是第一位的大事，所以敢说这种话的人，在封建社会是不多的。

要了解柳宗元的思想和为人，无论是他的前期还是后期，他的政治思想、哲学思想、经济观点和文学创作等，都必须知道他的"心乎生民而已"这句话。

"为吏者,人役也"

在中国古典政治学中,常常谈论"吏治",内容大致是关于官吏的任免、考核、奖惩和思想作风等。柳宗元从年轻时开始,就注意从官与民的关系中研究吏治,尤其重视官吏对待人民的思想作风问题。

年幼时,柳宗元跟随母亲在长安西郊乡下住过。长安西郊丰乐乡有个农民叫郭橐(tuó 陀)驼,是种树的能手。他种的树高大茂盛,果树结果又早又多,长安城里很有名气。于是,有人向他请教如何种树,他的回答是,经验无非是"顺木之天,以致其性",就是顺从树木生长发育的自然规律,去促使树木所具有的那种生枝长叶、开花结果的自然本性充分地表现出来。在这个经验中,包含有尊重自然规律和利用自然规律方面的内容。郭橐驼又讲到,别人种树往往违反自然规律:"爪其肤以验其生枯,摇其本以观其疏密,而木之性日以离矣。虽曰爱之,其实害之,虽曰忧之,其实仇之,故不若我也。"《种树郭橐驼传》生动地描写了这位种树能手,人物形象鲜明,语言生动活泼。可是,作者在这篇文学性很强的作品中,却是要通过种树经验去讲"官理",说明官吏与人民关系方面的某些道理。

在这篇文章中,柳宗元强调官吏必须遵从人民繁衍生息的自然本性。他着重批评官吏"好烦其令",就是政令烦多,不得要领。文中借郭橐驼的口说,那些官吏从早到晚到老百姓那里去催耕、催种、催收获,督促缫丝、织布、养鸡喂猪、抚儿育女,"鸣鼓而聚之,击木而召之,吾小人辍飧饔以劳吏者,且不得暇,又何以蕃吾生而安吾性耶?故病且怠。"老百姓不吃晚饭("辍飧")去招待官吏都来不及,哪有可能繁衍生息呢?

这也是"虽曰爱之，其实害之，虽曰忧之，其实仇之"，就是违反了人民蕃衍生息的自然本性。因此，柳宗元特别提出，就像种树人应会种树那样，官吏必须懂得"养人术"。

所说"养人术"，从郭橐驼的种树经验来看，就是"顺人之天，以致其性"，顺从人民生产和生活的自然规律，去促使人民繁衍生息的自然本性充分表现出来。在柳宗元之前，陆贽也说过："建官立国，所以养人也"。(《全唐文》卷四六五) 陆贽这话，重在反对官吏不顾人民死活，去催逼苛捐杂税，于是杀鸡取卵，竭泽而渔。柳宗元提出"养人术"，并非没有陆贽这种意思，但重在反对官吏打着"爱民"的旗号，去无休止地折腾人民。他肯定是从现实中看到了官吏的这种折腾，对人民有严重危害，至于那些连"爱民"旗号也不打的虎狼之徒，就更应该被反对了。

反对打着"爱民"旗号去折腾人民，这是柳宗元对官民关系从消极方面所作的考虑；从积极方面看，他认为官吏应该把"利民"变成"民利"。所说"利民"，就是把利益从上而下地恩赐给人民，封建社会有这样的官吏，照理也算不错了。但在柳宗元看来，"利民"并不是最好的政治，最好的政治是"民利"，也就是"民自利"。他在《晋问》中，对"民自利"做了这样生动的描述：人民财富充足，货物交流渠道畅通，然而人民不知道这些好处是谁给予的，老幼亲戚间的人伦关系融洽，但是看不出是受了谁的教化，战争和刑罚都不令人叫苦，赋役也不使人感到沉重，总之是人民过着安居乐业的生活，官吏为人民做了好事，而人民又不需要知道是谁做的。

这种"民自利"政治，可以带给人民幸福而美好的生活，可是又完全是想入非非的乌托邦。从柳宗元方面说，他对此是深信不疑的，又是诚心诚意的。大概是他看到的官吏所谓"利民"，总是反过来要求人民没完没了地报答他们，"利民"实际上成了害民，因而在自己思想中生发出"民自利"这样一种幻想和希望，想使人民在"民自利"政治中不再受官吏的骚扰和折腾。我国古代信仰仁政民本的人，很多都有这种理想主义色彩。

由于柳宗元在官民关系方面有这样的思想，所以在年轻时，就十分赞赏范传真的"为吏者，人役也"(《送范明府序》)这种观点。

柳宗元在御史台府任监察御史时，一个同事的哥哥叫范传真。此人原任长安附近的武功县尉，朝廷要调他到宣州宁国（今安徽宁国市）为县令。那时做官的选择任所，以长安和洛阳两个地区为最好，范传真这次是要从好地方调出去，然而他丝毫没有不愉快的情绪。因为他认为，做官的好处不在于有利于自己，而在于能够有利于人民。他还说："夫为吏者，人役也，役于人而食其力，可无报耶？"做官是做人民的仆役，给人民做仆役，又享受着人民的劳动果实，对人民怎么可以没有报答呢？柳宗元十分赞赏范传真的这些话。当范传真去宁国赴任，柳宗元写了《送范明府序》作为临别纪念。范传真的那些话，都被他记录在这篇序文中，其实这也是他自己的观点。

在柳宗元所引范传真的那些话中，有这样重要的两点：一是官吏是人民仆役，二是人民养活了官吏。由此出发，在官民关系中，就不存在人民报答官吏的问题，而应该是官吏报答人民。官吏为人民做了好事，仅仅是做了应该做的事。柳宗元和范传真的这种思想，是在一千多年前的中国传统文化中产生的，它在官民关系的理论中，具有经久不衰的价值。思想家的强有力处，是能够提出这种新颖而又深刻的思想，而思想家的软弱处，又在于仅仅是提出思想。当人民对官吏还没有选举权和罢免权的时候，只在理论上说官吏是人民的仆役，说人民养活了官吏，现实意义不会太大。因为那些号称父母官的地方官吏，其中多数人实际上都是鱼肉人民的虎狼而不是理论上所说的仆役，人民对于这种现象毫无办法。如果指望像柳宗元那样一千多年前的人来解决这种问题，又是在封建文化的范围内，这太荒唐了。

对于自己认识了的道理，柳宗元从来不肯轻易放弃。多年以后，他在永州，当零陵县令薛存义离任时，他写序文送别。薛存义任零陵县令两年，政绩颇佳，他们私人情谊也不错。所以柳宗元借送别写序的机会，进一步发挥了《送范明府序》中的那些观点。在《送薛存义序》中，柳宗元先设问："凡吏于土者，若知其职乎？"地方官吏知道自己的职责何在吗？接着便回答道："盖民之役，非以役民而已矣。凡民之食于土者，出其十一佣乎吏，使司平于我也。今受其直怠其事者，天下皆然。岂惟怠之，又从而盗之。向使佣一夫于家，受若直，怠若事，又盗若货器，则必甚怒而黜罚之矣。"现在天下官吏很多都是如此，可是，人民不敢大胆表示愤怒并给予惩罚，这是为什么呢？这是由于官和民之间的形势与家中雇人不一样。两者的形势不同，然而道理是一样的。一旦人民起来表示愤怒，要进行惩罚，为官者又会怎么样呢？"有达于理者，得不恐而畏乎！"

这番话是何等精彩！从官吏是人民的仆役，进而认为官与民的对立，责任在官吏一方，又认为人民有理由对那些不负责任和不法的官吏，表示不满和反抗。这比他年轻时的认识，又前进了一大步。官与民的关系，他比喻为雇主和佣工的关系。他终于发现，作为雇主的"民"，对于作为佣工的"吏"，不能大胆表示愤怒和进行惩罚。应该说，这个想法很有价值。如果再进一步想下去，那就可以进而提出人民对官吏所拥有的权利，以及如何维护人民的这个权利等问题。可惜的是，他不可能进一步想下去。人无法超越历史，然而柳宗元毕竟是发现了并且宣传了一种真理。发现真理的人，总是值得尊敬的。

在现实中，柳宗元看到了吏治的腐败。官场上乌烟瘴气，像范传真、薛存义那样的人不是没有，可惜总是太少，他因此预感到人民对官府的反抗情绪，总有一天会火山爆发。在中唐，从现实中看到这种情况的人，并非个别，如韩愈，他也十分同情人民疾苦，不过他在理论上又强调，人民如果不拿出财物来供养君王和官吏，"则诛"，即进行惩罚。柳宗元没有跟着当时多数人去苛责人民，相反总是在理论上袒护人民，责备官吏。他一贯如此。

"狂疏人"种种

柳宗元带着青年人的美好憧憬和理想来到政界,长安的官场生活过得越久,他就感到与自己格格不入的东西越多。开始是在集贤殿书院校理经籍,集贤殿书院本是书生工作的场所,自从柳宗元离开那里以后,所见官场景象就使他很不愉快。在给内弟杨诲之的信中,他曾谈到自己二十九岁那年留在京兆府工作后的一些感受。他写道:"及为蓝田尉,留府廷,旦暮走谒于大官堂下,与卒伍无别。居曹则俗吏满前,更说买卖,商算赢缩……"(《与杨诲之第二书》)满堂庸官俗吏,不办正经事,整天谈论做生意,盘算怎样弄钱,如此腐败作风,他怎能看得下去?

随着年龄的增大和阅历的增长,探索和思考不断深入,柳宗元的思想逐渐成熟起来。他早已潜心研究政治学和哲学。在政治学方面,柳宗元涉猎的范围很广,从仁政民本的基本道理,到朝廷礼仪、官民关系、施政方针、领导艺术等,无不进行探讨。在哲学方面,他发现了天命论在政治方面的种种危害,对天命哲学越来越反感,并对唯物论产生了浓厚的兴趣。有关治国的许多问题,他也与朋友们反复讨论。本就瞧不起章句师,头脑里条条框框比较少,从而形成了许多与世俗不同的看法,这些看法与传统经学有很大距离。毕竟年少气盛,又生就的棱角分明,有意见心里憋不住,把意见说出来了,却招来许多人的嘲笑和辱骂。后来他如此记述:"时遭讪骂诟辱,不为之面,则为之背。"(《与杨诲之第二书》)竟背对着那些人,如此满不在乎,日子长了,人们便称他是"狂疏人",以后又有人称他"轻薄人"。所谓"狂疏人",意思本是狂妄自大,不受约束的人,其实他无非是心地高洁,嫉恶如仇,而又锋芒毕露，直言不讳，如此而已。

看不惯的事情确实很多，就算是对宰相那种高级官吏所做的工作，柳宗元也很不满意。他写过一篇《梓人传》，批评的对象竟是宰相。

《梓人传》没有批评奸相，这就像在《种树郭橐驼传》中没有批评贪官酷吏一样。作者当然知道德宗皇帝信任的三个大奸臣，其中有两个都做过宰相，就是卢杞和窦参，另一个裴延龄也差一点做上宰相，而他父亲柳镇就是被窦参害苦了。奸相和贪官酷吏，面目可憎，一般人都知道反对，而柳宗元写文章，爱说大家还不大明白的那些道理。

朝廷上碌碌无为的宰相，总是比奸相要多。陆贽做宰相的那两年，有贾耽、卢迈、赵憬三人同在相位，这三人年龄比他大，资格比他老，只是能力比他低。大家都清楚奸臣裴延龄恃皇帝恩宠，胡作非为，祸国殃民。陆贽尽宰相之职，上书皇帝痛斥裴延龄七大罪状，而另外三个宰相，或不表态，或在关键时刻抛弃陆贽，结果陆贽贬了官。另三人做为宰相并不尽职，可是皆有清望，碌碌无为，却能高官而终。现实情况竟是如此。《梓人传》所批评的，就是居宰相之位而不谋宰相之政的那种人。"梓人"就是木工。《梓人传》依然是采用文学手法，通过描写一位名叫杨潜的建筑木工，巧妙地表达了作者的见解。

杨潜在柳宗元姐夫裴瑾的长安家里住过，或许实有其人。在京兆府官署的建筑工地上，柳宗元可能亲眼看见过他的工作情况。杨潜命令这些工匠去锯，又命令那些工匠去砍，在他的指挥下，整个工地秩序井然，有条不紊。他绘制了房屋的详图，按照设计的尺寸去建造，结果房屋与图样一点不差。杨潜本人的工艺水平并不高，让他做某种工匠的工作，未必能做好，可是由他领导和指挥建筑工程，完全可以保证质量。而他不做具体工作是不因小失大，为了专心领导和指挥整个工程。从他身上，柳宗元发现了领导艺术问题，所以十分钦佩杨潜的领导才能。

称赞"梓人"杨潜还不是柳宗元的本意，他要以此进一步谈宰相的治国之道。他从大小官员的分工讲起，再讲宰相的本职工作是什么。其中有选拔官员、提举纲纪、统一法度、考察全国情况、任贤才退庸人，以及商讨国事等。柳宗元认为，做宰相就应该像杨潜领导建筑工程那样，不是亲自去做本应该由下级做的那些事情，而要把各方面的工作都领导起来。总之，宰相是领导人，要有智慧、善谋略、多主见，应该做好领导本身的事。

做了宰相，整天忙忙碌碌，就是不担负起领导的任务，对于这样的宰相，柳宗元在《梓人传》里做了毫不客气的尖锐批评，写道："以恪勤为公，以簿书为尊，衒能矜名，亲小劳，侵众官，窃取六职百役之事，听听于府廷，而遗其大者远者矣，所谓不通是道者也。"那些恭敬勤劳地忙碌日常琐事而不知抓大事的人，愿做文书工作而因此自鸣得意的人，他们根本不懂为相之"道"。在此，柳宗元并不是轻描淡写地批评事务主义，而是指责这种人放弃了领导责任，从而影响了国家政治的全局问题。这种人虽是宰相，但是从发挥领导才能和领导作用方面看，远不如"梓人"杨潜。

在《梓人传》中，柳宗元还指出，要是"梓人"的主人自己插手工作，不让"梓人"发挥作用（这当然是指皇帝事必躬亲，不让宰相尽职，唐德宗就有此种作风），"梓人"不妨"悠尔而去"，就是辞职不干。可是，宰相如果贪图利禄而不忍离职，国家治理不好，再说不是我宰相的责任，那就像新造的房屋倒塌了，"梓人"说不是我的过错一样，是不行的。这样的观点，像近代西方的责任内阁制，在中国古代很难行得通。作者毕竟倾向于理想主义，他那非凡的智慧中经常闪现动人的光采，但又未免陷于想入非非的境地。

《梓人传》在理论上提出的问题，是如何做宰相，换句话说，就是如何做领导。作者所强调的，并不是领导和被领导在等级尊卑方面的差别，而是在工作中应当遵从彼此的分工，必须各司其职，特别是当了领导就应该做好有关领导的事。这些想法，有合乎科学管理的地方。中国古代的行政管理学，本是很早就发展起来的。

国家正值多事之秋。奸臣害国固然应该反对，可是那些混日子的宰相，将操劳小事和忙于事务看作是尽职，由这种人当政，国家中兴同样没有希望。所以《梓人传》中所讲这些道理，大致不错，有些地方很深刻。但就柳宗元来说，对如何做宰相也敢指手划脚，胆子真够大了。"狂疏人"的名声他怎能逃脱得了？

其实，柳宗元还不只是谈论如何做宰相，对朝廷的施政措施，也有与众不同的看法。他在长安做官时，这方面的文章写过好几篇，下面的《时令论》（上），便是其中之一。

古代的政治措施，大都以儒家经典为根据。儒家经典《礼记》中有一篇《月令》，是汉代儒生假冒古人名义编写的。《月令》规定一年十二个月，每一个月应该实施哪些政令。到唐代，《月令》改称《时令》。唐德宗贞元年间，每逢一年中四个季节的第一个月，朝廷举行宣读《时令》的仪式，这表明朝廷正在执行《时令》中的那些规定。《时令》可称是现行政治文件。柳宗元写《时令论》，就是批评这个现行政治文件的。

在《时令论》（上）里，柳宗元把国家政事分为两类，一类是与季节气候变化相联系的，这类政事大都与农业生产有关。像春天正月，农民要整地修路，考虑种什么庄稼，官府就不能征集劳力；再如秋冬应征收赋税，冬天农闲可以练武等。对于这一类规定，柳宗元表示赞同。另一类是与季节气候变化无关的，这类政事也按月份作十分死板的规定，柳宗元对此坚决反对。如《时令》规定，春天正月发布仁德宽和的政令，赏善布恩，二月督促抚育幼孩，视察监狱，三月赏赐穷人，优待贤者，如此等等。柳宗元指出，这些事情任何时候都应认真去做，现在规定只能在某个月中办，这样耽误的政事就太多了。从这些话，可以看出柳宗元十分重视施政的效率，他大致是从施政的效率观念和实际作用等方面，去批评《时令》的。

把国家政事分为两类，一类可按《时令》规定执行，另一类不能按《时令》规定执行，这在当时是全新的思想。到二百多年后，宋仁宗嘉祐六年（公元1061年），科举中有道试题，还是考《时令》。这次考生中，有后来成为宋代鼎鼎大名的文学家和思想家的苏轼。他当年只有二十五岁，却在试卷答案中写道："柳宗元论之备矣，以为有可行者，有不可行者；其可行者皆天事也，其不可行者皆人事也。"既然苏东坡可以用《时令论》中的观点做为科举考试中的答案，可知柳宗元提出的新思想，至少在宋代还没有过时。

《时令》不顾是否合理，对十二个月中每月的政事做十分死板的规定，其理论根据是天命论。那时候一般人都认为，这样的规定是上天安排的，是合乎天意的，照着天意去办就会得到天的福佑，违背了就要受天灾、瘟疫等惩罚。现在连小学生都知道它违反科学，可是，天命论是古代的官方哲学，地位绝非一般。柳宗元在《时令论》中则对它提出了批评："圣人之道，不穷异以为神，不引天以为高"，意思是在圣人的思想中，不穷究那种奇异的名堂，也不援引天意来作为最高的主宰。他这样说，完全否定了天和神在现实中的作用，否定了《时令》的理论根据。不过，圣人如孔子确实有天命观点，所以不能说圣人没有这种思想。柳宗元在此无非是用圣人作为反对天命论的挡箭牌，表达的其实是他自己的观点。接着，他又指出，国家政事必须是"利于人，备于事"，就是有利于人民和适应万事万物的特点和规律。这个"利于人，备于事"，是柳宗元在施政方面为代替天命论而提出的基本方针。反天命，重人事，在人事中特别重视仁政，这是柳宗元思想中逐渐显露出来的基本特征。

对于像《时令》那样正在执行的政治文件，敢于作这种直截了当的批评，尽管批评不无道理，可是政界多数人不会认同他。在有些人看来，他自然是"狂疏人"了。"狂疏人"这名声，至少对他政治前程并不有利。

柳宗元年轻时抱负很大，又自视甚高，思想中理想色彩很重。从一方面看，这说明他年轻有为，执着地追求真理；从另一方面看，他这种情况很容易被世俗中人讥作"狂疏人"，在有些人看来觉得不顺眼。

仁政民本思想本是儒家学说中很富于理想性的内容，真正实行起来，是很困难的。而柳宗元一心要把它付诸实施，坚持认为这是振兴国家最可靠的道路，这一点决定着他一生的政治态度，以及他思想发展的轨迹。

从历史上看，仁政民本思想源于孔子，继孔子以后加以发扬光大的是孟子。在孟子看来，获得天下统治权的最好办法是"得其民"，而得到人民支持的最好办法，是"得其心"。就是通过实行王道仁政，去争取民心（《孟子·离娄下》）。孟子又说："民为贵，社稷次之，君为轻。"（《孟子·尽心下》）他认为在国家政治中，有关使人民安居乐业的问题，具有第一位重要性，有关国家社稷的问题居其次，有关国君的种种问题与这两者相比，倒不太重要。孟子这些思想，具有动人的光采，柳宗元的著作可以看出受到了它们影响。

中国古代的志士仁人，很多把仁政民本作为自己的政治理想，并且为它去献身，从而不断为我国历史增添绚丽的篇章。柳宗元对于仁政民本学说，作出了自己独特的贡献，归纳起来有以下两方面。

一是把仁政民本思想与传统的天命神学相对抗。人们本来认为，王朝基业是天命赋予的，可是柳宗元认为，天命是没有的，王朝基业不是靠天命，而是靠行仁政去争取民心。柳宗元这种思想是继陆贽之后提出的，比陆贽更为完备深刻。至于首倡仁政民本的孔子和孟子，他们都是赞成天命的。

二是在儒家仁政民本学说中，那些使人民安居乐业的言论固然动人，却有流于空洞许诺的毛病。柳宗元在理论探讨中企图把这空洞许诺变得具体现实一些。因此，在官民关系方面，他提出官吏是人民的仆役，官吏必须懂得"养人术"；在施政方面，他提出"利于人，备于事"作为施政的基本指导思想；在一篇说明如何实施法律的论文中，他又指出刑法赏罚要"顺人顺道"，"谋之人心"（《断刑论》（下））；在行政管理方面，他又强调官员分工、工作效率、实际效用等。总之，在如何实行仁政去争取民心方面，他结合实际作了可说是多方面的具体探讨。当然，要把那种古老的空洞许诺，真正变成封建社会的现实，谈何容易！这是柳宗元解决不了的问题，可是他却真心实意地想解决这个问题，而且显得颇有信心，为此，他苦苦思索，努力作文，又积极从政，表现出很高的热情。

从柳宗元年轻时的精神状态看，他固然特别重视事功实践，但思维方面又更多地倾向于理性。长安时期他很少写诗，纯文学性的作品写得不多，几乎全身心地沉浸在对世界所作的理性思考中。观察深入细致，思维精细缜密，态度沉着冷静，又不受经学章句的束缚，条条框框和顾虑都比较少，想象力异常丰富，处处表现出一个年轻人的绝顶聪明。头脑里因而形成了越来越多的思想。这些思想显得新颖、大胆而深刻，有些写进了作品，有些则留待以后的创作。虽然早已是朝廷命官，但自己心目中最崇拜的权威是"道"，就是真理，是非标准也是他所认识的"道"。平时习惯从"道"的角度去评判现实，思考应该这样，不应该那样，批评这，指责那。看上去有点横冲直撞，其实内心是要求现实能够变得符合理性一些，如自己头脑中所希望的那样。心理上盼望建功立业，强烈的功名心促使他急于把仁政救国的理想付诸行动，使国家早日再现初盛唐的昌明气象。可是，救国之路并非坦途，相反布满了荆棘和陷阱。更何况绝顶聪明的柳宗元，在政界最学不会的本领，是老练政客的那种圆滑。他好像只会做"狂疏人"。几年以后，他开始检讨自己不能"内方外圆"，可为时已晚了。

这一切，预示着他与现实世俗的一场冲突，将是不可避免的。这场冲突适应了现实历史的要求，对柳宗元来说，又是受他性格逻辑的驱使。他已经作好了准备，或者胜利，或者失败，反正要对现实表明自己的态度。

肆

参加永贞革新

唐德宗死了

三十三岁那一年，是柳宗元为国效力最为紧张、繁忙的一年，又是他一生中开始倒霉的一年。这一年是贞元二十一年（公元805年）。春正月，长安宫廷里发生了一件大事：德宗皇帝李适驾崩，唐顺宗李诵接位。唐顺宗年号是永贞，所以这一年又称永贞元年。

柳宗元是在唐德宗晚年的朝廷内做官。德宗在位二十六年，用过三个年号，建中年号四年，兴元年号一年，贞元年号二十一年。柳宗元于贞元九年中进士，贞元十四年二十六岁时入朝做官，至今已有七八年。在这一段从政生活中，他思想上形成了自己的见解，政治上逐渐成熟起来，论他的年龄也已到可以干一番事业的时候了。

唐德宗才能平庸，但比较重视文化教育，所以还不能说他一无是处。唐德宗贞元年间到唐宪宗元和年间（元和年号共十五年）共三四十年，思想文化领域呈现出有唐一代最为繁荣的景象。如果说盛唐出现的是艺术领域的百花齐放，那中唐数十年出现的是思想领域的争鸣景象。中唐的艺术创作不如盛唐，而散文、传奇小说、诗歌、绘画、书法等方面的成就，却很可观，其中散文和小说的成就，远比盛唐要高；中唐的思想家们特别活跃，创新说、立新见，蔚然成风，这是盛唐所没有的，在历史上影响深远。柳宗元就生活在这个历史时期。

在唐德宗前期政治中，依赖名臣李泌[①]和陆贽辅佐，国家的政治情况

[①] 李泌（公元722—789年），字长源，京兆（治今陕西西安）人。玄宗时任待诏翰林，历仕肃宗、代宗、德宗三朝，当过宰相，在中唐政局起过重要作用。在政界几起几落，屡遭奸臣谋算又都能幸免。史学家范文澜称他是"自觉地避开祸端来扶助唐朝，可称为封建社会表现非常特殊的忠臣和智士"（《中国通史简编》第三编第一册）。

还好一些。但唐德宗刚愎自用,喜欢溜须拍马的人,竟重用卢杞、窦参和裴延龄这三个大奸臣。建中之乱搞得如此不可收拾,宰相卢杞有很大责任。国人都骂卢杞是"奸臣",唐德宗却问李泌:大家都说卢杞奸邪,我觉得他不是那样。李泌是四代老臣,资历很深。他回答皇帝的话实在妙:让你一个人不觉得奸邪,这正是卢杞的奸邪之处。卢杞下台后,不久李泌被任命为宰相。李泌忠心为国,善于排难解纷,由于年老,任宰相两年后病故。这时陆贽只有三十多岁,正年富力强,若依靠他,朝政并非无望。可是,唐德宗却依靠了窦参,以后又重用裴延龄,最后干脆把陆贽踢出朝廷,所以后来权德舆感叹"吾唐不幸"!

实际上,臣民中并不缺乏德才兼备的人才,唐德宗始终不能在政治上有所作为,是他自作自受,自己把政治搞糟了。到了晚年,他既失去陆贽辅佐,自己又多病,朝政更趋腐败。才能平庸的唐德宗最喜欢对自己唯唯诺诺的人,不幸的是这些人中真正有治国能力者很少,所以朝廷上庸碌无为的大官特别多。他又有疑神疑鬼的毛病,经常怀疑别人欺骗自己,却特别信任宦官。把陆贽赶走后,他不再设宰相,事事亲自过问,结果大权旁落于宦官。他把中央禁军交给宦官统率,自己种下祸根。宦官胆敢在中晚唐宫廷内导演出一幕幕惨剧,奴才管起主子来,弄得血肉横飞,国无宁日。思想家总是比较敏感的,柳宗元写了《晋文公问守原议》,指出宦官参政是"贼贤失政之端"。可惜的是,这个意见皇帝并不爱听。

就唐德宗本人而言,他甚至很想成为中兴有功的明君。可是,任何一个输得精光的赌徒,就主观动机而言,又何尝不是想在赌场上赢得腰缠万贯?唐德宗毕竟是唐室的皇帝,在一般情况下还不至于自己去反对中兴唐室。他是国家的最高统治者,像他这样的人,仅有中兴的动机是远远不够的,而他的实践又大多与他中兴国家的主观动机相违背。他统治国家二十六年以后,政治上留下了现在这样一个烂摊子。其实,朝廷里许多人看到这种情景,心里早已是焦虑万分了。

唐顺宗李诵的思想,看上去比他父亲要明白一些。当年裴延龄为非作歹,陷害陆贽、阳城等人,李诵做皇太子,曾在父亲唐德宗面前为阳城说过话,裴延龄因而没有做成宰相。唐德宗在宫中的生活过度腐化,李诵曾经劝谏。李诵已四十六岁,他一共做了二十六年没有实权的皇太子。封建专制制度下的朝廷政治命运，最终只系在皇帝一人身上，只要皇帝不愿意，谁也别想对现行政治运行的轨道作一点修正。所以，只要唐德宗在位，他不想解决腐败政治问题，谁着急也无用，这就是封建政治。现在盼到唐德宗去世，李诵接位做了皇帝，这是一个很好的机会。唐顺宗及其周围一些人，都想借此大展宏图，励精图治，振兴国家。柳宗元早有这种愿望，因此成为行动最为积极者之一。

王叔文党人

唐顺宗李诵做皇太子时,有一个陪伴读书、称作太子侍读的官员,叫王叔文。

王叔文是越州山阴(今浙江绍兴)人,生于唐天宝十二载(公元753年)。他读书很多,棋艺也很精,曾陪伴李诵读书、下棋达十八年之久。有一次,李诵在东宫与一些人议论国家的政治弊端,以及宦官在长安宫市扰民的问题,李诵说:我见了皇上,一定要把这些事情讲一讲。对李诵的话,在场的人都表示赞同,唯独王叔文一人默不作声。别人走后,李诵留下王叔文,问他为什么不说话。王叔文回答说:太子事从皇上,只能是饮食、问安之类,外边政事不宜过问;如今皇上在位久了,要是有人从中挑拨,说你太子殿下收取人情,你又怎能解释清楚呢?李诵听了,觉得有理,感到还是不说为好。从这件事看,李诵早就有心改革政治弊端,王叔文支持这种想法,然而对宫廷内幕的复杂性,估计得更为充分一些。由于唐德宗的猜疑心特别重,李诵虽有心改革,却又无可奈何,王叔文劝他暂时不要有所作为,免得连太子位置也保不住。到了唐德宗晚年,王叔文建议李诵招纳英俊贤士。据说,他们商量过谁可做宰相,谁可做将军等。看来是作好了准备,一旦李诵接位,就立即行动。

柳宗元考取进士以后不久,就与王叔文有接触。柳宗元在长安时期思考的中心问题,是通过改革政治去振兴国家,如《舜禹之事》《晋文公问守原议》《梓人传》《时令论》《断刑论》《贞符》等许多作品,都是他在这方面作思考的记录。从政治观点上看,他与王叔文的见解比较一致。王叔文又与柳宗元的朋友吕温、刘禹锡、李景俭很要好,这也是促使他们接近的一个因素。到李诵接位做皇帝时，柳宗元与王叔文已经有十来年的交情。王叔文是太子的亲信，他在社会上交朋友，包含有为太子将来物色人才的意思。柳宗元择友一向谨慎，眼界甚高，最重视事业上的志同道合，并不肯轻易许人。

王叔文在社会上团结了很大一批人，除柳宗元外，还有吕温、李景俭、刘禹锡、韩泰、韩晔、陈谏、程异、凌准、陆质、韦执谊等。李诵接位做皇帝后，这些人中除吕温恰巧因为出使吐蕃没有回来，李景俭正在洛阳家中守丧，其余在长安的人，都参加了王叔文领导的政治革新活动。这次政治革新发生在永贞元年，所以史称"永贞革新"；由于领导人是王叔文，历史上称这些人是"王叔文党人"。

这些所谓王叔文党人，是以李诵为后台，以一批青年才人为骨干力量的政治势力。柳宗元比王叔文小二十岁，当年三十三岁，其他人如刘禹锡、韩泰、韩晔、吕温、李景俭都不过三十几岁，年龄较大的只有韦执谊、陆质、凌准几个。这些年轻人，都是名门子弟，进士出身，从政热情很高，政治见解大都以仁政民本为主，对时局有清醒的认识，各自从现实中意识到了危机感，又胸怀救国救民的抱负，然而都未免骄矜自负。才华横溢又锋芒毕露，是他们共同的精神风貌。

贞元十九年（公元803年），也就是柳宗元三十一岁那年，对这些年轻人来说，这是很关键的一年。这一年，柳宗元由蓝田县尉调任监察御史，而刘禹锡由渭南县主簿调任监察御史，韩泰由馆驿使都调任监察御史，吕温由校书郎升任左拾遗。这四位志同道合者在这一年同时晋升。晋升与各自的政治背景有关，如刘禹锡靠朝廷老臣杜佑支持，吕温有唐德宗亲自提名等。刘禹锡以后有诗写道："当年意气结群英，几度朝回一字行"。（《洛中逢韩七中丞吴兴口号》）当年这些意气相投、结合在一起的英豪青年，许多次散朝回来都是排着队一道走的。看来，他们从此以后关系更加亲近，团结得更为紧密。这次晋升，使他们都进入了可以参见皇帝、参加议政的行列，接近国家的决策中枢。在这些名门子弟的意识中，政治是自己份内之事。在成为进士的名门子弟的意识中，这种政治自觉更为强烈。这几位年轻官僚，从晋升中得到鼓舞，又在彼此间得到支持，这为两年后参加政治革新铺平了道路。

王叔文党人以年轻才人为骨干力量，因而显得有朝气有锐气。然而，从另一方面看，他们原来的官职并不高，资望不足，这正是他们的弱点。那些年轻人的情况不必再说，他们都是进入政界不久，还没有一个人做过地方刺史或朝廷郎官。就拿年龄较大的几个人来说，陆质在朝廷做过刑部员外郎、仓部郎中等，在地方上做过刺史，从政时间很长，但从未当过大政，又是年老多病，几乎奄奄一息了；凌准长期在地方上做官，文才也不错，刚刚调到朝廷做事，在朝廷官员中影响不大；韦执谊倒是二十多岁就做翰林学士，在朝廷供职的时间较久，所以唐顺宗一上台就提拔他做宰相，这是王叔文党人中唯一有可能任宰相的人。然而，他人品不佳，本来对他非议就较多；再看王叔文本人的情况，他做太子侍读以前，不过是苏州的司功参军，官卑职小，做了太子侍读，又不能参与朝政，再说他的门第也不高。当然，王叔文富有政治才能，最了解他的李诵，称他是"伟才"。刘禹锡、柳宗元都说他"工言治道"，柳宗元又说他"坚明直亮，有文武之用"。永贞元年王叔文在政界的所作所为，可以证明就如他们所说，真的具有治国能力，又意志坚定，为人正派。尽管如此，王叔文在朝廷政治中毕竟根底较浅，羽翼未丰，作为一个政治派别的普通成员，无疑是不成问题的，现在要做政治派别的领导人，在特别看重资历和门第的封建官场上，将会有很大困难。王叔文党人资望不足，这是柳宗元等要立即从事重大政治行为的一种不利因素。

　　但是，资望不足还不是最堪忧虑的问题。王叔文党人并非平庸之辈，特别是这些年轻人，都富有才能，又早就作了思想准备。况且有唐顺宗为后台，照理有皇帝支持，罗致了这么一批人才的政治势力，一般就能做成一些事情。当陆贽为"内相"时，年纪也只是三十来岁，所以资望不足问题原是可在做事情的过程中逐渐解决的，可是，王叔文党人的政治后台唐顺宗李诵，在前一年九月得了中风病，连话都讲不清楚。这就使朝廷政治的形势，变得异常复杂和麻烦。

　　李诵突然生病，卧床不起，这件事给王叔文党人带来的问题极多。

　　从宦官方面看。李诵做皇太子时，就对宦官弄权持明确反对态度，因此在唐德宗病危时，宦官就想抛开李诵，另立太子。到唐德宗一死，矛盾立刻尖锐化，朝廷内一些人以李诵有病为由，主张延期发丧，重新立太子接位，其中最积极的自然是宦官。经过王叔文一派据理力争，他们暂时取得胜利，李诵接位做了唐朝皇帝。可是，宦官集团对唐顺宗政权没有好感，而且心怀戒心。这时的宦官集团，已经成为不可忽视的宫廷政治力量。

从朝官方面看。朝廷官员都是唐德宗遗留下来的原班人马，还没有来得及成为唐顺宗的心腹，因而也不能马上成为王叔文党人从事新政的支持者。由于唐顺宗已经病卧在床，朝不保夕，因此，大批官员对新政权一开始就采取观望等待的态度。有些人开始时显得热情，可是不久就变为冷淡，或者很快就转为反对。唐顺宗因为中风，不可能亲自主持朝政，这意味着新上台的皇帝不可能运用自己的权威，去对付反对派力量，去组织和扩大革新派势力，进而在朝官中巩固自己的地位。唐顺宗虽然做了皇帝，却处于立足未稳的境地。

从王叔文党人方面看。唐顺宗自己不能出面办事，只得把事情交给王叔文、柳宗元、刘禹锡这些人商量着办。他自己又无法对这些人的活动，作出强有力的支持。可是在王叔文党人中，没有一个人具有在皇帝病重时摄政的资格。相反在旁人看来，唐顺宗既是卧病之身，又是立足未稳，因此，王叔文党人随时都可能失去皇帝的支持，从而变得孤立无援。在这种情况下，他们资望不足的弱点，在政治斗争中就成为突出严重的问题了。

只要身在朝廷，不难看到形势对王叔文党人非常不利。反对派人多势众，虎视眈眈，一旦纠集在一起，便可以形成席卷横扫之势。面对这种形势，如果胆小怕事，退缩一旁，可以图得个人平安无事；假如投机取巧，见风转舵，或许还能捞一把。可是，王叔文、柳宗元、刘禹锡等人，重道义，尚气节，以国事为重，知难而进，置个人安危于不顾，毅然趁李诵接位的时机，大刀阔斧地革新政治。轰动朝野的永贞革新，就这样在长安兴起来了。

"人情大悦"的新政

永贞元年(公元805年)正月,李诵接位,二月初便提拔王叔文为起居舍人充翰林学士。接着,柳宗元、刘禹锡等人都得到重用,他们就此开始推行新政。

王叔文是唐顺宗的亲信,实际主持政务。柳宗元、刘禹锡两人成为他的得力助手。凡是新政,都由他们两人进宫与王叔文商议妥当,经待诏王伾[①]在他们与皇帝之间传递消息,再付诸实行。所以,当时有"二王、刘、柳"的说法,刘禹锡、柳宗元都是谋办新政的核心人物。唐顺宗上台以后,就又设置了宰相(唐德宗晚年不设宰相)。由于政局变化太快,推行新政紧迫,朝廷实际权力操于王叔文以及刘禹锡、柳宗元等人手中,这也是事实。归纳起来,他们推行的新政,有以下几个方面的内容。

一是为革新政治而进行人事调动。

唐德宗晚年朝政腐败,问题成堆,因此,他们必须立即派得力人士去领导各重要部门。当时,控制财政机构最为重要,因为财政方面的混乱和拮据,早已成为牵制政治和军事的棘手问题。他们派同情革新的老臣、财务专家杜佑去主持财政,并由王叔文、刘禹锡、陈谏、凌准四人共同参与其事。杜佑对刘禹锡十分器重,他们的个人关系很好。在此同时,任命柳宗元做礼部员外郎,执掌礼仪、祭享,并主管奏章等;派韩晔到吏部任司封郎中,执掌封爵事宜;后来又派给事中陆质任皇太子侍读,有意借此影响皇太子李纯,促使其接受新政。此外,还设置宰相,调整

---

① 王伾,浙江杭州人,与王叔文侍读东宫,顺宗即位后,任为左散骑常侍,待诏。

了一批台省郎官和地方官吏。

一方面起用身在长安的才人，另一方面下令调用不在朝廷的故旧大臣。三月，下令调前宰相陆贽、前谏议大夫阳城、前宰相郑余庆、前京兆尹韩皋，到京城听命。如此迅速地调用这一批人，当然是针对新政治领导资望不足的弱点，意在加强朝廷新政的权威性，又是为了解决现任宰相中有些人不肯合作的问题。陆贽的思想观点与柳宗元、刘禹锡等最为一致，他又做过太子宾客，与李诵的关系较深，在政界他威望最高。他回到朝廷，足以慑服众人。王叔文、柳宗元、刘禹锡调用陆贽、阳城这样德高望重的能人，无疑是要重用并附予实权的，可见他们本来无意包揽朝政。

二是惩办贪官酷吏。

京兆尹李实是唐王朝宗室，很受唐德宗宠信。他在长安残杀无辜，盘剥百姓，激起很大民愤。王叔文党人于当年二月，就是唐德宗去世后的下一个月，就贬李实做通州（今四川达州市达川区）刺史。李实去通州赴任的那一天，得到消息的长安市民纷纷等候在街道两旁，衣袖里藏着瓦块，准备见了李实就用瓦块砸，吓得他不敢走大街，只好从小道偷偷溜出长安城。李实着实够狼狈的，长安老百姓心里却很高兴。

三是整顿财政。

这方面的首要问题，是革除苛捐杂税。这是中唐的重大社会问题。王叔文党人规定全国根据两税法交纳正税，此外不得再巧立名目，擅自加税；又宣布免除全国百姓的历年陈欠租赋等，免收当年夏、秋两季的青苗钱。另外，又规定立即停止地方盐铁使的"月进"钱，和地方官吏的额外"进奉"。这类钱物，都是各地官员为了讨好皇帝，从老百姓那里搜刮来的。陆贽在朝时，他一再呼吁停止苛捐杂税，又以身作则，拒不接受贿赂。可是，唐德宗本人十分喜欢这一套，有些人特别是宦官又十分愿意干这种事，结果苛捐杂税未减，各地送给皇帝的所谓"月进"和"进奉"等，却越来越多，官员借此邀功自肥，受害的自然是老百姓。唐朝实行食盐专卖，作为政府的一项重要财务收入。当时，全国盐价暴涨，许多人买不起盐，只好淡吃，而盐价暴涨的原因，主要是为了增加政府收入。王叔文党人下令降低盐价，大致降低三分之一左右。以上措施，意在制止横征暴敛，减轻人民负担，从内容看，都能给人民带来实际利益。

四是抑制藩镇割据势力。

藩镇割据势力养成已久，王叔文党人在台上的时间很短，因此对黄河以北被几个强悍藩镇割据这种重大问题，他们没有可能解决。但是，他们还是做了一些事情，如解除李锜的盐铁转运使职务。李锜是浙西观察使，治所润州（今江苏镇江）处于南北大运河和长江的交会口，扼全国交通要道咽喉，因此李锜兼盐铁转运使，便控制着国家东南地区的财源。李锜长期贪污盐铁税款，蓄意谋反，活埋了向朝廷揭发他罪行的人。这次解除盐铁转运使职务，在于削弱他手中的财权，为下一步处置准备条件。再如，成都的剑南节度使韦皋，乘唐顺宗接位的时机，派亲信刘辟到长安活动，想与王叔文做一笔政治交易。韦皋提出只要同意他再领三川职务，就是把地盘从成都扩大到整个四川地区，就可以互相支持，如不同意他这一要求，就以报复相要挟。王叔文不肯用牺牲原则去取得藩镇的支持，断然拒绝这个要求，刘辟为此差一点被杀头。王叔文在此表现出品德正直，和维护朝廷权威的坚定决心。

五是打击宦官弄权。

王叔文党人一上台，便立刻着手解决宦官弄权的问题。这是中唐朝廷的大患，也是全国重大政治问题之一。长安人民受宦官之害最多的，首推"宫市"。所谓"宫市"，就是宦官到市场为宫廷购置物品。在市场上，宦官看中什么，就拿走什么，常常是随意给个价钱，用一百钱去买值几千钱的东西，或者干脆不给钱。宦官打着皇宫的旗号，天天在市场上这样明抢暗夺，人民敢怒而不敢言，有苦无处诉。再就是"五坊小儿"，专门为皇宫饲养鹰、犬之类供玩耍用的动物的宦官，依仗宫廷权势，到民间任意索取贿赂，到处制造事端。到饭店去吃饭，大吃大喝完了，就一走了之，店主要是问他们要钱，常常会被打骂一顿。有时故意留下一口袋蛇，说是作为饭钱的抵押品，又称这蛇是为宫廷捕捉鸟雀用的，店主必须好好养着，如此等等。宦官这些胡作非为，李诵做皇太子时就表示反对,接位以后,立即停止宦官郭忠政等共十九人的薪俸[1],又下令禁"宫市"和"五坊小儿",凡皇宫到市场购买物品,不再用宦官,改派官吏去主持。

对宦官打击最重的一着,是准备收回他们手中的兵权。当年五月,王叔文党人让有威望的老将军范希朝出任中央禁军统帅,职务是左右神策军、京西诸镇行营节度使,又派兵部郎中韩泰为范希朝的行军司马。韩泰是刘禹锡、柳宗元的好朋友,办事干练,他所担任的行军司马,在军队中有参谋、赏惩、后勤等实权,作为兵部郎中去兼任行军司马,显然是为了协助范希朝,从宦官手中夺回中央禁军。这是柳宗元等在执政期间最为勇敢的决策,是为解除此后一百年中晚唐的宦官乱政而作出的决定性措施。

王叔文、柳宗元、刘禹锡执掌朝政的实际时间,不过是永贞元年上半年的五六个月,可是新政一件又一件,给长期腐败的政界带来了一股新鲜的气息和美好的希望。一些事关重大的措施和决策,一定是他们早就酝酿谋划过的。在这些新政中,有些固然是中唐别的皇帝上台时也宣布过的,但是,如此大规模地选用贤能,革除弊政,减轻人民负担,打击腐朽官僚,特别是沉重地打击宦官势力,却是没有人敢做的,也从中表现出以王叔文为首的忧国忧民之士,在政治上改造国家的能力,和工作中雷厉风行的气魄。

在如此短的时间内,柳宗元等做的好事,又确实是太多了。他们的性子太急,好事做得太快太多,对国家对人民虽有好处,却容易在政界给自己竖起对立面,促使反对力量迅速形成。出现了这种情况,如果有皇帝顶住,自然还不太要紧,因为时间对他们有利,可是皇帝病卧在床,又立足未稳,这就会变成心腹大患。

人民对新政是衷心拥护的,民间的反映非常热烈,因为几乎每一件新政都对人民有好处。据史书记载,这些新政引起"人情大悦","百姓相聚欢呼大喜"(《顺宗实录》卷二)。

---

[1] 此事不载《顺宗实录》《旧唐书》《新唐书》等史册,今据卞孝萱钩沉于《册府元龟》卷507,章士钊录于《柳文指要》(下)卷二。

王叔文党人的新政，上利国，下利民，与柳宗元仁政救国和以民为本的思想，大致符合。可是，对统治集团中的多数人来说，仁政也好，中兴也好，挂在嘴上说说还可以，真的实行起来，只要是触犯了他们的既得利益，那就绝不答应，甚至完全不顾"人情大悦"，非把当事者置于死地不可。

新政遇到的困难和阻力，果然迅速增加和扩大。宦官方面心怀恼怒，这是不用说的，他们唯恐新政不早点垮台。从朝官方面看，短时间内进行过于频繁的人事调动，也使旧官宿僚们坐卧不安。他们为失去往日的权势而怀恨新政，长安政界人心浮动，不合作者和反对者逐渐增多。在藩镇方面，朝廷新的政治领导那种强硬态度，使他们耿耿于怀。他们与朝廷大臣密切联系，生怕今后进一步向自己开刀。

王叔文党人并非不知道自己资望不足，因此在争取故旧老臣方面，做了不少工作，但都未取得成功。在他们任命的宰相中，有三个宰相很快站到不合作阵营去了，等待观望和不屑合作的官僚政客越来越多。陆贽和阳城在接到调令前，都不幸去世于贬所。这对新政来说，是无法弥补的巨大损失。柳宗元等立即对这两人进行追封，表示哀悼和惋惜。郑余庆见到调令以后，迟迟不愿进京，他显然是要等到朝廷局势明朗化以后再表态；韩皋倒是接到调令就到长安来了，一看形势，立即站到不合作阵营那一边。因此，资望不足的王叔文党人，掌权以后，政治势力无法扩大，反而被孤立起来。

派范希朝、韩泰去收回宦官手中的兵权，果然击中要害，使宦官惊恐万状，气急败坏。宦官采取公开抵制的强硬态度，拒不交出兵权。王叔文党人手中无一兵一卒可以依靠，对宦官不交兵权一事一筹莫展。他们这个重要决策，立即化为泡影，反而使他们与宦官的矛盾达到一触即发的境地。

于是，宦官、官僚和藩镇这三方面的反对势力，为了共同利益，迅速结集起来，在宫廷中公开亮出拥立皇太子李纯的旗帜。封建政治是君主专制政治，皇帝一人拥有最大的权力。在皇帝病重之时，拥立皇太子，下一步自然就是皇位易人。这对王叔文党人的打击是最重的。所以，当柳宗元等为中兴国家，奋不顾身地革新政治时，玩阴谋于股掌之间的老练政客，已在磨刀霍霍，寻找时机，准备取而代之。

吃过王叔文闭门羹的剑南节度使韦皋，在朝廷外面首先发难。他于当年六月，上书朝廷，要求"皇太子监国"。紧接着，荆南节度使裴均、河东节度使严绶，都上书作同样要求。有这三大藩帅作外围策应，长安的宦官和朝官便联合起来，一阵紧锣密鼓，七月二十八日便正式拥立太子李纯"监国"。八月初四，唐顺宗被迫退位。八月初九，李纯接位做了皇帝，这便是唐宪宗。

在这短短的时间内，长安的形势完全翻了过来。永贞元年的七、八月，长安皇宫里就像走马灯一般，宦官头子俱文珍以及其他有阴谋才能的官僚政客，都大显身手。一般人为了自己的利益，也不得不追随唐宪宗。在唐宪宗周围出现了一边倒的形势。李纯这么迫不及待地接手政权，是王叔文等原来没有想到的。唐顺宗是中风病人，完全不能作主，现在名义上是太上皇，实际上已被剥夺了权力。柳宗元等的后台已经被反对派打压下去，在封建政治中这等于陷入绝境，所以等待他们的，只有束手待擒的命运。

"八司马"事件

　　唐顺宗李诵于八月初四退位,只隔了一天,八月初六出面"监国"的李纯,便急忙宣布贬王叔文为渝州(今重庆)司户[①],王伾为开州(今重庆开州区)司马。这表示永贞革新已不复存在。唐德宗在位时,朝政腐败,年复一年,无人过问,倒相安无事。现在五六个月的新政,尽管利国利民,"人情大悦",只是触犯权贵要人的利益太多,引起他们的切肤之痛,他们由此产生的报复心理,是何等强烈而急切!王叔文、王伾的贬官,仅仅是枪打出头鸟,下一步无疑要轮到柳宗元、刘禹锡了。从新政中得到好处的是老百姓,他们拥护新政,但是,官府中没有反映民意的权力机构。人民群众无权,无法表明自己的意见和态度,不可能形成支持新政的政治力量,相反反对派倒能强奸民意,为所欲为,所以,宦官头子俱文珍等,能在七八两月之交的很短时间内,迅速上演一出宫廷政变的活剧[②]。在专制政治时代,这是常见的事情,只要人民无权,阴谋家就有用武之地。

　　柳宗元是这次新政的核心人物。他原本仕途顺利,这次又勇担重任。在他来说,是出于报国心切,置个人安危于不顾,可是旁人见了,却是因为妒嫉而红了眼。再说他毕竟年少气盛,锋芒毕露,骄矜有余,在长

---

① 司户,唐州府佐吏六参军之一。
② 刘禹锡在《子刘子自传》谈到永贞元年唐宪宗接位这件事,引用了一个典故:"建桓立顺,功归贵人。"意思是:像东汉末年汉桓帝和汉顺帝接位,这功劳完全归于"贵人"宦官。据章士钊、卞孝萱两人考证,唐顺宗是被宦官谋杀的,详见《柳文指要》(上)卷四。

安早已被一些人称作"狂疏人"。所以,当新政流产,人们对他的妒嫉,对新政的不满,以及其他莫名其妙的恼恨和愤怒,一股脑儿都朝着他爆发出来。特别是参与新政者都得罪了唐宪宗。皇帝今后如何对待他们,更堪忧虑。

随着新政的流产,柳宗元蒙受了难以忍受的屈辱和压力。他后来自己说是弄得"群言沸腾,鬼神交怒"(《寄许孟容书》)。有一些人竟用攻击他去讨好新贵,踩着他的身子往上爬。对他的诽谤和污蔑,在长安城里转口相传,污言秽语不绝于耳。面对这种情景,他有口难辩,主要是他根本没有为自己辩诬的权利,同时他也不想去辩白清楚。他和刘禹锡都天真地相信,自己光明正大,事实总有一天会澄清那些谣言,向人们证明自己的清白和无辜。可是,众口可以铄金,他的名声被气急败坏的反对派搞坏了,因而"名益恶"。在一些人的心目中,柳宗元成了"怪人"。

在这么短的时间内,做了那么多好事,反而落得一片怨怒咒骂,这是多么不公!从事五六个月的政治改革,遭到如此铺天盖地的攻击,到底为什么?遇上这种突如其来的形势倒转,一般人都难以理解,头都可能搞懵了。事过三四年以后,柳宗元的心终于沉静下来,给自己总结出以下几方面的教训:首先,他认为是由于"很忤贵近",新政严重触犯了权贵的利益,因而招来许多意想不到的罪名;其次,他认为自己年轻得官,不能服众,"年少好事,进而不能止","素卑贱,暴起领事,人所不信";再次,他觉得自己性格和作风方面存在一些问题,如称自己"性又倨野,不能摧折"。就是傲慢粗野,不肯向权势低头,失败了又不肯认罪,等等。他从检查自己角度所谈这些原因,都不无道理,不过其中原委,恐怕比这要更复杂一些。

柳宗元、刘禹锡都是推行新政的要人。新政进行改革,要不触犯权贵的利益,不得罪别人,是不可能的。况且,那时官场风气恶浊,柳宗元又想在乌烟瘴气中保持自己做人的清白正直,就使他的处境格外困难。

几年后,柳宗元在给别人的书信中,谈到永贞元年实行新政时,去投靠他的人非常多,曾经"排门填户",络绎不绝地塞满屋子。这些人本想走他的门路,寻求利益,弄得官做,因为他手中有权。可是,他不肯用手中的权去做交易，结果"百不得一"，去求他的一百人中，连一个人的要求也满足不了，这就造成了许多人对他的怨怒。类似意思，他至少在两封信中谈到。只要想到唐德宗专门派人去劝陆贽收下鞭子、靴子之类贿赂，情况就可一清二楚。既然皇帝都劝大臣受贿，官场作风怎能不腐败？清廉怎能不成为稀罕之物？偏偏柳宗元重视独立人格，不肯与世俗同流合污，当手中有权的时候，也不肯利用职权去送人情，犹如陆贽那样，保持做人的清白和正直。一个正人君子，想在成群结队的贪官污吏中维护人的尊严，实践伦理道德的基本准则，可是他还没有陆贽那样的社会声望，这样做怎能逃得掉那些人的咒骂？所以，在某些人看来，柳宗元就是有目中无人的傲慢，有不讲情理的粗野。到他下台的时候，有的人就倒打一耙，起劲地诬蔑他，目的还是给自己弄点好处。在人情世故的学校中，他终于明白过来，只是无意悔过。他从来瞧不起随波逐流。

若就他们所推行的新政本身来看，很难说其中有多少真正的错误，这也是柳宗元、刘禹锡至死不肯认错的基本原因。比如，他们反对浙西的李锜、剑南的刘辟，这两个人果然在一两年后就公开发动军事叛乱，闹得朝廷方面调兵遣将，兴师动众，用战争去解决问题。可见，王叔文党人当时对他们的处置，既正确又及时，不幸的是没有把处置进行到底就下台了。再如，收回宦官手中的兵权，无疑是为了振兴唐王朝在关键时刻作出的关键决策。由于这一决策未能实现，朝廷便失去了打击宦官最好的机会，成为无法挽救的损失。从此以后，掌握中央禁军的宦官，不断参与朝政，干预皇室事务，在中唐和晚唐宫廷中制造一件件血案，连皇帝和宰相也不断在他们手下丧命。唐宪宗李纯自己，就死在宦官手里。现代历史学家吕思勉在《隋唐五代史》（上册）里对中晚唐的宦官乱政，作过这样的评论：在黄巢起义之前，唐朝"实无时不可有为，而终于不振者，则宦官之把持权柄实为之"。换句话说，中唐至晚唐的一百来年间，国家都有可能振兴，然而终于没有振兴，真正原因在于宦官擅权。这话说得可能有点绝对，但颇能道出宦官擅权为害之烈。柳宗元等在永贞元年企图解决宦官擅权问题，表现得既勇敢又英明，可惜还是失败了。如此看来，从国家的长远利益考虑，他们的新政是无可非议的。

柳宗元等在当时受攻击，以后在历史上又长期挨骂，无非是因为他们从事的新政失败了。他们的反对派胜利以后，垄断舆论，颠倒是非黑白。造成新政失败的原因，有他们自己在策略方面所犯的错误，如性子太急，在半年内做的事太快太多，对困难和阻力估计不足等。柳宗元、刘禹锡等的思想状况，本来就过于天真乐观。不过，造成新政失败的关键，还不在于此。

对于包括柳宗元在内的王叔文党人来说，当时有这样两个问题，是他们无法解决的。

一是顺宗处于病危状态。封建专制政治的命运，其实掌握在皇帝一人手里，皇帝的喜怒哀乐以至健康状况，都对政局和形势有直接的影响。中唐与晚唐不同，中唐还是可能有所作为的。所以，如果四十六岁的唐顺宗身体健康，精神振作，那么皇太子李纯就不至于插手政权，王叔文党人争取臣僚的工作能变得顺利，他们在朝廷的势力能很快扩大，本身资望不足的弱点可以有所弥补，对付宦官的力量就大得多，困难和阻力当然还会有，但能明显减少，出现的局面将与现在大不相同。至于新政能实行到什么程度，还取决于其他因素，特别是唐顺宗究竟有无决心。现在的问题是，唐顺宗危在旦夕，他对王叔文党人既不能提供有力支持，也无力提供充分的保护。王叔文党人虽然多数才德兼备，但在朝廷中势单力薄，新政既然必定要得罪权贵和宦官，他们就不能不动辄得咎。在这种形势下，皇太子李纯作为反对派的代表人物，出现在宫廷的政治舞台上，他可以集结全部反对势力，又可以立即成为唐顺宗的替代人，形势倒转，易如反掌。李纯本人在政治上还不太糊涂，但他急于要做皇帝，在权力面前他红了眼。王叔文党人为从事改革又阻挠李纯上台，李纯从此对王叔文党人结下了不解之恨。

二是人民虽然拥护新政，但人民不能立即形成支持新政的现实政治力量。封建政治是皇帝的专制政治。能对皇帝的政治活动直接产生影响的，在南北朝是少数几家门阀士族，在唐代是朝廷内外的官僚集团。王叔文党人就是顺宗皇帝支持下的一个官僚集团，但人数不多。他们所实行的新政，得罪了朝廷内外许多官僚的利益，而这些人都是现实中有影响的重要政治力量的组成部分。新政中受益的虽然是人民，但古代与现代不同，古代的人民群众不可能成为现实政治中的一种力量。民心和民意的重要性，必须在相当长的历史过程中表现出来。在现实中，人民处于任人宰割和摆布的地位。好心的仁政民本论者，清醒地看到民心和民意在历史政治中的巨大作用，但是，无法解决人民群众在现实中的政治权利问题。在这方面，他们甚至连想也没有想过。因此，王叔文党人陷于无权者拥护、有权者反对这样的窘境。一旦李纯出面"监国"，他们马上面临灭顶之灾。即使策略上不犯错误，有千条妙计，也无法逃脱失败的命运。

这样看来，永贞元年政治改革的失败，是有必然性的，失败的根本原因不在于个人，而在封建专制政治制度本身。不论是王叔文还是柳宗元，他们做了应该做的事，虽然有缺点和失误，但不能担负新政失败的全部责任。

就柳宗元个人来讲，永贞元年他只要不挺身而出去谋办新政，就完全可以免除这样一场灾难。他政治经验不足，对官场复杂情况还缺乏更深的认识，加上个人功名心切，如他说自己"年少好事，进而不能止"等。这些都可以认为，是推动他参加新政的因素。然而，更重要的是，他长期思考革新政治，振兴国家，所以从事新政并非一时冲动，相反，是与志同道合者反复讨论又深思熟虑过的，是实践自己"许国不复为身谋"的志愿，是一腔热血报效国家的表现。他固然有个人功名方面的考虑，可是金无足赤，人无完人，柳宗元对国家是扪心无愧的。永贞元年唐顺宗接位，这毕竟是多年来出现了实施新政的一个难得机会，在这时刻，柳宗元奋不顾身，做了一件不可能成功的事，招致自己后半生的不幸和痛苦。然而，国难临头时，袖手旁观和明哲保身并非真正的正人君子，自古以来的志士仁人赴汤蹈火，以天下为己任，以国事民情为重，因而知难而进，柳宗元等在永贞革新中表现出来的这种献身精神，是中华民族自强不息精神的重要表现。

九月，长安政界阴雾迷漫，柳宗元等的灾难果真降临了。九月十三日，也就是唐宪宗李纯接位以后的一个月零四天，宣布柳宗元、刘禹锡、韩泰、韩晔、陈谏、凌准、程异贬官任远州刺史。在他们赴任途中，反对派犹嫌处分太轻，再加贬为远州司马：柳宗元为永州（今湖南永州）司马、刘禹锡为朗州（今湖南常德）司马、韩泰为虔州（今江西赣州）司马、韩晔为饶州（今江西鄱阳）司马、陈谏为台州（今浙江临海）司马、凌准为连州（今广东连州）司马、程异为郴州（今湖南郴州）司马、韦执谊为崖州（今海南海口市琼山区）司马。这就是唐代历史上有名的"八司马"事件。

轰轰烈烈的永贞革新，就这样匆匆夭折。

伍

永州司马十年

赴任永州

永贞元年（公元805年），长安宫庭里十分不平静。不到一年时间经历了三个皇帝，从唐德宗到唐顺宗，再到唐宪宗，经历了祖孙三代。专制统治权具有一种奇异的魔力，经常驱使皇室亲骨肉之间，残酷无情地兵刃相见。唐顺宗还没有死，李纯就强迫父亲退位，名义上是"内禅"，实际是争夺皇位。唐顺宗并非无能，吃亏在于患病。跟随唐顺宗搞新政的一批人，包括柳宗元在内，从此都交上了厄运。千秋功罪，谁与评说？

柳宗元仅有半年时间积极从事新政，献身于理想和事业。谁料到万民为新政欢呼叫好的时候，突然宣布他不是有功，而是有罪。这无非是因为李纯已经做了皇帝，皇帝就能一手遮天。短命的新政夭折后，柳宗元带着愤懑不平和蒙受屈辱的心情，离开了朝廷。新贵们兴高采烈，弹冠相庆。他乘车悄悄离开长安城，经蓝田去贬所赴任。先贬做韶州（今广东韶关市）刺史，半路上再贬为永州司马，好在不论到韶州还是永州，南去的路是同一条。说起来真是巧合，他这时行走的，就是父亲柳镇晚年贬官时走过的那条古驿道。

同行的有六十七岁的老母亲卢氏，还有堂弟柳宗直、表弟卢遵等人。家庭的僮仆在那个时代一般也随主人迁徙。柳宗元的夫人杨氏，结婚三年后就去世了。杨氏从小生有脚病，走路都是跛着的，但婚后他们感情很好。杨氏并未生育，去世后，柳宗元忙于宦途政务，没有来得及续娶，或许也有其他原因，总之他这时没有妻室。继妻子杨氏以后，与他相亲相爱的两个姐姐，也在长安先后去世。长安朝官生涯七八年间，他个人生活不算顺心，这次带着老母亲一同南行，长安城里已没有他家中的亲人了。

乘车出蓝田县,经襄阳到江陵以后,改乘船顺长江而下,渡过烟波浩淼的洞庭湖,再泛舟于湘水之上。

从洞庭湖进入湘江口不远,就是汨罗江与湘江会合之处。汨罗江是楚国大诗人屈原流放行吟后自沉的地方。柳宗元崇拜屈原的为人和品格,身临汨罗江,感慨良多。当年西汉政治家贾谊,他的政见在长安不被采用,贬官到长沙,路过此地,写下了有名的《吊屈原赋》。这次是柳宗元贬官路过此地,屈原也是以忠受谤,古今相似,岂非历史的悲剧又在重演?"后先生盖千祀矣,余再逐而浮湘"。当移舟汨罗江口,想到千年以后我柳宗元又贬逐来到湘水之上,不禁触景生情,悲愤满怀。柳宗元写了《吊屈原文》,以倾诉自己的衷肠。凭吊屈原,其实也是凭吊自己,在这骚体杰作的最后,柳宗元不禁为自己咏叹起来:

吾哀今之为仕兮,(我为今天的满朝官员痛心啊)

庸有虑时之否臧?(他们哪在考虑国家的治乱兴亡)

食君之禄畏不厚兮,(他们害怕的是自己俸禄不厚啊)

悼得位之不昌。(担心的是官运不昌)

退自服以默默兮,(我只得退身自守默默地自行其是啊)

曰吾言之不行;(向人们诉说我的主张已行不通)

既媮风之不可去兮(苟安偷且之风既然不可改变啊)

怀先生之可忘?(我怎敢把先生的高洁品德遗忘)

柳宗元吊祭过屈原,途经长沙时,又在任湖南观察使的岳父杨凭那里稍事逗留,以后又继续乘船南行。湘江道上,逆水行舟,时逢冬季,寒风呼啸,淫雨连绵,哀猿声声,此情此景,他后来记录在一篇题为《惩咎赋》的文章中。到了衡阳以后,蜿蜒曲折的湘江,又带他们折向东南而去。九月中旬从长安动身,大约在当年年底乘船抵达永州,从此,开始了他在永州的十年漫长生活。

从龙兴寺到愚溪

永州位于湖南和广西、广东交界处,地处湘江上游的丘陵地带,南岭山脉的北麓。永州治所在零陵(今永州市),向南一二百里,是九嶷山,那里有连绵不断的崇山峻岭。在唐代,永州的经济和文化都比中原地区落后,是放逐贬官的地方。可是早在秦朝,湘江源头就开凿了灵渠,这是古代中国人创造的在全世界都可称为杰出的水利工程之一。它使长江和珠江这两大水系相沟通,从此长江流域的船只可以驶入珠江水系。自从有了灵渠,湘江河谷成为中原经湖南到南越去的交通要道,中华民族越过了南岭山脉的天然障碍,扩大了活动区域和交流范围。永州就位于这条交通要道上。它虽然与长安相距很远,可是人员往来和信息交流还是比较方便的。

柳宗元在永州的官衔,是"永州司马员外置同正员"。这种古怪的职称,是唐代专门为贬官设置的。"永州司马",本是永州府衙里地位处于刺史之下的官员,是有实职实权的;"员外置",表明他这个"司马"是属于定额以外的官员,并无实职实权;"同正员",又规定这种定额以外的官员,可以享受正式官员的俸禄。柳宗元虽称"永州司马",其实是并无实职实权而有俸禄可享的闲官。

从北方到南方,永州气候炎热潮湿,当地人的语言与北方差别很大,许多地方都使柳宗元感到不习惯。况且他是定额以外的官员,并无官署,连住房也要自己去找,使他很伤脑筋。幸好永州城里龙兴寺的重巽和尚热情帮助,他才觅到了安身的处所,全家住在龙兴寺的西厢房内。这西厢房大门朝北,光线昏暗。住下以后,作了一番修缮,在西墙上再开一道门，门户外造一个廊轩，称作"西轩"。修缮后室内变得明亮了，通风也好了，站在西轩，能够俯览日夜奔流的潇水，眺望潇水西边的山峦和丛林，给生活增添一点乐趣。潇水和湘水在永州相会，湘水在城北自西向东流去，潇水在城西自南向北注入湘水。永州城区包括府衙、县衙、龙兴寺、法华寺、开元寺等，都在湘水之南，潇水之东。他一家选择龙兴寺居住，地点就在城里，与人们交往比较方便，再者这是临时借住，直到此时柳宗元还想着贬官期满就能离开，本不打算在这里长期待下去。

第二年的五月，六十八岁的母亲在龙兴寺去世。这是柳宗元在永州受到的第一次沉重打击。这位老人在两个女儿病殁以后，又跟随独子贬官南来。到了永州，卢氏对儿子说："明者不悼往事，吾未尝有戚戚也。"老人自然是看到柳宗元心情忧伤，才说这种宽解儿子的话，实际上她不可能没有悲痛。像她这样上年纪的人，离开住惯了的长安，经过两三个月车船颠簸，到永州受不了炎热潮湿，遇上这种情况是很容易得病的。得病以后，在永州请医求药都十分困难，比不得长安方便。柳宗元感到母亲很快去世，是受了自己贬官的牵累，因此心里特别难过。这种心情，表露在他为母亲写的祭文中。

不幸的事情接踵而来。母亲病故后，柳宗元自己的健康状况也迅速恶化。他本应是年富力强，可是到永州不久就得了痞（pǐ 匹）病。痞病的症状是脾脏肿大，引起消化不良，食欲不振。这种病他严重时一两天发作一次，饭吃不下，人一天天消瘦下去。平时眼花心悸，眼睛里模模糊糊看不清东西，旁人的声音高一点，就引起他心慌不止。后来腿部也肿胀起来，或许是已危及心脏，记忆力因而大为减退，读过的书很快遗忘，令他十分苦恼。他用南方药物槟榔大泻过一次，或许是剂量过大，痞病有所好转，却因此伤了元气，走路膝部颤抖，坐着大腿麻木，看样子已是过于虚弱。听说茯苓能健脾安神，结果他从集上买来的，是用芋类假冒的茯苓，服用了假药，病情反而加重。痞病严重时期大约有一两年，那时他酒不敢喝，书看不进去。为了治病，长安的朋友给他捎去药物，他自己也开始研究医药。自三十六岁秋天开始，痞病轻一些了，以后他又要求长安的朋友捎些补气血、强筋骨的药物来。只是这次病后，牙齿变得稀疏松动，头上逐渐长出白发，他未老先衰了。

从经济情况来看，柳宗元有俸禄可享，衣食并非无着，手下还有僮仆使唤，但是，他从前半生一帆风顺的顶点跌落下来，突然被迎头一击，精神上承受不了，心理上暂时失去平衡。当年参加王叔文领导的新政，乃是根据自己匡世济民的理想，对现实长期思考得到的认识，并不是被潮流裹挟进去的。因而对于新政的失败，感到特别痛心，对于自己贬官受辱，觉得格外委屈。政界对他的打击陷害和流言蜚语，又使他十分生气。身体本来是不错的，然而这次郁结了一肚子愤闷和苦恼，又心境不宽，抑郁寡欢，再遇上到了南方水土不服，气候不适，这就造成了健康状况的恶化。

现在做的是不能问事的闲官，可柳宗元不是那种喜欢清闲悠暇的人。虽然感到世事纷烦，又不能忘怀世事，他这时写的诗，诗风正与东晋诗人陶渊明[①]越来越相近，然而他始终下不了决心走陶渊明的路，去做隐士。年少时确立的功名心，如今仍很强烈，总是不甘寂寞，希望重返政界。

元和四年（公元809年）柳宗元三十七岁。这一年正是他三年守丧期满，又是到了贬官的第五年。唐代贬官一般在三年或五年后可以"量移"，就是调到较好的地方，或调任较高的职务。况且，这一年恰好遇上册立皇太子，大赦天下。长安政界的不少亲友，都以为柳宗元有可能得到某种宽大处理，这意思已在信中与他讲了。在永州，他立即燃起了希望之光，一连给长安亲友写了好几封信，诉说自己的苦衷。信写得十分凄恻哀婉，意思无非是想返回政界，结果却是希望完全落空。朝廷已有规定，凡是大赦，"八司马"不在赦免之列，而且宪宗皇帝本人就把他们看成眼中钉。这事真的难办了。

唐宪宗的头脑说来比他祖父唐德宗要清醒得多。他不敢得罪宦官。宦官执掌禁军，苛捐杂税等依然如故，不过奸臣横行的情况好多了，唐宪宗犹能任用一些贤人，政治上终于做成了几件事情。可是柳宗元、刘禹锡等人在永贞元年曾经为维护唐顺宗而阻挠他上台，因此他成见极深。既然皇帝持这种顽固的偏狭态度，柳宗元的政治命运，就很难有什么转机。

---

① 陶渊明（公元365或372或376-427年），又名潜，字元亮，浔阳柴桑（今江西九江）人。东晋大诗人，因不满现实而弃官归隐。诗多描写自然景色和田园生活，诗风恬淡自然，独具一格。

唐代官员贬而复起的事有很多。所以，柳宗元一开始没想到自己的厄运没完没了。元和四年的大赦，他量移无望，从中意识到了问题的严重性，这对柳宗元来说，是又一次沉重打击，但他沉静地经受住了。

既然量移无望，长安又回不去，只得考虑定居下来。永州城里，他先住龙兴寺，以后又住法华寺，借住寺院有四五年，在三十八岁那年，柳宗元在永州城郊潇水西边的小溪边，买了一块土地。这条小溪叫冉溪，他在冉溪边构筑起家园。

大概在元和五年（公元810年）的夏秋之间，柳宗元从城里搬到这个新居去住。有意思的是，他故意用"愚"字来命名新居。冉溪改名愚溪，小丘称愚丘，泉水称愚泉，引泉水而来的沟渠称愚渠，截泉水而成的池塘称愚池。池的东面建愚堂，池的南面立愚亭，池中有一小岛称愚岛。溪、丘、泉、渠、池、堂、亭、岛都用愚字命名，这就是"八愚"，又写有《八愚诗》，刻在岩石上。

到永州以后，柳宗元常常自称"愚"，当知道自己贬官不能复出时，自称"愚"就更多。迁到新居以后，他写过一篇奇特的散文《愚溪对》，假托在梦中与"溪之神"对话，话题就是为什么要把冉溪改名为愚溪。文章构思奇妙，先是"溪之神"说，我清澈优美，有灌溉田园之功，有运载舟船之力，又荣幸地蒙你选中在此居住，你却没有感谢之意，反而称我是"愚"，为什么这样肆意诬蔑我呢？柳宗元回答说，你本身确实不"愚"，然而你偏偏招引"愚者"在此居住，而且久留此地不离开。你想得到"智"的名称吗？那你为什么不叫那些聪明高贵又掌握着朝廷大权、主宰天下的人，到你这里来呢？现在只有我"愚者"一人在此，至于我的"愚"，那是多得说不完的。我不识事务，做事完全背离世俗；冰雪交加的冬天我穿单衣，溽暑炎夏我去烤火；驾车奔跑，我不知道太行山上不同于平坦大道，于是弄坏了车；荡舟而行，我不懂得吕梁山的流水不同于平静河道，于是沉没了船；脚踏着陷井，跌倒在毒蛇旁边，我竟没有警惕和恐惧；被提拔了，我不感到满足，受贬斥了，我不因此屈服。我这样愚蠢，愿用这"愚"字来玷污你，难道还不可以吗？"溪之神"听了这番话以后，同情地叹息起来，竟被说服了。

想象奇异瑰丽，情感悲愤难抑，表达委婉含蓄而又风趣幽默。从散文艺术成就来看，《愚溪对》这种文章非到了中唐经柳宗元之手，才能写得出来。《愚溪对》中反复说的这个"愚"字，实际是用来表示柳宗元永不投机取巧与世俗同流合污，又表示他为坚持真理永不懊悔，还表示他对社会上贤愚不分、善恶颠倒的默默抗议，其中不无愤世嫉俗之意，亦有自我解嘲之心。这个"愚"字，在柳宗元特有的语汇中，是内容最丰富的一个词语。永州的潇水支流冉溪，自柳宗元以后，便更名愚溪，直至今日。

愚溪家园离永州城区两三里路，隔潇水与城区相望，地处僻静，背依苍翠葱郁的西山，前有愚溪潺潺流水，风景宜人。庭院里，溪水旁，布置了嘉木异石，种植了花卉、药物和树木。茅屋旁种竹子，台阶前栽芍药，篱笆边有菊花。此外，还种了白蘘荷、红蕉、梅花、仙灵毗、海石榴、柑桔树等。柳宗元是我国古代较早从事建造人工园林的。他一到永州，就从自己俸禄中拿钱在龙兴寺建东丘，在法华寺造西亭。东丘和西亭都是他自己设计的，巧借自然景色，一处以清幽称绝，另一处以旷远见奇，两处园林的风格迥然不同。毫无疑问，愚溪家园在他手下更是成为一座富有艺术情趣的幽美园林。这里虽然没有大楼高墙，无非是茅屋柴门，处处因陋就简，然而青山绿水不用一钱买，再巧布溪、丘、泉、渠、池、堂、亭、岛八景，四季有花木争艳，足以使人赏心悦目，心旷神怡。

在愚溪家园，柳宗元常常拿着锄头引溪泉来灌溉田园，又疏浚沟池，种植花草树木。有时到野外采药，自己地里种着从东山采来的白术。离开了长安的宫殿和深院，在这里他亲自体验了耕农的辛劳，身体比前几年要好一些。当地和外地的亲友常来做客，他与客人一起行歌垂钓，登山临水，望青天白云，自得其乐。自知皇帝不愿起用他们，到愚溪后他自比"山林客"，不大自称贬官，有时又产生了在永州做老百姓的念头。有一次，他对一位堂弟讲："吾不智，触罪摈越楚间六年，筑室茨草，为圃乎湘之西，穿池可以渔，种黍可以酒，甘终为永州民。"（《送从弟谋归江陵序》）

不过，要说柳宗元的内心，真实心情并非如此快活。有一个长安的朋友知道他的不幸，到永州去看他，见他神情浩荡，就对他说："今余视子之貌浩浩然也，能是达矣，余无以喑矣，敢更以为贺。"他回答说：

"姑以戚戚为无益乎道，故若是而已耳。"又说："嘻笑之怒，甚乎裂眦，长歌之哀，过乎恸哭。庸讵知吾之浩浩，非戚戚之尤者乎？"（《对贺者》）柳宗元老是放不下自己那些追求，永贞元年的事情，他想不通又不愿低头认罪，性格不算开朗，情感比较内向，所以在愚溪无奈强颜欢笑，内心里一直被更深的悲愤煎熬着。

"无忘生人之患"

柳宗元十年永州司马生活，大致是前五年生活在永州城里，后五年生活在永州西郊愚溪家中。在这十年漫漫岁月中，他始终被深深的痛苦折磨着吞噬着，常常沉浸在辛酸悲痛的感情世界中，不少作品都直接抒发自己的凄楚悲愤之情。

在现实世界中不容易找到慰藉，他只得去品味自己甜美的梦。在《归梦赋》中，他写自己躺在永州田野里，不知不觉地睡着了，梦中飘飘悠悠地回到长安故乡，依稀看见自己故园荒芜，树木摧折，房舍失修。做这种思乡的梦，他怎能只此一次？

永州被山峦环绕，本是山明水秀。然而他《囚山赋》中所写永州山水，完全失去美感，都变成了牢房的墙壁和壕沟，他自己成为山林囚徒。这是写他的一种幻觉，他或许经常产生这样可怕的幻觉。

另有一篇《惩咎赋》。"惩咎"就是"惩罚过错"。柳宗元这篇赋写得凄楚悲凉，里面也说自己罪过很大，理应贬官之类的话。同时又用大段文字去讲自己所遵奉的"道"，是如何正确，所结交的朋友，都是仁义之士。永贞元年为实现"道"，只怕自己不够诚心和专一，如此等等。可见与其说这是自己"惩咎"，不如说是诉说委屈和不幸。

在被痛苦折磨着的感情世界中，悲愤之情经常占据主要地位。由于吃够了打击陷害的苦头，尝遍了世态炎凉的辛酸，柳宗元恨透了那些阿谀奉承、造谣诬蔑以及一切不仁不义的小人。他写过几篇寓言式的文章，如《骂尸虫文》《斩曲几文》《憎王孙文》等，内容都是针对那些人间丑类，题目上就用"骂""斩""憎"这类字眼，可知他心里憎恶之情是多么强烈。这些都是文艺作品,借题发挥,生动有趣,只是有时未免失之过露。大概是写作时直抒胸臆,图痛快尽兴,顾不得是否会被信奉中庸的批评家挑剔了。

据唐代的道士说,人人皆有三种尸虫寄居腹中。这尸虫平时用簿子暗暗记录人的过错,到了规定日子,便悄悄溜出身体,到天帝那里去告状。人就因此要生病或夭亡。尸虫告状有功,能讨得天帝赏赐的酒食等。柳宗元最不信道士的话,尸虫也好,天帝也好,他不认为真有。不过写文艺作品时,把这尸虫比喻为专门打小报告陷害别人的小人,岂非绝妙好词?他因而写了《骂尸虫文》。

在《骂尸虫文》中,作者用上千言,以骂尸虫为名,大骂专事诬陷勾当的人间丑类。凡是碰见过小人作恶的,无不感到骂得痛快淋漓,大快人心。尸虫打小报告,责任全在天帝,这一点柳宗元心里明白。对天帝他不敢公开骂,然而还是曲折地表达了自己的不满。他这样写道:我本不相信天帝会做这种事。天帝怎能利用卑鄙肮脏的尸虫,纵容它的奸猾,助长它的狡诈,去坑害人们呢?天帝怎能赏赐酒食,令尸虫得意愉快呢?天帝尤其不宜做这种事情。我以为尸虫如果真的做了那种事,天帝一定会消灭它们,"然后为帝也",这样才称得上是天帝。这些话并非指着鼻子骂天帝,却又是句句针对天帝。经过了生活的磨难,还写这种浑身是刺的文章,看来是难改当年"狂疏人"脾气。

有一次,家里一个善捕蛇的仆人,逮着一条蝮蛇。蝮蛇有剧毒,仆人坚持要杀死它。柳宗元问仆人:"你这蛇是从哪里逮着的?"仆人回答道:"在榛树丛里。"他又问:"你杀了它,那里的蝮蛇就消灭干净了吗?"仆人又答:"不能,蝮蛇还多着呢!"他接着说:"蛇在榛树丛里,你在家里,你不去碰它,它不能来害你,你不如把它放走算了。"这件事是否真的发生过,并不重要,因为写这件事的《宥蝮蛇文》,同样是柳宗元的一篇寓言性质文字,蝮蛇无非是用来比喻为非作歹的人间毒物。"宥"是宽恕、原谅的意思。一贯疾恶如仇的柳宗元,怎么对蝮蛇毒物宽恕、原谅了呢?开始读《宥蝮蛇文》,总是感到费解。其实,这是柳宗元对"贼贤害能"的小人毒物变得极端憎恶和蔑视的表现。

柳宗元终于发现人间小人本性难改,而人们除恶又是不可能干净彻底的。《宥蝮蛇文》指出：这类毒物做坏事，并非乐于此道，而是造就了那种丑恶的天性，不做坏事不行。所以柳宗元感叹："世皆寒心，我独悲尔。"世上人对这些毒物都感到憎恶寒心，我却感到可怜可悲。柳宗元自己就是从憎恶变为悲怜，这就像不哭之悲、无泪之痛，是心中悲痛感情趋于极端时的一种表现。柳宗元对人间小人表示悲怜，是出于自己最大的轻蔑和憎恨之情。他看到这些天性丑恶的孬种尤物，遍布世上，除是除不尽的，宽恕也无用。因此，《宥蝮蛇文》的结尾是一阵悲叹："道乌乎在？可不悲欤？"真理啊你到底在哪里？我怎能不感到悲哀呢？在长期的悲愤中，他难免不产生一些灰心失望的情绪。

"八司马"事件以后，王叔文党人在朝廷政治中的生命已经全部结束。现在，柳宗元与那些志同道合者相隔万水千山。对于这些人，他心中充满了眷恋之情。

在王叔文党人中，刘禹锡任朗州司马，治所在武陵（今湖南常德市），与柳宗元距离较近。多才多艺的刘禹锡，在朗州经常作文，写诗更多。他这时有一些诗作，描写南方民间风俗，调子相当欢快，至于学习民歌写那种非常优美的爱情诗，这工作大概还处于酝酿阶段，并未正式开始。他当然也是悲愤满怀，但他是天生的乐天派，性格旷达，心情比柳宗元放得开。他埋头钻研医学，达到他家治病一般不请医生的水平。在永州时，柳宗元与他信札来往最多。王叔文党人中年龄较大的那几个人，受打击后不久就都相继去世。当陆质和凌准去世时，他立即作文表示哀悼。元和六年（公元811年），吕温不幸病故。噩耗传来，柳宗元和刘禹锡几乎肝肠欲裂，悲痛之极。吕温是唯一不受永贞革新失败的牵连，又有希望在朝廷得势的王叔文党人。吕温之死，加重了柳宗元在现实中的孤独感和失望悲凉之情，所写哀悼吕温的两篇文章，是他写的同类作品中最精彩的篇章。可是，在王叔文去世时，这个世界上谁都不能对他有所表示，连柳宗元也不例外。因为这方面所受的政治压力，实在太大。

王叔文是在贬官后第二年（公元806年）赐死的，相当于处死刑。他被宣布是乱国的罪魁祸首，马上成为众矢之的，舆论界一致斥之为"小人"。不过，王叔文党人中的多数人，都未与他反目。特别是柳宗元，更不是那种朝秦暮楚之徒。在给别人的书信中，柳宗元这样谈自己与王叔文的关系："宗元早岁，与负罪者亲善，始奇其能，谓可以共立仁义，俾教化。"（《寄许孟容书》）又说："与罪人交十年，官又以是进，辱在附会。"（《与萧俛书》）所说"负罪者""罪人"，都指王叔文。在当时这种政治气氛中，旁人都纷纷开脱与王叔文的关系，柳宗元却说与王叔文"亲善"，还说当年惊奇他有才能，他们有"十年"交情，提拔自己做礼部员外郎的就是王叔文，等等。这样说肯定合乎事实，可是也太死心眼儿了，他对落井下石这类昧良心事一窍不通。当王叔文失势几乎已成定局的时候，柳宗元为他刚病故的母亲写了一篇碑志。借这篇文章，柳宗元喧宾夺主，故意写了王叔文本人，对他作了高度赞扬。在这种时候称颂王叔文，很难相信会有什么投机动机。在历史上遗留下来的文字材料中，王叔文无处不挨骂，唯有在柳宗元这篇文章中被公开地全面肯定。经过那种政治变故以后，柳宗元文集中居然没有抽去这篇文章，这应是他自己的意思，因为文集是他生前自己把文章交刘禹锡代为编次的。在那种政治气氛中，柳宗元就是胆敢保留这样的文字。

贬官永州，身处逆境，柳宗元却当骂则骂，当恨则恨；另一方面又当爱则爱，当歌则歌。他一向爱憎分明，观点明确，如今也很难使他变得模棱两可。在政敌们的重重围困之中，他不是没有给政界对手写过一些低三下四的信札，不过大都是对方问候以后的礼尚往来。他坚持直道行事，不会看风使舵，不去投机取巧，如此依然故我，当然是要吃亏的。然而，他甘愿承认自己这方面的愚蠢和笨拙，用"愚"字命名家园，也决不想靠卖弄聪明去捞什么好处。大概他也曾考虑过是否应该变得圆滑乖巧一些，因为他写过一篇《乞巧文》。所谓"乞巧"，就是为改变自己的笨拙，向织女去乞取智慧和灵巧。

"乞巧"是一种民俗。在民间传说中，织女是个十分聪明的女子。我国有关牛郎、织女的传说起源很早，至迟在汉代就已流行。据说织女于每年七月初七晚上，与牛郎在河汉相会。到唐代，无论在皇宫还是在民间，每逢七夕都有向织女"乞巧"的风俗。白居易《长恨歌》"七月七日长生殿，夜半无人私语时"，就是写唐代皇宫中的"乞巧"。这民俗至今犹存。

柳宗元的《乞巧文》，就是从七夕乞巧的民俗写起。首先描绘了一幅生动的风俗画，香气扑鼻的糕饼，交错陈列的瓜果，虔诚叩头求拜的女人等。似乎是受到这"乞巧"风俗的启发，自称愚者住在愚溪的柳宗元，跟在人们后面，系冠带，整衣襟，小心翼翼地迈着小步，屏住呼吸，从祭品旁边绕过去，弯腰行礼，祈求织女也能帮助他去掉笨拙。接着，他对织女说了一篇很长又很有趣的祷辞。在祷辞中，他诉说自己在官场上处处不如"巧夫"，不会应酬献媚，又不能做到不顾羞耻，还不能写"骈四俪六"的骈文。因此，他希望"付与姿媚，易臣顽颜；凿臣方心，规以大圆；拔去呐舌，纳以工言；文词婉软，步武轻便；齿牙饶美，眉睫增研"。总之，无非是变得姿媚心圆，齿利工言，随波逐流，讨人喜欢，如此等等。结果织女在梦中这样告诉他，对于拍马屁和花言巧语这一套，你宁愿身受侮辱也不屑做，你知道自己应该怎样做才恰当，既然如此，抱定你的决心，坚持你的主张吧，千万不要再怀疑自己。听了织女这番指点以后，柳宗元表示"抱拙终身，以死谁惕"！从此"抱拙"愚蠢到死，他也不觉得有什么可怕的了。

一个男子汉，而且是当今最有才学的男子汉，跟着妇女去"乞巧"，这种事本身就有点滑稽，从满怀希望地"乞巧"开始，以甘愿"抱拙终身"作结，出现了戏剧性的情节。主题是严肃的，但寓于诙谐幽默之中。从艺术表现上看，《乞巧文》是一篇很成功的作品。

"乞巧"还是"抱拙"，这是柳宗元内心经历着剧烈动荡和尖锐冲突的一种表现。他也有七情六欲，同样需要考虑自己的利害荣辱等问题。但是，在自己的内心动荡和情感冲突中，他始终重视保持自己做人的清白正直。甘愿"抱拙终身"，表明在地位与气节的选择中，柳宗元宁要气节。用"愚"字命名家园，也包含着这样的意思。

若就柳宗元这个时期的思想状况看，长安时期他的思想单纯得通体透亮，天真乐观，信心十足，因此义无反顾地一往直前。可是，现在却不能不陷于种种矛盾纠葛之中。他执著地追求事业和理想，然而在现实中碰了壁，一方面不服失败，不甘沉落，另一方面又无可奈何地失望悲哀，于是就变得既留恋功名又寻求解脱，既自怨自艾又愤世嫉俗，既有心积极报国又常想消极避世，也包括出现像"乞巧"投机还是"抱拙"守节这类思想问题，有时候他头脑里简直就像乱麻一般。但是，柳宗元有很深的忧患意识,在诸如此类的矛盾复杂心理中,他身上始终有一股强大的精神力量,抵御自己在困境中消沉下去,说服自己不能只考虑个人痛苦。这个精神力量,就是忧国忧民的思想。

柳宗元有个年轻时的朋友叫周君巢,在长安时曾一起谈论理想和事业,颇有共同语言。如今周君巢在一个幕府中做幕僚,思想已变得热衷于求道炼丹。唐代道教盛行,道教方士很吃得开,上至皇帝、大臣,下至民间百姓,都有跟方士服金丹、求长寿的风气。周君巢在炼丹方面有点名气,多年后韩愈还向他要过金丹。周君巢得知柳宗元在永州生病,特地写信来向他推荐隐居山野的方士,信中说那些方士既能长寿,又有神通,而吃丹药就可以长寿,又提出要送些药物给柳宗元。

在柳宗元的思想中,道教和道家学说是区别对待的。他认为,道家学说中存在可以"佐世"的内容,道教那一套则完全不可取。他给周君巢写了回信,拒绝了他的好意。因为周君巢是朋友和熟人,所以信中的话说得很是自由畅快。他对周君巢说,我现在过着囚徒一般的生活,形容枯槁,神情颓丧,即便如此,"犹未尝肯道鬼神等事"。又说,神仙方士与我毫无共同之处,这些人"视世之乱若理,视人之害若利,视道之悖若义,我寿而生,彼夭而死",既颠倒是非,又无利他之心,这样的人即使活到千百岁,也应该叫作短命,"又何以为高明之图哉"?谈到自己的人生目标,他说还是和早先一样,"生人之性得以安,圣人之道得以光",人民能够安居乐业,圣人的思想得到发扬光大。为这志向,自己"虽万受摈弃,不更乎其内",即使受千万次打击,也决不会改变。由此,显出一种威武不能屈、贫贱不能移的气概。信写到最后,用这样的话与朋友共勉:"仕虽未达,无忘生人之患。""生人"就是"生民",相当于今人所说人民。唐人为避李世民讳,常把"民"字写作"人"。柳宗元这句话,是强调自己的仕途虽然不畅达,但是决不忘记人民的忧患。

柳宗元到永州以后,有关自己痛苦的言论很多,但他并没有忘记忧国忧民,这更是事实。要说他的痛苦,确也是够多的。永贞元年蒙受的屈辱,没有好转指望的厄运,政界对他的攻击和谩骂,他觉得已很难洗清;长安回不去,量移无希望,在永州长期过着囚徒般的生活;母亲因为跟随自己贬官南来而病故,个人私生活中一无妻室,二无儿子,连朋友都为此发愁；再加上身遭疾病，未老先衰，一个人遇到这么多事情，心情很难再痛快了。所以，他有时显得很悲凉凄戚，这或许也是为自己痛苦考虑过多了。在这种心情下，他却依然说："仕虽未达，无忘生人之患。"从这热心肠话中，表明他并没有完全沉浸在个人痛苦中。

"无忘生人之患"，是柳宗元一生的座右铭。他本信奉仁政民本，到永州以后进一步走向民间，与劳动人民真正接近起来，从中汲取生活的力量和思想的营养。贬官以后尽管有种种痛苦，但他的政治理想从未发生动摇。

迁居愚溪以后，邻居就是农民，与农民的交往自然更多。愚溪新居刚刚落成，屋外没有林木遮掩，夏天的太阳把屋内晒得湿热，柳元宗这时患有脚气病，湿热中两脚肿胀，特别难受。东边好心的邻居知道后，帮助他在茅屋外种了一片竹林。为此他心里很高兴，说是等竹子长起来，屋里就凉快了，夜里不必关窗，白天用不着拿扇子。

对于官场上的小人丑类，柳宗元横眉冷对，誓不两立，可是与普通农民打交道，却能沟通思想，彼此间充满着脉脉友情。走出愚溪家门就是农田，他在早春的田野上散步，遇到一位耕田的农民，便亲热地攀谈起来。柳宗元向这位农民倾诉自己的心曲，说长安西郊他家那一片故园，如今大概已经荒芜，自己正在为隐居和功名这两件事左右为难。这位农民听过后，给予他同情和安慰。深秋收获季节，在城市长大的柳宗元，一个人在田野上迷了路，天黑时在一个农民家里投宿。这家农民笑脸相迎，亲切地对他说天黑在田野走路要小心，并告诉他今年收成还好，可以用厚粥招待他。往日的礼部员外郎，在政界有时显得目空一切，傲气十足，现在与农民相处，关系却亲密融洽。所以，他给长安的亲戚写信说，如果到永州来，只要事先给个消息，就可以请"猎夫渔老"准备一些山珍、水鲜招待。看上去他与当地农民，已经相当熟悉了。

随着走向民间，有关农民的苦难情况，柳宗元比以前了解得更为清楚。有一次，他在路上遇到一个长期无人居住的荒村，幽泉呜咽，麋鹿出没，一片萧杀景象，村里农民或许逃亡了，或许饿死了。这种景象引起他心中的忧伤和激情，回去后便记录在诗作中。另一首诗他详尽地描写农民费劲竭力地干活，为的是维持一年生计，结果到秋天，收获全都拿去交了赋税，农民只好躺在家里望着空空的四壁发愁。《捕蛇者说》也应是写于永州，作品中那位姓蒋的捕蛇农民，作为具体人物有可能并非实有，然而苛捐杂税对农民生命的威胁比毒蛇更严重，这种情况肯定是他亲眼所见。面对现实，他没有闭着眼睛去写什么"田家乐"，而是真实地写了田家苦。

当身处患难境地，而且是长时期地困窘潦倒，柳宗元不断提醒自己和鞭策自己的话却仍然是不要忘记人民的忧患。他又是真诚地实践着这个诺言，如果对他了解更多，将更清楚地看到这一点。一个人能够这样做，着实不太容易。

"皆是太平之不遇人"

从长安到永州，柳宗元生活中有了新的朋友。他在永州的人际交往，除了当地州府官员、寺庙和尚和一些农民，还有一批贬官流人。按古代里程，永州距长安三千二百七十四里，地处僻远，所以唐代一向在永州安置贬官流人，而贬官流人在开发边远地区方面也起了一定作用。柳宗元在永贞元年年底来到永州，接着是南承嗣，以后又是元克己、吴武陵、李幼清，另还有白衣秀士娄图南，都先后来到永州。这些人的处境和命运相似，所以彼此来往甚多，自然而然地形成一个以柳宗元为中心的人际圈子。有三四年的时间他们在一起游山玩水，饮酒赋诗，讲文论道，有时也玩笑嬉闹。与这些人交往，使柳宗元寂寞凄苦的心灵得到一些慰藉。他在永州写的许多作品都与这些人有关。对于他们这些人，柳宗元有一次当着娄图南面说："皆是太平之不遇人。"就是太平盛世中政治机遇不好的人。所说"太平"，指二十多年没有发生过"建中之乱"那种大规模战乱，至于小规模战乱，其间时有发生。

在这些"不遇人"中，以信州（今江西上饶）人吴武陵与柳宗元交情最深。

吴武陵祖籍濮阳（今河南濮阳），所以也称濮阳吴武陵。年纪很轻就考取进士，这本意味着前程似锦，可是中进士的第二年即元和三年（公元808年）就被流放到永州。原来是因为他同当朝宰相李吉甫的私人关系很不好。封建官场上与权贵交恶，常常就没有好运气，吴武陵就是如此。他为人热情刚直，又有才学。小小的永州文化人不多，文化水平高的人更少，学术环境与长安相比空前寂寞，所以吴武陵的到来，对柳宗元来讲无异是空谷足音。他们从此共同切磋诗文，讨论治国之道，两人非常投机。吴武陵是年轻晚辈，因此称柳宗元为老师，然而柳宗元愿尽老师之责，却不受老师之名。唐代上层人士大都耻于从师。韩愈不顾世俗反对，勇敢地倡导"师说"，自己公开召收弟子，就受到许多人的嘲笑和攻击。柳宗元在这个问题上一贯支持韩愈。在长安时，他本人就拜《春秋》学专家陆质为老师。到永州以后，他处境困难，不能再在师生名义上惹是生非，所以他不只对吴武陵，对其他许多青年学子，也都不用师生名义，但实际上完全像老师那样给予指教。吴武陵后来在史学和散文方面都有成就，这应与受过柳宗元的指点有关。在算得上是柳宗元弟子的一批人中，吴武陵是最重要的一个。

南承嗣和李幼清都是将门之后，本人也有武艺，贬官以前任职刺史。南承嗣所以被贬，据说是对成都刘辟谋叛防备不力，实际上这是刀笔吏的陷害，因为他反抗刘辟叛军的进攻，已经竭尽全力。李幼清被贬，又是受了润州李锜的诬告。刘辟和李锜，恰巧就是柳宗元等在永贞革新中要处理的人物，要处理而未能处理到底，原因在于永贞革新失败了。反对新政的人喜滋滋地把权力夺到手，可是对这两个人的叛乱，却不作任何必要防范。

李幼清原先在李锜管辖下的睦州（今浙江建德）做刺史，人们因此称他李睦州。李锜早就蓄意谋叛，李幼清反对李锜，李锜便用恶人先告状的办法，在谋叛前夕到朝廷去诬告李幼清，居然成功。李幼清因而官贬循州（今广东惠州）。这分明是冤案，可是李锜公开叛乱失败以后，还是不予甄别，遇上元和三年大赦，才从循州量移永州。对于李幼清这种遭遇，柳宗元和吴武陵都感到愤慨，写诗作文表示同情。李幼清从此意志消沉，再也没有以前反对李锜的那种政治热情，更迷上了道教养生术。道教养生中有一种"服气"术，据说用一定方法呼吸吐纳，就可以修炼成仙。李幼清到永州后连年"服气"，然而容貌比以前更加苍老，心情更少欢愉，所以柳宗元、吴武陵都劝他停止"服气"。柳宗元还劝他不要遵守道教的饮食禁忌，愿意宰肥牛、杀大猪送他享用。不过，李幼清对道教迷得很深，似乎没有接受他们的劝说。

在这些"不遇人"中，元克己做过侍御史，唯娄图南既无功名，也无官职，不过是一名浪迹天涯的白衣秀士。他早年曾以诗文称名长安，门第很高，因而在长安登进士第，再谋一官半职，不算是什么困难的事。谁知他后来根本没有参加科举考试，就云游四方。他从北方到了豫章（今江西南昌），又达南海（今广东广州），再到桂州（今广西桂林）。在桂州，他穿过灵渠顺湘江而下，来永州与柳宗元相会。他们早在长安时就相识，这次是故人相会，可是令柳宗元吃惊的是，娄图南至今仍居无家室，出无僮仆，赤条条来去一人。于是，娄图南对他说，自己早已抛开功名利禄信奉了道教，因为他看不惯更做不来官场上那些卑鄙龌龊的事情。娄图南很有个性，就崇尚名节而言，他与柳宗元非常相似，这方面有许多共同语言。柳宗元款留这个单身汉在永州居住了三年，两人对酒唱和，临山玩水，亲密作伴。

在老朋友之间，绝非什么问题都能看法一致。娄图南信奉道教，一心追求长寿术，对现实采取消极避世的态度，这是柳宗元所不愿苟同的。娄图南大概在元和五年（公元810年）离开永州，因为元和四年秋冬间，他还与柳宗元一起游玩时痛饮欢笑[①]。在离别时，柳宗元对娄图南郑重其事地作了一番劝解，他说：把追求长寿看作是"道"，其实不是我们的"道"。"求尧、舜、孔子之志"，"行尧、舜、孔子之道"，这才是我们应孜孜不倦地追求的，能这样做的人，长寿就是好的。如果只是以"不死为生"，那深山中的树木、石块，湖泊中的龟、蛇，都是年老长久之物，可是这样的长寿，对"尧、舜、孔子之道"有何相干呢？柳宗元这些话，同他与周君巢所谈的意思完全一致。他信奉儒家入世的人生观。儒家倡导积极入世，其中包含着"利他"的伦理内容。所以，在他看来，生活的价值在于对社会有所奉献，像龟和蛇那样以"不死为生"，就失去了活着的意义。他殷切期望娄图南放弃道教，遵从儒学，为行儒家之道于天下，而贡献自己才力。

李幼清从政治风波中退将出来，娄图南没有进入仕途，就害怕政治风雨。他们洁身自好，就个人道德而言都是不错的，只是对现实政治都

[①] 以往研究者都认为娄图南于元和三年离开永州。查柳宗元《序饮》一文中，有娄饮酒"大笑欢甚"的记载。《序饮》作于"买小丘"之后，亦即元和四年秋天以后。

采取消极回避的态度。柳宗元从前半生一帆风顺中突然跌进逆境，从中产生的痛苦，比一般人要大一些。身处逆境，成为所谓"不遇人"，这对谁都是一种考验。在这种境遇中，柳宗元不是没有产生过消极的想法，痛苦又灰心，失望又愤恨，头脑里出现了前面提到的种种矛盾。这些矛盾，最后都归结到入世还是避世这个人生根本问题上来。因此，他说过甘心情愿做一个永州老百姓。这表明，他也想过今后不再问世上政治。可是在此同时，他心里又恨自己拿了俸禄，无所报答，"下愧农夫，上惭王官"（《送从弟谋归江陵序》）。拿了俸禄，想到自己是朝廷命官，虽说不上有多高的思想境界，但柳宗元这时还想到不能"愧"对"农夫"。何况他现在是受处分的编外人员，封建官场上营私舞弊、投机钻营、行尸走肉者比比皆是，他有这样的想法，就显得非同一般。

就因为心坎里装着的并不全是自己，柳宗元不能冷冰冰地看待现实，也很难做到不问世上是非。虽然他说了不少泄气话，可还是坚持"无忘生人之患"。他在文章中不时流露出凄清悲凉之情，然而内心却有一团热情之火，以至于想用自己心中之火，不断去点燃别人的心中之火。

因此，在这些"不遇人"中，柳宗元尽管不幸最多，痛苦最大，时间最长，但他却是一位思想上的强者。逆境不可能摧毁他的志向和信念。

在永州期间，凡是遇到谈论国事民情，以及与此有关的哲学问题、政治问题、文学问题、经济问题等，柳宗元总显得特别兴奋，特别活跃。在这种场合，他似乎忘记自己是一个不必问政的贬官，一个自己所谓的"不遇人"，个人苦恼暂且一概抛开不管了。

有一次，柳宗元在通信中猛烈抨击了当代的荐举用人问题。事情的起因是岳父杨凭在给他的信中提到当今任用贤人的困难，这话触发了柳宗元的思绪，借写回信的机会，他全面论说自己对荐举用人问题的看法。

柳宗元认为，在荐举用人制度中，存在"三难"。一是"知之难"，指人们才德的表现往往表里不一，因此了解人才的真实面目有困难；二是"言之难"，指官场上派系林立，矛盾重重，荐举者在推举人才时不能不顾虑重重；三是"听信之难"，指执政者面对复杂情况，听了荐举者的话，往往莫衷一是，不是头脑清醒的明白人，不能任人唯贤。借议论这"三难"，他大胆批评了朝廷用人的腐败。

柳宗元指出，当今朝廷任用了两类不称职的官吏。一类是"无之而工言者"，即没有真才实学，而又善于巧言令色的人。他称这类官吏是"贼"，如今"不乏于世"。另一类是"无之而不言者"，同样是没有真才实学，然而表现为默不作声的老实人。他称这类官吏是"土木类"，像土块木头一般的人。大概因为"土木类"官吏特别多，问题尤为严重，所以他的批评最多。他认为，现在人们尤其喜欢"土木类"官吏，称赞这种人是"长者"，还说这样老实愚朴的官吏，对社会"无害"。其实，这种人到乡间去做一个普通老百姓，称他是"长者"，未尝不可。至于做官，即使是负责打更、巡夜的小官，也要认真履行自己职责，何况官吏地位愈高，对社会影响愈大，怎可任用那些愚朴无能之辈呢？把那些土块、木头般的人，捧到朝廷上去做官，"岂有补万民之劳苦哉"？难道对解除千千万万老百姓的苦难，会有什么好处吗？"圣人之道不益于世用，凡以此也"。大大小小的"土木类"常常官运亨通，"圣人之道"就变成与世无益了。

历史上很少有人像柳宗元那样严厉地批评"土木类"官吏。"土木类"官吏是老好人，没有棱角，没有骨气，没有能力，以不得罪人为最大本事，又以无所作为为最大满足。古代任用官吏，一般要有人荐举，"土木类"因为人缘好，所以在荐举中总能交好运气。有能力的贤人往往棱角分明，在情况错综复杂的官场上，经常不如"土木类"吃得开。柳宗元发现荐举制度本身必然会产生"土木类"官吏，他这方面的见解深刻，眼光锐利。当然他这时不可能想出比荐举更好的用人制度，如普选制度等。着重批评"土木类"，还表明柳宗元在行政管理上注重效能和效率，这种思想与《梓人传》中批评碌碌无为的宰相，是相似并且一致的。

批评荐举用人问题，时间是在柳宗元到永州的第五年，又是在疴病严重期之后，可见他处于不幸境地，也未放弃对现实政治的关心。过两年，到元和六年（公元811年），他又主动参加了长安朝廷内的一次法学讨论，内容是复仇类案件中如何处理礼与法的关系。

富平县人梁悦为报父仇，杀死了父亲的仇人，自己到县衙去请罪。此案报到长安，唐宪宗认为，梁悦复父仇是尽孝，这合乎礼，但杀人又是犯了法。礼和法都是大事，此案如何处理？他指示尚书省讨论（见《资治通鉴》卷二三八）。正在尚书省供职的韩愈，为此写了《复仇议》。柳宗元关注朝廷发生的事，得知以后写了《驳复仇议》。柳宗元早已不是尚书省官员，不便在文章中议论梁悦案。他另找了发生在武则天执政时期影响很大的徐元庆案。徐元庆为报父仇，杀死了县官，又投案自首，那时候根据任右拾遗的谏官陈子昂①的意见，以杀人犯罪处死徐元庆，同时以孝子名义立牌坊对他进行表彰。徐元庆案和梁悦案性质相同，所以柳宗元通过分析徐元庆案，参加朝廷尚书省的这次法学讨论②。

在梁悦案和徐元庆案这类复仇案例中，都存在礼教和法律的矛盾。中国古代十分重视礼教，孝又是礼教中极端重要的范畴。可是任何社会都不能不维持社会治安，因此，如何处理这类案件中礼与法的矛盾，成为中国古典法学思想史上经常讨论的问题。在柳宗元之前，大都主张既表彰孝道，又惩办犯法，陈子昂的意见就是如此。柳宗元在《驳复仇议》中，提出了根据原始罪属于哪一方来进行判决的新见解。

就徐元庆案件来说，柳宗元认为本来的情况无非有这样两种：一是徐元庆父亲并没有犯罪，二是徐元庆父亲确实犯有死罪。如果属于前一种情况，原始罪在县官这一方，就是县官仗势欺人，杀害无辜，上级部门官官相护，徐元庆无处伸冤而杀死县官，这种行为"守礼而行义"，应该是无罪的。如果属于后一种情况，原始罪在徐元庆父亲一方，县官杀他是执法，他被杀是死于国法。而徐元庆为报父仇杀死县官，就是"仇天子之法"，理应处以死刑，不能加以表扬。就徐元庆这一具体案例来推断，柳宗元比较倾向于第一种情况。

这次法学讨论，问题是唐宪宗提出来的。他提出的问题是复父仇合乎礼，杀人又犯法，这个矛盾怎么办？柳宗元参加讨论，竟撇开皇帝所提礼与法的矛盾，认为应根据原始罪属于哪一方来定罪。这个地方历来不大被人注意，却颇能表现柳宗元的性格和为人。他的思想不怎么受某个权威所定条框的束缚，他爱自己思索。这里有两个问题值得重视，一

---

① 陈子昂（公元661-702年），字伯玉，梓州射洪（今属四川）人。关于徐元庆案和陈子昂的谏议，见《新唐书·孝友传》。
② 柳宗元写《驳复仇议》，是为参加梁悦案讨论，章士钊早有此说，详见《柳文指要》（上）卷四。

是他认为法律应具有不受礼教制约的独立性质。主张如果是徐元庆父亲有罪,徐元庆复仇同样有罪,这就使孝道等礼教道德,在法律判决中不再起作用;二是他认为法律在官与民之间具有平等性质。主张如果是执法的县官杀害无辜,这同样是有罪,受害一方无处伸冤,杀死枉法官吏,就不能认为是犯法。柳宗元这种法学思想,不能认为已经完备。他仅仅分析一个案例,也不可能形成完备的法学思想。但就这两个问题而言,是有进步意义的。

柳宗元虽是"不遇人",但主动参加法学讨论,发表这种富有独立思考精神的见解,表现出对现实所具有的兴趣和热情。事实上,在现实中,他已经被逐出政界,特别是已经受到皇帝的厌恶,然而发表政见却仍然不受皇帝所定调子的限制。他崇尚思维自由,在思维领域喜欢自己主宰自己。

在现实问题中,比法律问题更吸引柳宗元的还是赋税。身居永州,苛重的赋税给人民带来的苦难,是他所见到的更为普遍的实际情况。因此,他写了散文《捕蛇者说》、诗歌《田家》等加以揭露。在这些文艺作品中,柳宗元通过运用象征、比喻、对照等手法,刻画了动人的艺术形象,使读者心悲神戚。柳宗元不仅仅是文学家,更是思想家和政治家,他有责任具体探讨减轻人民负担的可能性。这项工作对人民更有实际意义。在这方面,他形成了自己独到的见解,所以当一位姓元的饶州(今江西波阳)刺史写信到永州,向他请教有关地方施政的意见,他就写了《答元饶州论政理书》[①],着重谈论自己对改进赋税工作的重要看法。

当时的赋税工作,是实行两税法。在柳宗元十来岁时,唐德宗宣布废除租庸调法,改行两税法。唐代初年,实行均田制,对授田的丁男,按所在户籍,每年征取一定数量的"租"(指粮食)、"庸"(指劳役)、调(指布帛等),这种税收制度,称租庸调法。这种税制必须以均田制为基础,因为均田制规定按人丁授田。按人丁授田的均田制被破坏了,农民失去了土地,这种按人丁收税的办法就行不通了。在中唐,均田制

---

① "元饶州",即姓元的饶州刺史。学术界一般认为是河南人元舆(yú 余),如章士钊、孙昌武等,也有认为不是此人,如《柳宗元诗文选注》(湖南人民出版社1979年版),认为是待考的另一个人。

已无法实行，以租佃关系为基本特征的庄园地主经济，已相当普遍。在这种情况下，改行两税法，是符合历史必然性的。两税法废除了租、庸、调这些税收名目，一律根据所在地的户籍，按各家各户贫富差别纳税，商人也按资产多少在所在地纳税，因为每年分夏季和秋季两次纳税，所以称两税法。到柳宗元写《答元饶州论政理书》时，两税法已实行了三十来年，但作为一种新的税制，还不完善。特别是推行两税法的指导思想，正如陆贽所批评过的那样，是在于"聚敛"和"厚敛"。所以中唐有许多关心人民疾苦的官员，尖锐地批评两税法的弊端。

柳宗元并没有取消两税法和恢复租、庸、调的想法，他们在永贞革新中，只是宣布取消苛捐杂税，并没有反对两税法。两税法的合理性和进步性，主要表现在不再像租、庸、调法那样按人丁收税，实行了按贫富差别收税。可是，实行一种新的税制，一是执法要严，二是立法要全。柳宗元就是从这两方面，与元饶州谈论如何改进赋税工作。

从执法要严方面看，推行两税法主要在于是否真正按贫富差别收税。柳宗元认为，在"弊政之后"，政治腐败，因此必须首先查清贫富之间的真正差别。他向元饶州提到目前贿赂盛行，富人买通官吏，纳税时隐瞒财产，穷人没有钱去行贿，不可能隐瞒财产，结果造成纳税时富人并不多交，穷人并不少纳。元饶州原来想在自己管辖地区采用富人不增税，穷人有减免的办法。针对他这种想法，柳宗元指出，一旦查实了贫富差别，将是"贫者固免，而富者同增赋矣"，穷人理应减免，富人理应增税。需知唐代对各地都规定了一定的税额，在税有定额这种情况下，如果不适当增加富人的税收，穷人不可能得到减免。

从立法要全方面看，柳宗元对两税法提出了一个重要修正。他认为，农业税应是"舍其产而唯丁田之问"，就是不管其他财产，只根据人丁占有土地的多少来收税。两税法规定按户籍资产的多少收税，不能说不对，但是这个资产的概念，既包括土地，也包括其他不动产和动产。柳宗元在给元饶州的信中表示，不同意把税收依据扩大到土地以外。他引用古代齐国著名宰相管仲的话来论证，一旦宣布征收树木税和牲畜税，这等于是动员人们去砍树、杀猪，后果就是破坏生产。他联系农业生产来考虑农业税，这个意见很有价值。实际上以后上千年封建社会中的农业税，就是根据占有土地多少收税，此谓田赋。

中唐的两税法，除规定农民交一定数量的粮食等实物外，其余应交布帛部分（劳役也折算成布帛），规定都换算成钱，按一定钱数交纳。这里的问题产生于古代货币制度不健全，币值波动极大。两税法开始实行时，一匹绢折价三千二百文，不久币值上升，一匹绢只值一千六百文。根据折钱交纳的规定，原来一匹绢的税额，现在要用两匹绢才能相抵，生产力并未提高，农民的负担无形中增加一倍。柳宗元在永州时写的《非国语·大钱》一文中指出，"赋不以钱，而制其布帛之数，则农不害"。就是赋税中取消折钱交纳的规定，恢复用实物布帛计算，这样农民的利益可以不受币值上升的危害。农业税中恢复用实物计算，这并不影响两税法的进步性和合理性，又对农民有利。这种意见不只柳宗元提出了，陆贽和韩愈等也都提过。只是朝廷还是坚持折钱交纳的办法，为的是可以从农民那里多榨取财物。

柳宗元十年蛰居永州，不能从政，过的是非官非民近于囚徒的生活。岁月蹉跎，然而他的意志没有消沉。透过他常常显得十分冷峻的外表，拨开他有时显得过于凄清的情怀，去看他的内心，对于国事民情，他依然充满希望，怀抱热情。从他所思考的荐举问题、法学问题、赋税问题等来看，他仍是目光锐利，善于发现问题，敢讲一针见血的话，见解比以前更加深沉。他的思想正在大踏步地向前发展和迈进。

发愤著书

作为封建官吏，而且是享有士族声望的封建官吏，柳宗元并不能完全免俗。政治上忠于唐室，是不用说的，此外，在私人生活中，他严格遵守士族的习俗，不与庶族通婚。妻子杨氏亡故以后，他还未续娶就贬官了。到永州后，由于那里找不到士族女子与他匹配，就干脆不娶，因而至死未娶妻。但是他未必没有纳妾，杨氏去世后，他至少生过两男三女，其中有个名叫和娘的女儿，生于长安，死于永州，这些孩子都应是他的妾所生。纳妾在当时社会上不算什么问题，可见妾的社会地位很低。关于妾，他在自己的文章中从未谈起，因而这些孩子的母亲姓氏，后人一概不知。他是否是不屑为人道呢？

再是保健方面，柳宗元讲究吃钟乳石[①]。那时士大夫中有许多人爱吃这种碳酸钙化合物。柳宗元的姐夫崔简，就是吃钟乳石丧命的。柳宗元不相信道教金丹，但相信《本草》所记钟乳石有养身作用。他曾向崔简介绍怎样区别钟乳石的优劣，长在哪里的才是品质优良，吃了有好的作用。看来，他到南方后，是作过实地调查和深入研究的。以为钟乳石是一种补药，这是一种不科学的认识。

不过，柳宗元的头脑同时又很清醒。政治上碰壁以后，还是不肯过那种无所事事、得过且过的生活。在永州期间，他一再表白自己是尧、舜、孔子这些古代圣人的忠实追随者，发扬圣人思想，是自己义不容辞的职责。在人生态度方面，他更多地倾向于儒家传统精神。在矛盾苦闷中，坚持

[①] 溶洞中自洞顶下垂的一种碳酸钙淀积物，因状如钟乳，故名。

以积极入世为主，不愿轻易退出政治舞台，也不愿虚度人生。朋友们对他的劝说，不少就表现为道教的诱惑。跟随道教去练功求仙，消磨时光，其实早已成为社会上的一种时髦，但他毫无所动。这时候，又有佛教闯进他痛苦的生活，对佛教他一向抱有好感，然而佛教也不能改变他积极入世的人生主张。在他的生活价值观中，有一种为国为民的利他作风，又包含着为自己创造美好名声的愿望，所以他懂得自尊自重，始终清楚地知道自己活着应该做什么。

"八司马"事件，意味着柳宗元离原有的生活目标越来越远了。长安时期，他充满事功精神，以建功立业为奋斗目标，这已经成为不可能的事。到永州以后，他面临重建生活目标的任务。他认为："贤者不得志于今，必取贵于后，古之著书者皆是也。"（《寄许孟容书》）又说："大抵生则不遇，死而垂声者众矣。"（《与友人论为文书》）。这些称颂古人的话，都意在激励自己，要使自己的生活目标，从事功转向著作。这对他来说也是不得已的。他还是留恋建功立业的。往日天真乐观的劲头现在已经消失干净，但是他没有颓唐，在困难中顽强地挺住了。于是，悲愤苦闷的永州十年，成为他在著书立说中自强奋斗的十年。

到了人地生疏的永州，生活稍有安定，柳宗元弄到数百卷书，读书的范围比以前更加广泛，时间也比长安要多。他从小好学，这时便一头钻进书本，手不释卷，还可以减轻心头的烦恼。只是最初几年健康状况不佳，心情又不好，记忆力很差。阅读古代史传，即使经过复习，还是连人名也记不住。此外，还遇到了其他困难。住在永州城里那五年间，柳宗元碰到四次火灾，常常来不及穿鞋，慌慌张张地赤着脚从屋子里跑出来，书籍在火灾中散乱一地，有的烧毁撕裂，有的丢失了。火灾过后，他又是好几天安不下心来。尽管如此，他还是努力地读百家书。

有一题为《读书》的五言古诗，大概作于永州十年前期，反映的就是柳宗元自己在病中苦读的情景。其中几段诗是这样写的：

瘴疠扰灵府，（疾病扰乱了我的心灵）

日与往昔殊；（心境与往日越发不同）

临文乍了了，（读书时心里似已明白）

彻卷兀若无。（读完后像是一无所知）

竟夕谁与言？（整夜里谁与我絮絮长谈）
但与竹素俱；（只有那书籍是我的伴侣）
倦极更倒卧，（疲倦极了我倒身就睡）
熟寐乃一苏。（熟睡后精神顿觉清爽）
欠伸展肢体，（打哈欠伸懒腰舒展四肢）
吟咏心自愉；（吟咏时心坎里自有快乐）
得意适其适，（得意处是陶醉在适心中）
非愿为世儒。（并非要做那世上的腐儒）
道尽即闭口，（讲完主张我立刻闭上嘴巴）
萧散捐囚拘；（清静闲散中抛却名缰利索）
巧者为我拙，（乖巧人说我这是笨拙）
智者为我愚。（聪明人讲我这是愚蠢）
书史足自悦，（书籍和历史足可使我愉快）
安用勤与劬？（何必到官场去奔波操劳）
贵尔六尺躯，（好好珍惜你那六尺之躯吧）
勿为名所驱。（莫要为功名去东奔西跑）

这首诗写他病中苦读的情状，具体又细致。看来他读书时身心适意，忘掉了功名和烦恼，自由自在，无牵无挂，心头有无穷乐趣。

决定专心致志地从事著作活动以后，柳宗元开始总结他以往写作中的经验教训。他一贯自视甚高，甚至显得桀骜不驯，可是经常与亲近人谈论自己的缺点和不足。与岳父杨凭谈到自己以前不懂写文章时说："宗元自小学为文章，中间幸联得甲乙科第，至尚书郎，专百官奏章，然未能究知为文之道。自贬官来无事，读百家书，上下驰骋，乃少得知文章利病。"（《与杨凭书》）

岳父杨凭做过湖南观察使、京兆尹等高官，杨氏三兄弟在文坛上都有不小的文名。柳宗元对岳父说自己没有真正懂得如何写文章，不无后辈谦虚之意，然而又不完全是谦词。因为他到永州以后专心于著作，曾对自己以前的文章作风，作过一番检讨，使自己的文风至少有以下两点变化：一是进一步清除骈文影响，发扬古代的散文传统。西汉文章继承和发展了先秦散文传统，自东汉开始逐渐趋向于骈文。柳宗元在长安就注意学习西汉文章，到了永州他有充足的时间研读西汉各名家著作，又指导堂弟柳宗直编了《西汉文类》，并且一再发表批评骈文的言论，有时甚至直言不讳地自我批评。二是他强调文章写作要"益于世用"。他对杨凭说自己在朝廷专管百官奏章，却还不懂得如何写文章，这话中就包含有奏章是官样文章，千人一腔的官样文章没有多少实际用处的意思。这时，柳宗元在著作方面的目标很高，要求自己能立一家之言，成为像司马迁、屈原那样的著作家，在历史上留下名声。

被剥夺了从政权利，倒为柳宗元提供了宝贵的时间著书立作。他懂得不能虚度光阴，但贬官后遇母丧，自己生病，所以开始时写作情绪不太好。从环境来说，永州文化落后，学术气氛淡薄，这对思想家的创作十分不利。后来贬官流人增多，特别是青年进士吴武陵到来以后，情况才有了变化。以前只能与僧徒讨论佛道，如今可以与吴武陵广泛切磋学术，吴武陵成为他思想上的同道和学术上的助手。他们互相鼓励，朝夕相处，形影不离，师生间相得益彰。柳宗元在长安时动手写一篇重要论文《贞符》，没有写完就贬官了，吴武陵在交谈中得知此事，他理解柳宗元《贞符》中观点的重要意义，立即鼓励柳宗元整理旧稿，于是《贞符》最终写成了。柳宗元用读书笔记的形式写《非国语》，这是一组共六十七篇、内容非常广泛的论说性杂文，每写完一篇，都送交吴武陵帮助推敲。有时候，柳宗元就采用与吴武陵对答的形式写文章。孤独寂寞和与世隔绝，不仅影响人的情绪，还容易造成孤陋寡闻，这对于思想家的工作特别无益。所以，恩格斯在分析费尔巴哈唯物论哲学中缺点产生的原因时，曾谈到费尔巴哈由于遭世人排挤，不得不在穷乡僻壤中过着农民式的孤陋寡闻的生活。[①] 而自从吴武陵出现以后，柳宗元在永州就有了一个热情的伙伴，大大减轻了他写作中的孤独和隔绝之感。因此，他怀着感激的心情，对吴武陵说："拘囚以来，无所发明，蒙覆幽独，会足下至，然后有助我之道。"（《答吴武陵论〈非

[①] 费尔巴哈（1804—1872年），德国著名唯物主义哲学家。恩格斯这段话，见《路德维希·费尔巴哈和德国古典哲学的终结》第二节，或《马克思恩格斯选集》第四卷，第226页。

〈国语〉书》）其实，吴武陵对他一再自称学生，可他总是忘不了曾经给自己这样或那样帮助的人。

自由活泼的气氛与和谐的人际关系，可以构成思想家最佳的创作环境，所以在长安时与一批朋友高谈阔论的情景，最令人神往。如今柳宗元飘零永州，好朋友韩愈早已回到朝廷任职，这些年并未得到重用，常住在洛阳和长安，另一个好朋友刘禹锡在永州北面的朗州任司马。这几位学者，曾亲密无间地相聚多年，热烈讨论过许多问题，可是现在天各一方，无缘见面。他们彼此十分了解，又是彼此都信得过，因此往日的论辩作风和探讨精神，在他们之间并未消失。幸好在中国如此辽阔的国土上有四通八达的驿道，驿道不只用于政治和军事，还可以传递书信消息。这在当时是世界上规模最大的通讯系统和信息网络。永州处于驿道干线上，柳宗元因而可以了解全国的信息，使他所写各类文章都能结合现实情况，如他与元饶州信中谈如何改进赋税工作那样。驿道又把相隔遥远的柳宗元、韩愈、刘禹锡联系起来，他们可以通过交换文章，互致书信，交流思想。刘禹锡或许还从朗州到愚溪拜访过柳宗元，因为他后来曾在诗作《伤愚溪》中，具体描写愚溪柳家的景象，看上去是亲眼见过的。在永州时期，柳宗元与韩愈、刘禹锡等人进行的学术交流和学术讨论，是他著作活动的重要组成部分，为中国文化史谱写了光辉的一页。

在长安时，柳宗元大概从未想做一个山水文人，那时他为事业而忙碌，没有多少游山玩水的闲情逸致。在永州的情况有所不同。他曾给朋友说"闷即出游"（《与李建书》）这样的话，为了排遣胸中郁结着的过多苦闷，故意放情山水，栖身自然。游山玩水和亲近佛教，是他在苦闷中寻求解脱的两种主要方式。由于这方面的原因，山水文字成为柳宗元永州时期写作的一个重要内容。他有关佛教的作品，也逐渐增多起来。

读书、写作之余的登山临水，确实给柳宗元带来一些快乐。刚到永州时，他大致是在城内游玩。龙兴寺和法华寺所在地的景色，本是极好，他自己设计的东丘和西亭①完工后，常常带亲友到这里来赏玩消遣。法华寺西亭的地势在永州城内最高，所以到西亭登高望远的次数最多。以后大概又到过朝阳岩。朝阳岩在永州近郊的潇水岸边，前辈著名人物元结任道州刺史时，游永州泛舟寻幽，发现了朝阳岩景致极美。朝阳岩这名字就是元结起的。元结的政治思想以仁政爱民为主，曾得到杜甫大力推重，他的散文也写得很好。柳宗元游朝阳岩，可能就有追寻元结足迹的意思。元和三年（公元808年），元克己、李幼清、吴武陵、娄图南等人来到以后，伙伴增多了，颇能助长柳宗元的游兴。第二年秋天，他带领这些人渡过潇水，刘木开路，穿过人迹罕至的密林，登上了离城数里的西山。过不多久，他们又在西山附近的愚溪岸边发现了钴鉧潭、西小丘、小石潭三处风景点。自迁到愚溪居住以后，四出游历的机会更多。到元和七年（公元812年），他又到永州远郊的袁家渴、石涧、石渠、小石城山等地游览。这些游历活动，大都被他写进作品，从而在散文领域中开创了山水游记的新途径。

永州十年，终于成为柳宗元著作活动全面丰收的时期。随着生活磨炼增多，阅历加深，对世事的认识也提高了，作品的思想内容因而进一步深化。有些作品，如《捕蛇者说》《送薛存义序》《答元饶州论政理书》等观察现实极见深度的作品，他待在长安朝廷中是无论如何写不出来的。检讨了以前的文风以后，他从写作理论到表达技巧，都有明显提高。论说文本是他最擅长的，在永州他用各种文体写论说文，表达哲学、政治、文学、经济等各方面的见解，既有长篇巨著，如《封建论》《贞符》等，而更多的是短小精悍的杂著。文艺散文在长安时写得不多，现在越写越多，越写越好，前面谈过的如《骂尸虫文》《乞巧文》《愚溪对》等，构思精巧，想象奇特，真是嘻笑怒骂流诸笔端，兴之所至皆成文章。至于寓言和山水游记，更是独步于当代，启源于后世，具有划时代的成就。另有骚赋作品的缠绵悱恻，诗歌作品的恬淡清丽，皆在唐代自成一格。

---

① 这两处园林差不多同时建成，以往一般认为法华寺西亭作于元和四年。查柳宗元《法华寺西亭夜饮赋诗序》，其中谈到西亭建成后"间岁"，即下一年，元克己首先贬官来永州，接着又有一些人贬官来永州，"是夜，会兹亭者凡八人"。考吴武陵、李幼清等都在元和三年贬来永州，据此推断，可知法华寺西亭建成于元和二年。

贬官永州长达十年,使柳宗元在政治上陷于泥淖一般的困难境地。皇帝的狭隘成见,世人的讥笑攻击,自己的疾病缠身,都不能使他丧失信心。依靠自己惊人的毅力和顽强意志,当然也凭借自己出众的才华和丰富智慧,他写下了一篇又一篇优秀作品。这些作品是他心血的结晶,是他生活的希望。他从追求事功转向从事著作,要做著作家的目标实现了。

陆

一场哲学论战

哲学界复兴的背景

在唐代三百年中，柳宗元是著名的哲学家，他的重要哲学著作，大都写于永州时期。在他之前，唐代哲学界的情况并不景气。我国自魏晋崇尚玄学，哲学思维出现高峰，以后知识界风尚转而讽咏性情，艺术勃兴。以至到唐代，盛唐成为诗歌创作的鼎盛时期。柳宗元之前的盛唐诗坛，可谓诗的王国，群星灿烂，百花争艳，李白和杜甫如日月高悬，在诗史上树起难以企及的丰碑。不仅诗歌如此，绘画界有"画圣"吴道子[①]和李思训[②]等人，书法界有"草圣"张旭[③]等人，再如音乐、舞蹈，都是名家辈出，有光照千秋的巨大成就。艺术之花开遍盛唐，人们热烈沉醉于艺术的幻想和激情之中。与此相比，哲学界相当地沉寂冷清，抽象思维和理性被忽略了。只是佛教和道教大为流行，在宗教的宗派斗争中，可以看到一些哲学的交锋。

从盛唐进入中唐以后，理论界的面貌逐渐有所改观。安史之乱促使人们进行反思，国家的兴亡这种紧迫的问题尖锐地摆在人们面前。从社会心理方面看，再度出现盛唐那样充满着幻想和激情的艺术世界，已是不可能的了。国力衰弱以后，初唐、盛唐的繁荣强盛景象不易在人们记

[①] 吴道子，阳翟（今河南禹州）人，唐代大画家。玄宗时曾任内教博士。擅画佛道人物，也画山水。
[②] 李思训（公元651－716年），字健，成纪（今甘肃秦安）人。玄宗时任右武卫大将军。擅画山水树石。
[③] 张旭，字伯高，吴郡（今江苏苏州）人，曾任金吾长史。以草书最为著名，与李白诗歌、裴旻剑舞，时称"三绝"。

忆中抹去，社会上普遍关心的是如何使国家再度强盛起来。随着中兴思潮的兴起，人们在比较自由的学术环境中，纷纷思考着振兴国家的方略和途径。在广泛的理论领域，包括政治、经济、伦理、哲学、文艺等各个方面，都从现实中提出了新问题，理论探讨和学术争论非常热烈，空前活跃。即使是文学史上的著名诗人，如刘禹锡、白居易以及稍后的杜牧等，在诗情勃发的同时都忙着撰写与现实密切相关的哲学、政治学或军事学方面的论文。元和三年（公元808年）吏部的选官考试，候选官员在对策中竟纷纷指陈时弊，不作回避，朝廷上因而引起轩然大波。在实事求是的思索中，人们大胆地怀疑经学章句，自汉以来统治思想界几百年的旧经学，那神圣不可侵犯的地位已经开始动摇。沉闷的空气终于冲破了，理论界响起了强音。中唐抽象思维的活跃与盛唐的艺术繁荣，两者前后相辉映。这时候的柳宗元和韩愈，就是理论界最主要的代表人物。

在这种背景下，哲学界出现了迅速复兴。柳宗元、刘禹锡都成为我国历史上著名的唯物论者，他们两人以及韩愈和他的学生李翱等，都是唐代最有成就的哲学家。中唐的哲学，又开启了两百多年以后的宋代理学，影响深远。就柳宗元而言，他的哲学思想的主要特色是毫不妥协地反对神学天命。在永州，他与韩愈、刘禹锡围绕着天人关系，进行了一场哲学论战，成为中国哲学史上的一次重要事件。

"受命不于天，于其人"

世界上各个民族在古代都流行迷信，不迷信的人是很少的。鬼神观念是一种非常普遍的迷信。柳宗元任监察御史时掌管朝廷祭祀，祭祀这种事就与鬼神有关。可是，他那时说过这么一番话："神之貌乎？吾不可得而知也；祭之飨乎？吾不可得而知也。是其诞漫惝怳，冥冥焉不可执取者。"（《禘说》）专管祭祀的人，却认为神是荒诞的、令人惊骇的（"诞漫惝怳"），又是不可捉摸的。因此，他接着又说："圣人之为心也，必有道而已矣，非于神也，盖于人也。"（《禘说》）显然，他不相信有神。从思想方法看，他重视实证，没有见过和无法验证的事不肯轻信。所以到了永州，人陷于困境，可还是不信鬼神。

中国古代的天命观念同样是一种迷信。就像西方人信仰上帝那样，中国古人信仰的是天，小至个人立身行事，大至国家治乱兴衰，都以为是天在暗中主宰决定的。这个天，其实就是天神，它有意识，有意志，具有超自然的巨大力量，是至高无上的绝对权威。它与西方上帝的区别，主要在于天保持着自然物的外貌，不具有西方上帝那种人一般的形象。中国古代有关天的那些迷信思想，称作天命论。孔子是学识非常渊博的圣人，连他也不能不害怕天命和鬼神。他曾说："小人不知天命而不畏也。"（《论语·季氏》）

与一般的鬼神观念相比，天命不只是迷信，还具有一定理论色彩。天命论是统治阶级提倡的官方哲学，是政治和人生方面的重要指导思想。就如柳宗元十三岁那年，即贞元元年（公元785年），关中地区大旱，连水井都干了，蝗虫把仅有的庄稼吃个精光，又正当建中之乱刚过，老百姓无以为生，到处都是饿死和冻毙的人。对于这样的天灾，当时就认为是天对人的惩罚。唐德宗因此下了一道诏书，表示接受"天戒"，以为这样就可以平息天的恼怒，解决人间灾荒问题。唐德宗还认为，建中之乱时他军事上和政治上的失败，都是天命决定的。贞元二年（公元786年），一位地方长官向唐德宗献了一株长着五个穗的小麦；次年（公元787年），又有人向唐德宗报告在朝廷中书省的庭院里，有只喜鹊不是用树枝而是用泥土筑巢。这类自然界的变异现象，那时认为就是天为皇帝降下的祥瑞，告诉人们世上将会太平无事。此外，人们还认为人的生死祸福、富贵寿夭等，都是由天决定的。上至皇帝，下至百姓，大都相信这种天命论。

　　天命论最初引起柳宗元不满的原因，大概是现实政治。他发觉人们普遍依赖对天命的崇拜，来掩饰自己在现实政治中的腐败和无能，而头脑里存在着天国保佑的虚无希望，又造成人们在现实政治中不思进取和无所作为的思想。所以，他在长安时写的《时令论》《断刑论》等政治学论文，讨论的虽然都是现实政治问题，可是都高高举起"反天命"的旗帜。从此以后，他对于天命论一辈子都持不妥协的批判态度。

　　对帝王来说，天命论的作用莫过于宣传君权天授。在中国历史上，天命与神学可以说是一回事，君权天授与君权神授也是一个意思。几乎所有中国哲学史著作中都记载，在最古老的殷商哲学和西周哲学中，就有帝王受命于天的思想。所谓受命于天，是说做帝王是奉了上天之命，人间的帝王是代表上天来实行统治。后来帝王易姓，要别人相信帝王受命于天，总得拿出一点让人看得见的凭证，西汉大哲学家董仲舒终于为此想出了办法，他有一次回答汉武帝的提问时说："天之所大奉使之王者，必有非人力所能致而自至者，此受命之符也。"（《汉书·董仲舒传》）接着，董仲舒根据《尚书》所载举例说，周武王伐纣，渡黄河时有白鱼跃进船里；过河以后，又有流火从天而降，聚集在武王屋顶上，变成一只赤乌，即赤色的鸟。这"白鱼"和"赤乌"，就是周武王受命于天的符契。董仲舒这种理论，被称为符命论，其实就是用祥瑞来证明帝王受命于天的天命哲学。

　　柳宗元写的长篇论文《贞符》，批评的对象正是符命论。

符命论所说祥瑞是什么？董仲舒讲的"白鱼"和"赤乌"便是。前面曾提到的一株小麦五个穗和喜鹊用泥土筑巢，也可算是。像唐德宗见了这样所谓祥瑞，就以为有了受命于天的凭据，不论朝政多么糟糕，都可以高枕无忧地做他的太平天子。所以，凡是皇帝或想做皇帝的人，都十分重视祥瑞。被认为是祥瑞的东西，一般是自然界中奇异的吉祥物。在偌大的土地上，这种东西只要留心去找，总能找得到，找不到也不要紧，完全可以假造。从汉代开始不断有人用假造的方法，弄出所谓祥瑞来。董仲舒的符命论，为帝王受命于天提供了一种简便的、当然也是荒谬的论证方法，因而，这种天命神学很受帝王的欢迎。自董仲舒之后，许多著名文人都宣传这种思想，两千年来在中国社会上不断产生影响，以至农民中一直也有"真命天子"这种说法。柳宗元上距董仲舒仅九百来年，那时的情况自然比后来严重得多。

《贞符》是柳宗元任礼部员外郎时动手写的，遇上贬官，文章没有写完。吴武陵来到永州以后，由于对符命论也心存疑问，便在一次交谈中问柳宗元："董仲舒对三代受命之符诚然非耶？"柳回答说："非也。何独董仲舒耶！自司马相如、刘向、扬雄、班彪、彪子固，皆沿袭嗫嚅，推古瑞物以配受命。"（《贞符》）柳宗元还说，这些人的符命言论就像巫师和瞎子（"淫巫瞽史"）的胡言乱语一样，欺骗惑乱后代，不足以了解圣人立国的根本道理。交谈中吴武陵得知柳有一《贞符》未定稿，他认为此作品意义重大，力劝不要因为自己贬官而中止写作。因此，柳宗元三十七岁时在长安动手写的《贞符》，大约在四十岁时于永州完稿。

《贞符》的内容，是讨论帝王的统治权怎样获得和怎样维持。"贞符"两字的意思，就是真正的符命。柳宗元的基本观点是："受命不于天，于其人；休符不于祥，于其仁。"意谓获得帝王统治权不在于天命，而在于取得人心；吉祥的受命依据不是祥瑞，而是对人民实行仁政德治。在《贞符》中，柳宗元继续宣传仁政才能振兴国家，强调以民为本的思想。

符命论的特点，大致是根据神话传说进行理论编造，然后再在现实中弄出祥瑞来，附会天意。像董仲舒讲的"白鱼"和"赤乌"的故事，古书上虽有记载，但属于神话传说，拿来作为理论观点的事实根据，是完全靠不住的。所以，符命论的理论形态相当粗俗。柳宗元多少看出了这一点，他在《贞符》中称符命论"斯皆诡谲阔诞，其可羞也"，完全是荒诞无稽、诡诈欺骗的理论，简直达到可耻的地步。针对这种比较粗俗的理论，柳宗元不是从理论逻辑角度去批评，而是着重分析事实，从历史事实中去拆穿它的荒唐。《贞符》纵论古今几千年，表现出作者具有大幅度地把握历史事实的能力。

《贞符》先对上古历史作了一番分析。上古时人类社会杂乱纷争，人们不能安生，有了黄帝特别是尧、舜那样的圣人出来行"大公之道"，统一纲纪法度，建立国家制度，混乱局面才得到治理。有道德的优秀人物接受君位，道德腐败沦丧的君主被人们赶下台。即所谓"德绍者嗣，道怠者夺"。在那时候，真正的符命其实是"德"。

再从稍近的历史看，《贞符》重点分析了汉、唐两代。刘邦推翻秦二世，自己能够做皇帝，是因为他宽宏大量，关怀人民，选贤任能，治理国家创伤，给贫寒人带来温暖，使人民既健康又快乐。这就是汉代的符命。隋朝末年，全国像一口大锅，下有毒焰燃烧，人民生活在水深火热之中，没有人来拯救。这时有李渊、李世民扑灭烈火，滋润大地，残酷的刑罚不再使用，兵荒马乱流离死亡的情况没有了，人民由于得到了幸福，便抛弃隋朝，归顺唐朝。从这种王朝的变迁更替中，柳宗元指出真正的符命，也就是帝王获得统治权的真正依据，乃是对人民实行仁政德治。

为了说明祥瑞根本不灵，《贞符》又一连从历史上列举七个反证。比如，有人给西汉平帝献了一只白色的野鸡，按照符命论的说法，这是祥瑞，王业应该兴旺。可是不出几年，西汉反而灭亡了。又如，王莽篡位称帝时，公开宣称有一只犀牛是自己受命的祥瑞，然而十几年后，他本人就被杀死了。柳宗元对国家历史的熟悉，以及对历史事实的精湛理解，对批评符命论起了很大作用。他在此得出了这样的结论："未有丧仁而久者也，未有恃祥而寿者也。"没有谁能丧失仁政而使国运长久，也没有谁依持祥瑞就能长寿。

柳宗元一方面公开否定帝王受命于天，另一方面从正面提出帝王"受命于生人之意"。"生人"就是"生民"，"生人之意"，意谓人民的意愿。他指出，要使国运长久，实现长治久安，帝王最可靠的办法是禁止人们上奏一切有关祥瑞符命的奏章，去"思德之所未大，求仁之所未备"。考虑恩德还有哪些不充足，仁义还有哪些不完备，通过仁政德治去争取人民的衷心支持。帝王的真正符命就在此。永贞元年的新政失败以后，柳宗元从未放弃仁政民本的政治主张，《贞符》是他献给唐宪宗的，他恳切地希望皇帝能接受这个政治主张。唐宪宗还不算是昏君，可是他怎么可能接受这种意见呢？

事实上，《贞符》的理论价值，要大于它的实际意义。从理论上看，"受命于生人之意"是与"受命于天"相对立的命题。柳宗元希望封建政治家把注意力从天国完全转向人间，一心一意把现实政治搞好。所以，这是用现实世俗的学说，去完全代替幻想的天国神话。由于他把争取民心看作是获得帝王统治权和维护统治权的最有决定意义的条件，因而在理论上提高了人民在历史政治中的地位，有利于人们破除对天的迷信，破除对君权的迷信。从某种意义上讲，"受命于生人之意"的提出，是用君权人授，去代替君权天授，在历史上有重要价值。在西欧，否定君权神授要到十八世纪，也就是法国启蒙学派活跃于思想界时。而柳宗元是在公元九世纪初，公开地完全否认君权天授，同时用"人"，用"生人之意"，去与神学天命相对抗。他提出这种思想的文化背景，是中国传统的人文精神。宗教神学在中世纪始终无法吞没中国文化中的人文精神，而西欧中世纪却是宗教神学一统天下。柳宗元受到中国传统文化中人文精神的熏陶，在《贞符》中又表现出自己在理论上的勇气和创造性，以致提出的这种思想，在以后上千年的历史上都闪耀着光彩，在中国近代史开始之前，一直保持着它的进步性。

法国启蒙学派在反对"君权神授"的同时，又提出了"天赋人权"。与"天赋人权"相比，"受命于生人之意"就显得黯然失色了。当然，这里还存在这两种思想产生在不同时代的问题。

在柳宗元的理论逻辑中，仁政是帝王对"生人"的一种恩赐，是否实行仁政，完全取决于帝王本人的意志。因此，"生人之意"即人民的意愿，虽然被肯定为帝王的真正符命，但对帝王没有任何现实的约束力。现实的情况是，帝王掌握国家的全部权力，"生人"处于无权地位，"生人之意"的重要性，只是在理论上被肯定，根本没有体现在独立于执政者的政权体制中，而且实际上从未取得如理论所表述的那种崇高地位。

在这种情况下，帝王总是可以违背人民的意愿为所欲为，对此，人民一筹莫展，束手无策。所以在封建社会中，真理与强权斗争，一般都以强权获得胜利告终。永贞革新的失败，就是一例。只要执政者可以凭借手中权力，肆无忌惮地蔑视和践踏人民的意愿，即使有少数可敬的清官为此献身，在历史上留下自己的英名，却总是无法使现实出现奇迹。

因此，只要人民处于无权地位，人民的任何权利得不到保障，"受命生人之意"这个光辉命题的意义，就仅仅是理论上的，而且是空洞的，因为旨在保障人民基本权利的制度问题，在此根本没有谈起。

可是，在黑暗的中世纪，在公元九世纪初，柳宗元讲"受命不于天，于其人"，"受命于生人之意"，是一种勇敢的首倡，无论从中国历史上看，还是从世界历史上看，都是如此。在那个时代，这种首倡的理论代表着正义，又是进步的。理论和实践都表现为一种不断发展的过程，所以后代的阅读者，常常可以在前代杰出思想家身上，不太费力地找出这样或那样的缺点和错误来，可是，后人必须站在前人的基础上才能前进，因此，在理论上披荆斩棘地提出新思想的前代思想家，总是值得钦佩的。在诞生《贞符》的时代，难道还能对柳宗元提出更高的要求吗？抛开封建专制制度，去解决人民在社会生活中的地位和权利问题，是柳宗元死后上千年才发生的事。踏着前人的足迹继续前进，这是后人的责任；如果在前人的足迹上踏步不前，并因此咒骂古人而不责怪后人，这是相当愚蠢的。

与韩愈论争

柳宗元对于天命论的批评，大致分两个阶段。在长安时期他侧重于批评天命论在政治上的种种危害。这种批评以《贞符》作为高潮。在永州时期，他侧重于批评天命论中的哲学观点，即天人相应论。这种批评以他的《天说》《天对》等为标志。

天，在我国古人世界观中，具有特别重要的地位，天人关系，是中国古典哲学中内容丰富的传统论题。在有关天人关系的看法中，我国哲学史上出现过这样两种对立的观点。一是认为天是有意识的，有意志的，是人间的最高主宰，它在暗中主宰着和决定着人间的命运；一是认为天不过是一种自然物，它没有意识，没有意志，因而不能主宰和决定人事。前一种观点，通常称为"天人相应"论，持这观点的人，都相信天命；后一种观点，通常称为"天人相分"论，持这观点的人，可能具有反天命思想。柳宗元和刘禹锡主张天人相分，韩愈赞成天人相应。为了这个问题，在他们三个人之间，进行了一场哲学论争。

有一次，韩愈对柳宗元讲了一通天人相应的道理。韩愈提出，虫类祸害万物，所以虫类是万物的仇敌；人对元气阴阳的破坏，其实比虫类祸害万物更厉害，所以人类是天地的仇人。由此，韩愈又进而认为，能使虫类的滋长减少，就是"有功于物"；同样的道理，能使人滋长减少，就是"有功于天地"。相反，如果使人繁衍生息，就是天地的仇人。由于天能赏功罚祸，所以韩愈的结论是："有功者受赏必大矣，其祸焉者受罚亦大矣。"

韩愈这番话，其实是从概念出发的推演，就哲学观点说，无疑属于天人相应论。但就社会内容看，他称残害人类的人得到天的奖赏，使人类繁衍生息的人得到天的惩罚，这话的真正意思并非仇恨人类，倒是抱怨天道不公，是出于对现实不满的一种牢骚。韩愈看到自古至今的贤明好人大都怀才不遇，夭折早亡，不肖坏人却能高官厚禄，长寿而终，因而他明确地称这是"合于天而乖于人"（《与崔群书》），就是符合天意而违反人心。他长期沉沦下僚，仕途坎坷，常常因怀才不遇而愤愤不平，本又是相信天命，所以有这种怨天恨地的牢骚话。柳宗元了解他的朋友，知道这是韩愈心中有所愤激而发的议论，但对其中天人相应的哲学观点，他专门写了《天说》一文，不客气地进行批评。

　　柳宗元坚持天人相分的观点，认为天不过是一种自然物。韩愈在说明有关天的赏功罚祸时，曾用虫类危害瓜果、草木作比喻。柳宗元写《天说》时接过韩愈的话头，展开驳论。他指出，天不过是大瓜果、大草木而已，瓜果、草木不能对人赏功罚祸，天又怎么能这样做呢？功劳是人自己取得的，灾祸是人自己造成的，以为天能赏罚是大错误，对天呼叫喊冤，希望得到天的怜悯仁慈，更是大错特错。柳宗元这样说，显然是要告诉韩愈，那种怨天恨地的牢骚，发得不是地方。牵涉到人事问题，他还是坚持《贞符》中那种观点，认为相信天命和天意是有害无益的，唯有实行仁政德治，才真正靠得住。所以，《天说》最后这样劝告韩愈："子而信子之仁义以游其内，生而死尔，乌置存亡得丧于果蓏、痈痔、草木耶？"你如果坚信你在《原道》等作品中所讲的仁义，以此生活于天地间，那就应该从生到死坚信仁义，何必把生死得失寄托于瓜果、痈痔、草木那样没有意识的"天"呢？这话中既有恳切的批评，又有热情的鼓励和期望。

　　柳宗元第二次批评韩愈的天命观点，是在韩愈于元和八年（公元813年）做了史馆修撰以后，史馆修撰的职责，是为朝廷编写历史，韩愈为自己这个工作感到发愁。关于写历史，中国古人一贯提倡秉笔直书，予以褒贬。可是，朝廷上派别斗争严重，是非看法不一，更有当道权贵，凭空捏造事实，要你写上史册。做史官的如果秉笔直书，予以褒贬，必然得罪这些有权有势者。因此，韩愈在给一个年轻史官的信中诉说，以前做史官的人大都没有好下场，"不有人祸，则有天刑"。不是遭到人间灾祸，就是受到天降下的刑罚。又称如果有鬼神，将不会福佑史官这种人。韩愈毕竟是正直的，十分不满官场的腐败，可是又对史官的职责产生畏难动摇情绪，这种情绪正与天命迷信观念有关系。

在永州，柳宗元见到了这封韩愈写的信，他担心这位任史官的好朋友产生消极情绪，因而主动给长安的韩愈写了信，即有名的《与韩愈论史官书》。他在信中向韩愈劝说，你认为历史上的史官"不有人祸，则有天刑"，这种认识很糊涂，与历史上的事实一点不相符合；至于鬼神的事，都是渺茫荒唐，没有什么根据的，那是明白道理的人所不屑理会的。正像《天说》批评韩愈，是意在鼓励他坚持仁义，《与韩愈论史官书》，则意在鼓励他在史官岗位上大胆尽职。柳宗元在信中还指出，你韩愈现在做史官，牵涉到褒贬是非，就胆小怕事，"恐惧不敢为"，那么，假如你以后做了御史中丞、御史大夫这种以监察和弹劾为职责的官呢？又假如你做了掌握百官官职升降大权的宰相呢？难道也像现在这样胆小怕事吗？"凡居其位，思直其道。道苟直，虽死不可回也。"如果遵循的原则是正确的，那就应在自己岗位上坚持下去，死也不可有所动摇。"凡鬼神事，渺茫荒惑无可准，明者所不道。"对鬼神不必有所恐惧。你韩愈有如此才学，尚且不敢尽史官之职，那写唐代历史的任务，还能托付给谁呢？柳宗元这些话，看似很尖锐，其实，句句都有对朋友的信任和希望。对韩愈来讲，这类话只有对自己十分关心，友情又十分忠实的人才能讲得出来。他在回信中向柳宗元说了"诚中吾病"这样的话，表示接受批评。韩愈任史馆修撰一年半，完成了一部《顺宗实录》，其中对永贞革新不能说没有偏见，然而有许多真实的客观记载，包括修正他自己对永贞革新的某些错误认识等，因此，引起权贵特别是宦官的强烈不满，导致韩愈本人遭到攻击，他写的《顺宗实录》只得交由别人重新审订，并作修改。如此看来，韩愈原来那些顾虑并非多余，而他又没有完全辜负朋友对自己的期望。

柳宗元与韩愈两人的关系，不只是知己，而且是诤友。彼此的批评都推心置腹，不必客气，如韩愈在长安时曾当面批评柳宗元亲近佛教。可以肯定地说，如果他们不是要好的朋友，就不会有这样一些批评。在天人相应问题上，柳宗元批评韩愈是出于诚恳的帮助，并不是因为韩愈已成为这派观点的代表，其实韩愈的天命观并不坚定，这也可能与柳宗元等人的影响有关系。至于柳宗元所讲的那些道理，其实是针对社会上流行的天人相应论，并非仅仅针对韩愈一人。

天人相分的观点，在柳宗元之前，战国时的荀况、汉代的王充等人，都早已讲过。柳宗元对这一派观点有他自己的贡献。一是他完全否认帝王与天之间存在任何神秘关系，论证了君权天授是从来没有的，同时提出了帝王"受命于生人之意"这个命题。这样明确的话，是前人没有讲过的；二是他进一步说明，天是一种自然存在物，这种说明完全是针对天人相应论。

天人相应论把天说得既神秘又玄乎，认为天是有意识有意志的，无所不知，无所不能。这样讲，可以促使人们产生对天的崇拜迷信心理，进而相信天命，顺从帝王据说是代表天在人间进行的统治。要是论证了天是一种自然物，这就等于剥去了硬加给天的神秘外衣。柳宗元在《天说》中指出："彼上而玄者，世谓之天；下而黄者，世谓之地；浑然而中处者，世谓之元气；寒而暑者，世谓之阴阳。"这就是把天完全作为自然物看待。柳宗元还特别强调天作为自然物的性质，它和人们平常所见瓜果、草木是一样的，天无非是大瓜果、大草木而已。既然如此，天能主宰人事这种话，就完全不可信，天人相应论的全部根据都站不住脚。

到永州以后，柳宗元在批评天人相应论方面所做的工作，主要是一再说明天作为自然物的本来面目。他这方面的见解，在《非国语》特别是在《天对》中，谈得比《天说》更为详尽。

在柳宗元看来，宇宙的起源是由于元气的不断运动，神灵开天辟地那种事情是不存在的；四季的变化是因为元气放出了冷气和热气，两者互相交错造成的，根本不是天有意地造成春夏秋冬四季；天广大无边，又运动不息，所以不可能有八根天柱支撑它，况且天和地是分离开的，也用不着有什么大柱来支撑；天亮不是打开了天门，天黑也不是太阳躲藏起来了，那些离奇的说法，都是因为不知道太阳在恒星间运行的真实情况；一天有十二个时辰，那是人们对日影消长进行测量而划分出来的，完全不是天自己规定的。关于山崩、地震等天灾产生的原因，柳宗元认为是由于自然界内部元气的运动。他比喻说，就像老妇烧火煮饭，老农汲水浇地，这些活动都会改变事物的原来形态，天地间的情形也是如此。

天和地都是无边无际的，阴、阳二气又是无穷无尽的，交错弥漫于天地之间，阴、阳二气的聚集分散，吸引排斥，就可能发生意料不到的天灾，所以山崩、地震等天灾根本不是天对人的惩罚。此外，对道教中的仙人和长寿不死等，柳宗元也持完全否定的态度。

柳宗元信奉儒学，然而又不间断、不妥协地反对天命神学。天命神学是儒学组成部分，因而人们由此可能怀疑他是否真的信奉儒学。其实，柳宗元一生最敬仰的古代圣人是尧、舜、孔子。尧、舜是孔子推重的人物，他们没有著作，所以柳宗元心目中最重要的圣人是孔子。他二十六岁时，就说要"延孔子之光烛于后来"，实际上他也是朝着这个目标去做的。中国古代的思想派别很多，除儒家学派外，还有其他许多家，或称"百家"，以后又有异民族文化的交融和外国文化的输入。这种情况，使中国古代思想文化在它的历史发展过程中，有可能通过开放和融合，不断加强它在社会生活中的活力和应变力。孔子以后的儒家学者，凡是有出息的人，不是也不可能是一成不变地死守孔子那些教条。即使是董仲舒，固然首倡独尊儒术，可他自己就大量吸取阴阳五行和法家学说于儒学之中，而且，非如此他不能为儒学增添新的内容。到柳宗元的时代，儒学中不少古老的遗训和格言都已过时，因此必须自由探索，博采众长。所以，柳宗元的大致情况是，信奉儒学，又不愿受儒学的限制。

一般说来，柳宗元的政治观和伦理观基本上取自儒学，历史观中有不少法家思想，自然观则来自道家。他自己这样说过："庄周言天曰自然，吾取之。"（《天爵论》）"庄周"就是庄子，他与老子是道家学派代表人物。庄子认为天没有意志，天是自然物，天和万物都是元气构成的。庄子称天是自然的思想，被柳宗元吸取了。天命论在儒学有关天人关系的理论中，属于迷信落后部分，应该加以否定。可是在儒家学派本身的范围内，不可能产生否定天命的思想。柳宗元吸取道家的自然观，作为思想武器，使他在反对天命神学方面，取得了重大成就。

欧洲到十九世纪，由德国大哲学家费尔巴哈用完备的理论，证明了上帝是不存在的，上帝是人创造的。柳宗元的理论不如费尔巴哈那么完备，但他比费尔巴哈早了一千年，即在公元九世纪初，向人们反复说明了天作为神是不存在的，天不过是一种自然物。柳宗元从道家的自然观出发，根据元气一元论，又应用了唐代自然科学主要是天文、历算方面的杰出成就，去解释自然现象，努力把天从至高无上的神的地位上拉下来，揭示出它作为自然物的本来面目。他对天地等自然现象的解释，从现代科学的观点看，未必完全正确，在当时却是先进的。

刘禹锡参加论战

对于柳宗元所作《天说》，在北方的韩愈未作答辩文字。在南方朗州任司马的刘禹锡见到《天说》后，认为柳宗元并没有把天人关系完全讲清楚，立即写了《天论》上、中、下三篇，寄到永州。柳宗元在永州读后，又写了《答刘禹锡〈天论〉书》。幸有刘禹锡自告奋勇参加讨论，使本来在柳和韩之间的争论，大大深入了一步。

在天人相分还是天人相应这个基本论题上，刘禹锡支持柳宗元，不同意韩愈。他同样是根据元气一元论，说天和地都是自然物，明确否认有造物主，否认天是主宰人事的神灵，只是具体说法与柳宗元稍有不同。

刘禹锡"诗称国手"（白居易语），在逻辑思维方面也毫不示弱。他围绕"物"这个范畴，进一步展开"形""数""势"这几个重要概念，大致形成一个理论系统。

刘禹锡认为，天和地都是"物"，凡是"物"都有"形"，"形"就是具体的形体和形状。"物"的"形"有两种，一种"形"能够"以目而视"，靠人的感官直接觉察到，另一种"形"必须"以智而视"，靠理智的思考才能发现。他又指出，对于后一种，人们往往认为是"无形"。其实，"无形"只是"无常形"，就是没有经常的和一定的形体和形状，绝不是没有"形"。所以，"无形"也不是绝对的"空"，所谓"空"，其实就是"形之希微者也"，即形体和形状非常细微和微妙。例如，盖了房屋，房间所具有高而厚的"形"就藏在其中了；标杆有曲有直，一旦树立起来，影子的"形"就依随着它。房间和影子都是"空"的，但都具有微妙的"形"，只是这种"形"需依赖其他物体才显现出来。

刘禹锡这观点，显然与前辈道家学者包括魏晋玄学有密切关系。柳宗元在回信中特别欣赏这样解释"无形"，说"甚善"。可见在他们两人的思想中，都否认有绝对的"无"和"空"。

刘禹锡又认为，在有"形"的"物"与"物"之间，必定有"数"存在。例如，水和船之间就存在"数"。这个"数"，是指存在于事物之间影响运动变化的那些联系和关系。"数"又能形成"势"，"势"就是事物的发展趋势和形势。例如，水和船之间的"数"，可以形成船只航行的安全与不安全这两种趋势。刘禹锡在此，重在强调事物发展变化规律的客观性。这与柳宗元的观点有一致之处，柳宗元在《封建论》中，就是用"势"来说明社会发展变化规律的客观性。刘禹锡《天论》侧重讲自然界中存在的"数"和"势"，大致属于自然哲学。自然哲学在中国古代是较为少见的。

中国古代讲天人关系的哲学家，大都借用自然规律来说明社会现象，重视自然和社会之间的共同性和一致性，把两者看成是统一和谐的系统，这是他们理论上的优点。但是，他们常常混淆自然界和社会生活的区别，把自然规律生搬硬套到社会生活中来，又总是抬出天人相应论，把天看作是主宰人间的神，天和地都成为迷信崇拜的对象，不成为辩学研究的对象，由此对自然界产生许多不科学的认识。这方面当以儒家为代表，道家的自然观总的说来比儒家要高明一些。

柳宗元和刘禹锡一方面是政治活动家，擅长社会科学，另一方面又都熟悉自然科学，懂天文、地理、医学。刘禹锡的医学水平较高，似乎还懂点机械。在哲学上，他们主张天人相分，因而在他们那里天不是迷信的对象，而是科学研究的对象，所以对自然界有许多较为科学的认识。柳宗元依赖自己多科性和综合性的知识，反复论证天是没有意识和意志的自然物。刘禹锡在此基础上，针对作为自然物的天和社会生活中的人，进一步阐明了两者具有不同的规律和不同的作用。

刘禹锡认为，自然的作用是主导动植物的生长衰亡，弱败强胜；人在社会生活中的作用是建立礼法秩序和社会制度，按照是非功过进行赏罚。此外，人还在生产活动中利用自然和改造自然，如春耕秋收、兴修水利、冶炼金属等。天和人这两者之间，天不能有意识地干预人事。这样区分"天道"与"人道",柳宗元在回信中基本上表示同意。

在柳宗元和刘禹锡之间,还存在明显的观点分歧,主要表现在以下两个方面。

一是关于天命迷信产生的原因。

刘禹锡在《天论》中,从社会和自然两个方面,对天命迷信产生的原因,作了相当精彩的分析。从社会生活方面看,他认为遇到乱世,法度废弛,是非颠倒,正义不足以制止强暴,刑罚不能够克服邪恶,在这种情况下,人们往往产生听天由命的思想。从自然方面看,他认为假若人们不能掌握自然规律,并因而不能掌握自己的命运,就往往讲天命。他举例说,在小河中行船,船即使翻了,也不说这是天意,这就是因为人们懂得如何在小河行船,知道翻船的原因在哪里。可是,在大江大海中行船,情况变化莫测,人们难于掌握,因此不论船翻了没有,都以为是天意。这就是由于人们不明白其中的道理。

从这两方面来说明天命迷信产生的原因,这种认识要比柳宗元高明。

柳宗元说过:"力足者取乎人,力不足者取乎神。"(《非国语·神降于莘》)这是讲,道义和力量充足的人,就注意去争取人心;道义和力量不充足的人,就难免要求助于神灵。柳宗元看到天命迷信思想,是适应统治者自己的政治需要而产生的,这个看法是对的。但是,柳宗元严重缺乏认识论的观点,他把哲学问题和政治问题看得过于一致,把天命迷信的原因几乎完全归之于政治欺骗,因此看不到如刘禹锡所说的社会自然的,也就是认识方面的原因,看不到社会上存在天命迷信观念的群众基础。这是他反天命思想中重要的薄弱环节。柳宗元对刘禹锡关于天命迷信那两方面原因的说明,明确表示不以为然。《天论》以行船为例,说明人们不掌握自然规律,就会把命运归之于天命,他竟说这是无知老百姓的说法。

在反天命方面,柳宗元注重从政治方面揭穿天命论的欺骗性质,矛头始终对准统治者,表现出一往无前的批判热忱。为证明天是自然物,他在《天对》中大胆探讨了天体宇宙的起源,这种不懈探索的科学精神,同样十分可贵。可是,由于他缺乏认识论的观点,因而不能把反对天命迷信的任务,看作是一个艰巨的历史过程。他似乎以为只要统治者觉悟了,天命论就可以烟消云散。刘禹锡的观点则更为深刻。根据他对问题产生原因的分析，可以从中合乎逻辑地引出这样的结论：反对天命迷信必须与改造社会和发展科学的任务结合在一起。

二是关于"天人交相胜"的观点。

在《天论》中，刘禹锡根据自己对天命迷信产生原因的理解，指出实际生活中存在"人胜"和"天胜"这两种情势，从而构成他的"天人交相胜"的理论主张。他认为，要是社会上政治清明，法纪畅行，在这种情况下人们能够掌握自己的命运。不论是受赏还是受罚，都不以为是来自天命，这便是"人胜"。要是政治腐败，法纪遭到破坏，赏罚不明，在这种情况下人们不能掌握自己的命运，就以为天在主宰自己，这便是"天胜"。刘禹锡当然主张"人胜"，所以在他的反天命思想中，同时包含有革新政治，以实现社会长治久安这方面内容。

刘禹锡关于"天道"和"人道"，即自然规律和社会规律两者有区别的观点，柳宗元表示赞同。但是，他坚决不同意"天人交相胜"。在回信中，他问刘禹锡："彼不我谋，而我何为务胜之耶？"就是天并不谋算我人，我人又何必一定要战胜天呢？在柳宗元看来，"天人交相胜"这种说法，可以理解为"天"和"人"存在互相"谋"算的关系。说人"谋"算天，他认为并无不可；但如果又说天在"谋"算人，这等于是承认了天是有意识和意志的，这观点正是他最不能容忍的。所以，他向刘禹锡这样提问，意在说明天并不"谋"算人，因此不能说是"天人交相胜"。他这话，其实并非反对人们通过掌握自然规律，去改造自然。这一点，现在有些人对他有所误解。

针对"天人交相胜"，柳宗元进而提出两点批评。第一，他批评《天论》中"天之道在生殖"这句话，意思含混不清。他要求对方进一步明确"天道"即自然规律的生殖万物，既不是"为人"，也不是"为天"，而是万物的自生自殖。因为如果认为是"为人"，或者是"为天"，那就是认为"天道"具有某种先验目的，所以他这个批评，实际是要求对方明确"天道"本身不具有任何先验目的。第二，他责备对方的理论中可能引出天有善、恶的结论。他说，你认为乱世就是天胜，治世就是人胜，似乎天总是作恶，人总是行善，人战胜了天，好事就行得通，这看法又过分赞美人且过分责备天了。柳宗元反对认为天有善、恶，那是因为善、恶属于人的德性，如果以为天也有这种德性，这就把天人格化了，正好落进天命哲学的圈套。柳宗元这两点批评，都是在《天论》中进行推导，并非认为刘禹锡已经有了这种看法，而且这两点批评并未越出反对天人相应的范围，又是重在推敲概念逻辑是否严密，理论表述是否严谨，给人总的印象是，他在理论上决不肯给天人相应以任何有乘之隙。这表现出柳宗元反对神学天命的坚定性和彻底性。在这方面，他确乎有那样一种倔劲。

看来在"天人交相胜"问题上，柳宗元和刘禹锡意见分歧尖锐，无论如何谈不到一起去。细究其中原因，还在于这两人对天人关系概念的理解并不一样。

柳宗元反对神学天命，包括《天说》《天对》等在内的全部理论活动，其中内容若一言以蔽之，就是否定天是有意志的天神。他在这个问题上所具有的勇气、智慧和不屈不挠精神，足以令人敬仰。由此产生的问题是，他所理解的天人关系，仅仅是天人相应的关系，他在理论活动中严格遵守不把天人关系从天命论的范围，扩大为自然和人的关系。在《答刘禹锡〈天论〉书》中，更是小心翼翼地回避自然和人的关系。这里暴露出柳宗元哲学理论的脆弱部分，他无力在反对神学天命的同时，再去说明自然和人的关系。刘禹锡写作《天论》，本是为了对柳宗元《天说》作理论上的补充，所以他所讲的天人关系，大致是自然和人的关系。比如，他把人的体力强弱这一自然生理因素看作是"天"，又把人的道德高下这些后天人为因素看作是"人"，特别是他着重谈天道和人道，即自然和社会的关系。柳宗元从反天命的立场出发，不同意刘禹锡作如此理解。然而，刘禹锡这种理解，是与我国传统哲学观念相符合的，况且在天人关系中，天人相应关系固然不存在，自然和人的关系却是千真万确存在的，并且是应该重视研究的。这一点，柳宗元完全忽略了。

因为柳和刘两人对天人关系的理解不一样，难免要产生争执。柳宗元反对神学天命，无可非议；可是刘禹锡讲自然和人的关系，提出"天胜"还是"人胜"的问题，同样有理，不应反对。在这里，柳宗元对《天论》所具有的理论价值，缺乏正确理解，甚至不屑理会刘禹锡要对《天说》的缺陷作补充，反而在回信中说："无羡言佟论，以益其枝叶。"

你刘禹锡不要讲一些无用多余的话，来节外生枝。如此出言不逊，不了解他们友情的人，一定以为刘禹锡要因此生气了。柳宗元有过人的聪明，却又过于自信。如此聪明正直的人，要是不那么固执自信，该有多好。

　　这场天人问题的论战，是在这时代三位最重要的学者间进行的。他们三人又是十分要好的朋友，而柳宗元在这场论战中是名副其实的主角。他们都抱着认真探求真理的态度，交锋时彼此没有顾虑，畅所欲言地自由发表意见，毫不客气批评另一方，言轻言重都不在乎。这种气氛十分有利于讨论的深入和学术发展。柳宗元逝世之前，由于家道清贫，儿女幼小，他只得把后事托付于可靠朋友，受他托付的恰恰就是刘禹锡和韩愈。由此可以看出，以为学术争论影响了他们之间的友谊，无非是后人的一种猜测而已。这种猜测把古人的君子之交，可能有点看歪了。

柒

维护国家统一

"四王"事件

在柳宗元的自我意识中,他始终认为自己首先是政治人物,他的理想,他的事业,主要应在政治方面。他的朋友刘禹锡也是如此。到永州以后,他不得不长期脱离政界,离群索居,在国家的僻远地区过一种文人的著作生涯。在文、史、哲三者的区分还不十分严格的时代,他既写论说文,也写文艺作品。本是才华横溢的人,著作领域对他来讲是真正的自由王国,他恣意驰骋,审美的情感激动和冷峻的理性思考完全可以兼顾,文学作品和论说文章都有卓越成就。在这种情况下,他并不像他的朋友娄图南、李幼清那样,只图个人清静,不问天下是非,他的头脑里最关心的始终还是国事民情。

当然,朋友们都已知道柳宗元在永州恋情于山水,栖身于自然,因为他开始大写起山水游记来。一般说来,山水文字与现实政治距离最远,文人倾慕山水,常常为了求得物我两忘,借此淡化现实给予的种种影响。唐代著名诗人王维,有一段时期住在长安城南的终南山别墅中,"行到水穷处,坐看云起时",过着悠哉游哉的生活,真的像是"万事不关心"了。唐代另一位著名山水诗人孟浩然,在襄阳家中与山水相乐,以淡泊为志,终身不出去做官,不理睬世上政治风云。王维和孟浩然是柳宗元的两位前辈名人,他理应知道。他荡漾于山水自然之中,并非不想使自己摆脱现实的纠缠和束缚,然而,他很难做到王维、孟浩然那样。在山水游记中,他记叙了自己到大自然去求得的忘情之乐,可是,有时顺便提出现实中赋税太重的问题,有时又从自然美景地处无人荒野,联想自己被当世遗弃,借机抒发一通牢骚。所以,他的山水文字从未达到不见人间烟火的境界,从而形成一种特色。他本不愿忘记政治，也不愿脱离现实，在人生态度方面虽然受到道家学说的影响，但依然是儒者风貌，这无疑是事实。为此，有人赞赏，有人批评，这就是后人评论的自由了。

在现实生活中，柳宗元并非没有个人得失引起的种种苦恼。毕竟是有血有肉的人，他最看重功名前途，这方面的忧虑最大最多。此外，还有爱情的烦恼，眼下没有儿子继嗣的痛苦，再是几千里外长安西郊无人照管的良田数顷和数百株果树，万年县栖凤原上柳家列祖列宗的坟墓等。当他在永州与亲友谈起这些牵肠挂肚的事情，可谓愁肠百结，忧绪满怀。

实际上，柳宗元心里还有比个人得失更重的心事，那就是忧国忧民。对于国事民情，想摆脱他也是摆脱不掉，所以，在永州所写作品，大都直接或间接地围绕治国这个大题目。即使是写哲学著作，猛烈抨击天命神学，归根结底也是为了改善现实政治。以政治实践作为出发点和归宿，致使他的哲学思想既具有鲜明的民主性，又几乎完全忽略了认识论问题。

作为忧国忧民的思想家，柳宗元一生所写政治学作品比哲学著作更多。在政治学作品中，最著名的是《封建论》。

《封建论》是作者著作中篇幅最长的论文，也是中国历史上的一篇名作。文章的酝酿时间肯定很长，写作时间一般都认为是在永州时期。文章的主旨是论证郡县制比分封制优越。在中国政治思想史上，这是一个难度很大的理论问题，而引起柳宗元写这篇论文的现实动机，则是国家正面临着分裂的威胁。

我国南北朝时期存在的分裂局面，到隋朝便结束了。西方的古罗马帝国灭亡以后，犹如打碎了的瓷盘一样，欧洲处于四分五裂状态，东方的中国这时恰好进入隋唐时期，再度实现了国家的统一。统一给国家带来了进步和繁荣。可是，自从中唐出现藩镇割据势力，分裂的幽灵又在中华大地上游荡。对于忧国忧民的柳宗元来说，这不能不是他特别关注的大问题。

早在唐德宗建中三年（公元782年）十一月，柳宗元十岁，盘踞在今山东、河北一带的四个强悍藩将，搞了一次反叛朝廷擅自称王的联合行动，田悦称魏王、李纳称齐王、王武俊称赵王、朱滔称冀王，史称"四王"事件。这四人按照周代诸侯国的规格，各自设立了官职和官署；又模仿春秋时齐桓公、晋文公的霸业，筑坛同盟，朱滔被推为盟主，自称"孤"，其他三人自称"寡人"；他们商定仍用唐的年号，这就像春秋时诸侯国用周天子的年号那样，实际上各自都建立了独立王国（见《资治通鉴》卷二二七）。朱滔等四人这样做，完全是模仿了一千年前实行过的分封制。一千多年前的历史古董，这时成为这些野心勃勃的藩将企图分裂国家的公开借口。

从全国情况看，除了这四人宣布建立诸侯国，此外还有一些身带强兵、独霸一方的藩将，对封侯建国这套怀有强烈的兴趣，正跃跃欲试，伺机而动。淮宁节度使李希烈便是其中之一。他在朱滔等人称王以后的下一个月，就自封为"天下都元帅"，接着又称帝叛唐。

想做周代诸侯的朱滔等四人，由于朝廷采取安抚政策，允诺加官晋爵，便在第二年答应不再称王，"四王"事件不了了之。但是，藩镇把职位传给儿子，或者背着朝廷由将领强行继承等，这种风气并未停止。国家政治生活中正在发生的这些事情，柳宗元从小就在脑海中留下了深刻印象。

"四王"事件演出的复古丑剧，虽然早已收场，但是，它生动地显示出历史传统中一种不可忽视的消极力量，向人们发出了令人深思的信号。自从秦朝在公元前三世纪末废除分封制，实行郡县制，至今已有一千年的历史，可是分封的影响远没有在现实的政治舞台上消失，它正危害着国家的统一。在这样的历史背景下，柳宗元用心写了他的长篇论著《封建论》。

长期争论的一个问题

柳宗元的《封建论》中所说的"封建",并不是今天我们所说封建社会的封建,它是指古代封侯建国的那种制度。这个"封建"与分封,是同一个意思。

我国古代的封侯建国,也就是分封制度,以周朝最典型。周天子用五个等级去封诸侯,就是公、侯、伯、子、男五个爵位,受封的人称诸侯;诸侯在各自分封的土地上,建立名义上隶属周天子的世袭领国,称诸侯国。周朝初年,大大小小的诸侯国据说多达八百个,后来诸侯国间出现兼并,到春秋末年还剩下十来个,战国时又形成七国争雄的局面。秦始皇统一中国以后,各诸侯国都被消灭了,便改分封为郡县。在中央朝廷下面,设立郡和县两级行政机构,郡守和县令长这些地方行政长官由中央朝廷直接派任,郡守和县令长受中央节制,对中央负责。这就是郡县制。

分封和郡县,属于专制制度下的两种不同政治体制。分封制是专制制度下的地方分权制,由于享有极大地方分权的诸侯国是世袭的,势必造成诸侯国各自为政和互相敌视的局面。所以行分封就必定会出现春秋战国时期那样的战乱和分裂。郡县制同样是专制制度,但它是中央集权下的分级管理制。由于是中央集权,取消了世袭的诸侯国,因此,强大的中央政权可以牢固地控制郡和县这两级地方行政机构,所以只有行郡县才可能在行政上实现全国统一。有点像西方政治史上的共和还是专制,成为长期争论的问题那样。在中国政治史上,分封还是郡县这两种政治体制,到底谁优谁劣,是秦朝以来一直争论不休的问题。

争论在秦朝就开始了。那时的宰相王绾赞成分封,廷尉李斯力主郡县,秦始皇采纳了李斯的意见,这是最早的分封派和郡县派之争。秦亡以后,西汉初年重开争论,于是刘邦先封异姓王,后封同姓王,西汉初期出现了分封与郡县并存的局面。东汉著名历史学家班固,在历史著作中首先把分封和郡县进行历史对比,认为分封是圣人制订的古法,周代行分封经历了八百多年才亡,秦代行郡县不到二十年就垮台,两相比较,分封是保证国运长久、使王业"根深固本"的办法(《汉书·诸侯王表》)。班固虽然没有直接批评郡县,但他偏向分封。他这些意见构成以后分封派的主要论点。曹魏时有曹元首,西晋时有刘颂、陆机,都写文章倡导分封,成为有影响的分封论者。虽然自从秦行郡县以来,分封与郡县两派势力时有消长,分封实际上不可能完全代替郡县,但是分封派写了不少著作,舆论上占有一定优势,郡县派在争论中却始终拿不出足以服人的作品。

到了唐代,唐高祖李渊和唐太宗李世民这两位赫赫有名的开国皇帝,都对分封产生过不小兴趣。贞观初年,唐太宗下令讨论分封问题,朝廷上大臣间立即出现三派,分封派以尚书左仆射萧瑀为首,郡县派以宰相魏征、礼部侍郎李百药为首,中书侍郎颜师古折衷于分封和郡县之间,主张两者并行。唐太宗本人曾经倾向过分封,不过总的说来他是举棋不定,左右摇摆。最后郡县派在朝廷占了上风,分封没有真正实行,唐代实行的是郡县制。可是,到唐玄宗李隆基时,又有人重提分封问题。开元年间有个官员叫刘秩,写了著作猛烈批评李百药主张郡县的观点,在朝廷上宣传恢复分封。本来唐太宗就有过分封的意思,只是未能实行。现在刘秩重倡分封,这绝不会是他个人的意见。刘秩本人是史学家刘知几的儿子,他是由盛唐到中唐的人物,距离柳宗元的年代已经不远。所以,分封还是郡县,这个问题在唐代朝廷里,思想上并没有完全统一起来,可以说是没有完全解决的问题。

在中唐,直接威胁国家统一的当然是藩镇割据势力,但分封论可以为割据势力分裂国家提供冠冕堂皇的理论根据和行动方式,"四王"事件已经为此作出了证明。主张分封的人未必都能意识到这一点,可是事情的本质确实如此。从朝廷方面看,分封论在那里还是很有市场的。因为主张分封的人,总宣传说宗室和功臣应该享有世袭的领地,封侯建国又可以成为朝廷的屏藩，一旦国家有事，就能首尾相救，如此等等。这类话，完全符合皇室成员和高官们的利益，又常常能使皇帝听了动心。这也是分封论能够长期存在的重要社会原因。

在中央朝廷势力日见削弱之际，藩镇割据势力正在称霸逞强，国家面临着分裂的危险。这种严峻的政治态势，柳宗元早已觉察到了。他早有文章表明自己反对藩镇割据，参加永贞革新也抱有削平割据、振兴国家这方面的目的。这时，他政治上建功立业的机会已不复存在，然而他决心在著作活动中建立自己的功业，从思想上解决分封还是郡县这样重大的问题。他写的《封建论》，果真为上千年来有关国家两种政治体制的争论，作出了总结。从此以后，分封派在理论上很难再有立足之地。

理论上的两个难点

中华民族关于统一的意识,自夏、商以后,特别是到周代,已经逐渐形成。秦统一中国以后,统一就成为历史潮流,犹如大江东去,不可回转。但是,分封还是郡县的争论,却延续了上千年;分封派总能得到皇室贵族的支持,两派政治势力经常势均力敌。在分封派的众多言论中,有两个问题经常使郡县派感到为难,一是他们说分封是圣人的古法,不可违反;二是他们说秦朝行郡县,结果短命而亡。对此,郡县派一直未能作出令人满意的回答,从而成为争论中的两个难点。《封建论》从论辩中立论,对这两个问题都作了恰如其分的巧妙回答。

先看《封建论》怎样回答分封派提出的前一个问题:分封是圣人的古法,不可违反。

说分封是圣人古法,此话其实不错,历史上最完备的分封制,据说就是杰出政治家周公创立的,又得到春秋大思想家孔子的一再肯定。周公和孔子都是儒家心目中的大圣人。在唐代,这两人又在庙堂之上共同分享焚香膜拜的最高荣誉。圣人虽是古人,却是现实中的思想权威,他们规范着现实中人们的思想和行为。问题是历史上行得通的事情,后代不一定行得通。特别像周公,他距唐代差不多有两千年,所做的事情,怎能叫人们都一样照着办?但是,在圣人的话都是绝对真理的时代,怎敢说圣人有什么不对!唐代贞观年间的著名郡县派人物李百药,反对分封,旗帜鲜明,立场坚定,然而遇到分封是圣人古法这个难题,只得避而不谈。他为郡县立论,还借助了天命论。

柳宗元自反对章句师起,头脑中条条框框就比较少。可是,他要解决这个问题，困难依然很大。一是在圣人和经典那里，找不到对解决问题有利的现成话，所有道理必须靠自己动脑筋去想；二是生活在那个时代，柳宗元对圣人同样也毕恭毕敬。为郡县立论，必须否定分封，这事关圣人，他在理论上必须要小心谨慎。

《封建论》首先对分封的起源，作了这样的说明。在初民时代，人们为了生存竞相夺取自然界的物品，彼此间产生了矛盾和斗争。在解决这类争执中，出现了大大小小的首领，以至出现了天子和诸侯。这些首领中凡是对人民有功德的，去世以后，人们尊奉他们的后代继续做首领，这就形成了世袭的分封。把分封的起源归结为人类初民时代的生存竞争，是《封建论》的一个重要论点。这种看法，并不是从经济基础出发去看待属于上层建筑的政治体制问题。柳宗元没有这样的认识，不能说是他自己的过错，重要的是他否认分封是圣人主观上独出心裁的创造，认为它起源于社会生活中客观存在的矛盾，这在历史上是具有创造性的进步见解。

对于商代和周代实行分封制，《封建论》又作了这样的解释。商汤王依靠三千诸侯的力量，才打败了夏桀；周武王依靠八百诸侯的力量，才战胜了殷纣。因此，商汤王、周武王做了天子以后，不能把帮助过自己的那些诸侯都废除掉，只得继承以往的分封制，不加以变革。商汤王和周武王都是儒学中的圣人，柳宗元强调他们是承袭初民时代的分封制，是处于客观历史形势中不得已而实行。《封建论》这样指出："彼封建者，更古圣王尧、舜、禹、汤、文、武而莫能去之，盖非不欲去之也，势不可也。势之来，其生人之初乎？不初，无以有封建。"因此，他反复讲的一句话是："封建非圣人意也，势也。"分封不是圣人的意愿，是历史上客观形势和趋势造成的。

说分封不是圣人的意愿，又说圣人想废除分封，其实并没有什么事实根据。柳宗元之所以这样讲，是为了把圣人从分封的关系中开脱出来，避免直接得罪圣人。在这个问题上，那时候谁都需要小心翼翼。理论上的鲁莽行为，并非真正的勇敢，更与机智不相干，因为他们处于圣人就是绝对真理的时代，分封既然不是圣人的意愿，那么，反对和否定分封，就可以认为与圣人没有关系。

这样为圣人开脱，可谓煞费苦心，却也不得不如此。可是，他在理论上最有价值的地方，在于强调历史发展过程中存在一种"势"。这个"势"，指形势和趋势。柳宗元从历史和现实这两方面，去说明这个"势"。从历史上看，初民时代的生存竞争中自然而然形成的分封制，是圣人难以改变的历史传统；从现实中看，依靠了诸侯们的力量才打败敌人，取得天下，圣人因此不能把这些诸侯都废除掉。从历史传统和现实关系这两方面所形成的"势"，使那些圣人不得不实行分封。这样解释历史，具体内容是否完全合理，那是另一回事，重要的是柳宗元看到历史关系和现实关系中产生的"势"，即历史的形势和趋势，它不为圣人的主观意图所左右，相反圣人也必须服从它，所以它是比圣人的主观意图更高、更有力量的一种客观必然性。这是在公元九世纪初提出来的思想，属于人类历史观念中的一次科学发现。类似观点在欧洲中世纪没有出现，在中国古代也太少了。

在世界文明古国中，像希腊的哲学、印度的诗剧那样，中国的历史学素称发达。中国古人有借鉴历史的经验教训和探求历史奥秘的风尚。单就"势"这概念来说，在柳宗元之前的思想资料中已经出现，但他首先把"势"和圣人相比较，认为"势"是一种客观必然性，历史活动中任何人不能凭个人的主观意志任意行事，都必须服从社会生活中客观存在的形势和趋势，连圣人也必须如此。按照这种理论逻辑，行分封还是行郡县，就不能只看以前圣人怎样讲，更需看现实中存在的"势"如何。这种观点具有历史哲学的深度。在把圣人作为偶像崇拜的时代，它有助于人们从经典教条的束缚中解放出来，到实际中开拓思路，发现真理。

再看《封建论》是怎样解决分封派提出的另一个问题：秦朝行郡县制，结果短命而亡。

曹魏时有个贵族叫曹元首，写《六代论》宣传分封，文章一开头，就如此提问："昔夏、殷、周之历世数十，而秦二世而亡，何则？"曹元首的回答，就是分封比郡县优越。行郡县的秦朝短命而亡，行分封的周朝享国八百余年，这无疑是事实。对郡县派来说，如何说明这种历史现象，不是一件容易的事。这里，需有能力对复杂历史政治中的是非得失，作出具体而恰当的分析。

柳宗元谙熟历史，他列举事实，说明国运长久和王业兴衰，与分封还是郡县并无必然联系。《封建论》指出：周朝在周平王东迁以后，就已名存实亡，周天子已徒具空名。几百年间天下大乱，列国纷争，这种局面就是分封造成的恶果。要说分封能使国运长久，那曹魏和晋朝都实行过分封，不都短命而亡吗？唐朝行郡县，立国已有二百来年，不能认为是国运不长，这与分封又有什么关系呢？

这样列举事实，说明了一部分道理，但还是没有说明全部道理，因为反对者还可以举出秦朝短命而亡这样相反性质的著名事实来。在这种地方，就事论事有很大局限性，更需要善于分析和讲出新鲜道理来。

柳宗元毕竟是长于思辨的思想家。在政治学理论方面，他在《封建论》中提出"制"和"政"这两个相关的概念。"制"，就是政治体制，郡县和分封都属于政治体制；"政"，就是政治措施，这是执政者的具体施政行为。某种政治体制一旦被建立起来，它就成为一种客观的实际存在，而政治措施总是在这样或那样的政治体制中实施的。所以，"制"和"政"并不是一回事。柳宗元使用概念，一向注意精确和严密。如在哲学论战中，他严格遵守自己确定的天人关系概念，再如他对"势"这概念的应用等。他正确地区别了"制"和"政"这两个相关的范畴，用来考察历史政治中的得失。

在具体分析"制"即政治体制的优劣时，柳宗元明确站在维护国家统一的立场上。如《封建论》评论分封与郡县并存的西汉初期政治时指出，分封的世袭诸侯国是朝廷政令达不到的地方，那里的政治常常搞得一团糟；实行郡县的区域，由于地方长官可以由朝廷委派或撤换，那里的政治情况就好得多。

对于周和秦两代的政治，柳宗元从"制"和"政"这两方面进行对比分析。《封建论》指出，周朝由于行分封，结果导致诸侯骄横跋扈，贪财好战，各诸侯国的政治大都很混乱，诸侯自己改变不了腐败政治，周天子也无力撤换不称职的诸侯，因而周朝是"失在于制，不在于政"。即失败在于政治体制不当，不在于具体政治措施如何。秦朝行郡县固然是好的，然而秦的郡县不能发挥应有的作用，地方长官不能行使治理人民的职权，而且刑法残酷，劳役繁重，因而秦朝是"失在于政，不在于制"。即失败在于朝廷的政治措施不当，不在于政治体制本身有什么问题。

在分析秦和周的政治时，柳宗元表现出思想家应有的那种冷静客观态度。为郡县辩护，但思想并没有完全受情感偏向所驱遣，他在秦的政治中，看到了中央集权下出现全国性暴政的可怕，用"万人侧目"这句话，严厉批评了秦的暴政，表示他只是肯定一种政治体制，对这种政治体制中可能出现的全国性暴政，则极端憎恶。用这样的道理去回答分封派提出的问题，就显得很有说服力。

在柳宗元的政治学说中，政治体制属于应该首先解决的问题。《封建论》力陈郡县优于分封，认为如果行分封，政治权力就被世袭的诸侯所垄断，这种体制不可能任人唯贤，即使出现了圣人也不能发挥作用。他对于政治措施并非不重视，不只是在《封建论》中批评秦亡于暴政，另有更多的文章谈论政治措施问题。为行郡县的唐王朝着想，他在《封建论》中又向朝廷提出这样的具体建议："善制兵，谨择守，则理平矣。"要善于控制兵权，谨慎地选择地方州县的长官，这样国家就可以治理好了。一是军权，二是人事权，柳宗元认为实行了郡县制的中央朝廷，必须牢固掌握并恰当使用这两部分权力。

在考察历史时，柳宗元强调"势"的存在和"势"对圣人的作用，从而在翔实的论证中，显示出历史哲学的深度；在剖析政治得失时，他提出"政"和"制"这两个相关范畴，并从这两方面去分析复杂的政治现象，从中表现出政治学方面的概念丰富，说理透辟。由此去论证郡县，否定分封，是非界限清楚，又高屋建瓴，置反对派于无法招架的境地。这表明作者此文是一篇非同凡响的大手笔。

"公天下之端自秦始"

中国古代政治思想史上,向来有公天下与私天下的说法。在柳宗元之前,大都是重在讲帝王的思想,以为帝王有了大公的思想,就会有公天下的政治局面。《封建论》认为,公天下是政治体制本身所具有的性质。这又是柳宗元比别人高出一筹的地方。

在历史上,首先废分封行郡县的是秦始皇。此人在全国推行暴政,特别是焚书坑儒,所以名声一向不大好。柳宗元是仁政民本的忠实信奉者,当然反对暴政,但他把秦始皇作为执政者个人方面的问题,与郡县制作为政治体制所具有的性质和作用,两者区别开来看待。《封建论》指出:"秦之所以革之者,其为制,公之大者也;其情,私也。"秦始皇废分封而行郡县,就"制"说是最大的公,但动机是为私的。接着又强调:"然而公天下之端自秦始。"就是公天下的政治体制,是从秦代建立郡县制开始的。这又一次表现了柳宗元杰出的思维能力。他善于正确地把握概念,对复杂事物作深入细致的分析。

"公天下之端自秦始"这句话,有两层意思:一是认为秦以前的夏、商、周三代,都不是公天下;二是认为公天下是唯郡县制才具有的性质。这种关于公天下的说法,与前人大不相同,甚至与儒家经典《礼记》中的说法也不同。

柳宗元不承认分封制是公天下,主要因为实行分封就有世袭,而世袭是私天下。按照传统的说法,商汤王、周武王是大公思想的典范,而《封建论》中对他们有些不同看法。《封建论》指出,商汤王、周武王实行分封固然是为"势"所迫,然而就他们本人的情况看,"非公之大者也,私其力于己也，私其卫于子孙也"。圣人实行分封，原是为了维护自己子孙的世袭特权，所以是出于私心，并不是大公思想。总之，在柳宗元看来，私天下是分封制本身所具有的性质。

称郡县制是"公天下"，这是与分封制的私天下相对而言的。郡县制取消了分封，意味着皇室贵族的特权有所减少；朝廷和地方官吏是委派选任的，因而不属于皇室和贵族的成员有了参政的可能性。特别是隋、唐实行科举考试以后，官员选用较大地突破了贵族和士族的范围，一般地主阶级成员也有机会参政。所以，柳宗元所肯定的"公天下"，实际上指国家政权较多地向地主阶级开放，较少被皇室和贵族所垄断。从历史上看，这种现象属于民主社会基础从狭小走向扩大。而民主的社会基础得到扩大，总是有进步性的。

柳宗元的"公天下"思想，首先属于政治体制问题，换句话说，就是主张实行郡县，反对分封；其次它又是一种民主精神。就民主精神而言，他所说"公天下"，不以实行郡县制为满足。从《封建论》中看，与"公天下"这民主精神相抵触的有两个问题：一是世袭特权，二是皇帝个人权威的无限扩大。

柳宗元把世袭特权看作是"公天下"的对立面。世袭特权并非只存在于分封制中，它也是封建社会的产物，郡县制中照样存在。《封建论》否定分封时，批评世袭的措词非常尖锐，指出诸侯国的政治多数搞不好，原因就在于世袭统治。因此，国人中即使出现了"圣贤"，也"无以立于天下"，不能发挥作用。除此之外，柳宗元还在《永州铁炉步志》、《六逆论》等文章中，猛烈抨击现实中的世袭特权。《六逆论》谈的是"择君置臣之道"。关于"择君"，即选择国君继承人，他认为可以打破嫡系继承的原则，在嫡系和庶系中广泛选择；关于"置臣"，即任用臣僚，他提出应该抛开看关系亲疏和资历深浅这种用人原理。对于"置君"和"择臣"这两件事，他都主张只用"圣且贤"，将德才兼备作为标准。在政治生活中反对世袭特权，倡导广泛选用贤人，这在古代是一种民主要求。柳宗元提出这种要求的目的，是要建立圣君、贤相的贤人政府。在他看来，理想政治要靠贤人政府来实现，所以特别重视选贤任能。不过，另一方面应看到，仅仅为了选贤任能，实现仁政，始终不能从维护人民权利的角度提出民主要求，这是在柳宗元以及其他中国古人身上常见的缺陷。今人于此不可不加注意。

关于皇帝个人权威无限扩大的问题，是《封建论》在谈论秦始皇时提出来的。柳宗元在肯定秦始皇建立的郡县制是"公之大"以后，接着十分不满地指责秦始皇："私其一己之威也，私其尽臣畜于我也。"这是批评秦始皇利用郡县制是中央集权制，扩大皇帝一人的私威，使天下人都臣服于皇帝一人的统治。批评古人，柳宗元很少用这样严厉的语言。在他看来，秦始皇是与桀、纣差不多的暴君，他这样无限扩大个人权威，不可能有利于"公天下"的郡县制的巩固，而出现"万人侧目"的全国性暴政，正是与此有关。所以，柳宗元只是肯定了秦始皇建立的政治体制，至于对秦始皇个人，他没有什么好印象。

不满于皇帝无限扩大个人权威，这意思在《封建论》中并未展开，只是表明了它与郡县制的"公"是相对立的。平心而论，处于封建社会的人，把这个问题说得过于清楚明白，是有很大危险的，任何人都要考虑这个危险。不过，柳宗元用借古讽今的手法，另写了一篇内容十分相近的文章，题目叫《桐叶封弟辩》。这文章批评的竟是"天子无戏言"这个观点。

"桐叶封弟"，是古书上记载的一个历史故事。[①]周武王去世后，接位的周成王只有十三岁，由著名政治家周公辅助朝政。据说有一次，年幼的周成王把桐树叶当作珪（帝王作为凭证的玉制礼器）送给他的一个弟弟，对这弟弟说，我把这作为凭证来封你。这本是小孩间的一次玩笑嬉闹。可是，周公得知后，立刻到成王那里去祝贺。成王说"戏也"，他对周公解释这不过是开玩笑。周公对成王说："天子不可戏。"于是，成王真的就把"唐"（今山西冀城县一带）这块地方，封给比他更年幼的弟弟。

古人相当重视"桐叶封弟"这个故事，其中固然有帝王不可随便开玩笑的意思，但主要是宣传帝王的绝对权威，宣传帝王的话必须句句算数，即使是玩笑话，也要照办。这就是所谓"天子无戏言"。

[①] 事见《吕氏春秋·重言篇》《说苑·君道篇》，又见《史记·晋世家》等。

柳宗元的《桐叶封弟辩》，偏偏与这故事中的思想唱反调。他在文章中认为："若戏而必行之，是周公教王遂过也。"假如帝王开玩笑的话也一定要实行，这就是周公教成王去犯错误。作者着重批评周公而不是成王，不仅是根据故事中周公所处的地位，也是因为在唐代称作圣人的是周公，并非成王。柳宗元指出，君王德行的好坏，在于行动上的表现如何。要是行动上看并非恰当，"虽十易之不为病"，君王的话改变十次也不算问题。在柳宗元的思想中，帝王不可能绝对正确，不可能没有过错，因此应该鼓励帝王不吝改过，鼓励愿意改过十次那种精神，不应宣传帝王的话必须句句照办，宣传天子开玩笑的话也必须实行。

熟悉朝廷政治又熟悉历史的柳宗元，确实看到了实行郡县制，建立起中央集权的国家政权以后，随之而来的是皇帝个人权威无限扩大，所谓"私其一己之威也，私其尽臣畜于我也"。这可能给国家政治造成严重危害。可是，这是属于禁区中的问题，在政治上过于敏感，所以只得借古说今。他写《桐叶封弟辩》这种文章，从选材到措词，看上去都煞费苦心，采用的表达方式迂回曲折，然而，他的意思还是说出来了。

一方面赞成郡县制和中央集权，一方面又不满意皇帝个人权威无限扩大，柳宗元思想中存在这样的矛盾。他自己无力解决这个矛盾。在《桐叶封弟辩》最后，他批评周公没有从"道"这方面去辅佐成王，似乎觉得自己心目中那至高无上的"道"和"德"，具有制约和规定皇权的作用。在《贞符》中，他还认为，"生人之意"最终决定皇权属于谁。这些意见，实际上对于任何时候都可以"私其一己之威"的帝王来说，都是空洞无力的，不可能产生什么具体的制约作用。他所想到的具体意见，至多只是鼓励帝王不吝改过，不妨改过十次，如此而已。不过，他毕竟是发现了问题，对于帝王"私其一己之威"，"私其尽臣畜于我"，对于帝王的玩笑话也要照办的绝对权威，他大胆地提出了批评。当一般人都浑浑噩噩地熟视无睹，不闻不问，或者调簧弄舌，推波助澜时，柳宗元敢于触犯禁区，这种热烈地向往民主的勇敢精神，不是显得特别可贵吗？

就历史上关于分封还是郡县的争论而言，柳宗元的《封建论》已经为它作出了总结，以后虽然还有异议，但都没有多少意思了。宋代的苏轼曾称赞《封建论》，说："宗元之论出，而诸子之论废矣，虽圣人复起，不能易也。"(《论封建》)"虽圣人复起,不能易也",是说即使圣人能再生,也无法更改柳宗元《封建论》中的观点了。在崇拜圣人的古代,有这样的评价,可说是给予了最高的赞赏。

捌

以儒统佛

三教合流

中国的古代文化，与世界上许多民族的古代文化有所不同，它未经历过与宗教相结合的阶段，保留着世俗文化的特点。先秦的诸子百家，大都是世俗文化。西汉武帝独尊儒术，董仲舒改造了儒学，这个儒学至少还具有世俗形式，一般说来与宗教仍有区别。佛教大约在西汉末年、东汉初年传入中国，从此以后，外来的佛教与中国自生的道教便在社会上传播开来。封建社会本有宗教流行的土壤，在固有的世俗文化之外，又多了宗教文化，社会上思想文化界的形势，逐渐变得前所未有的复杂微妙起来。

到唐代，佛教和道教进入历史上的鼎盛时期，儒学又备受推崇。儒家礼教、佛教、道教三者并列称三教，唐王朝采取三教并行政策。三教并行，其实就是同时利用三教。贞元十二年（公元796年），唐德宗在他生日那天命令儒生、和尚、道士三方，于长安作三教公开讲论，大大热闹了一番。这一年柳宗元二十四岁，他正在长安。唐代皇帝一般都信佛教和道教，但是国家政权从未与宗教合而为一，科举取士一直以儒学为标准，无论佛教还是道教都没有占领国家教育领域。

从思想界的形势看，唐代特别是到了中唐，情况与以前不大一样。儒学虽然还是被奉为社会思想的正宗，但它的地位在现实中已经面临危机。儒学的危机有来自社会历史方面的原因。士族经济解体以后，代之而起的是以租佃关系为基本形式的庄园经济。与士族经济相比，庄园经济中农民的人身依附关系减少了，经济形式由庞大而集中，变得较小而分散，地主阶级成员的数量随之大为增加。政治上，士族势力已经受到了打击,科举取士为国家政权向地主阶级所有成员普遍开放打开了大门。随着文化的普及,具有政治自觉性和强烈参政意识的"士"阶层迅速增多。在此同时,国家体制又需摆脱古老分封制的影响,使中央集权制更加完善。总之,正当士族体制逐步解体的时候,面对现实如何建立新的统治秩序,实现对社会的有效控制,这个问题有待解决。因此,韩愈在许多文章中都表现出对乱糟糟的社会秩序的忧虑。在这种情况下,古老儒学中的许多教条成为过时陈旧的东西。儒学由于不敷应用,在实际生活中显得软弱无力,冥顽不化的经学章句加重了儒学的这个萎顿痼疾。一些人自然而然地产生瞧不起儒学的心理。疑经思潮应运而生,中唐和晚唐重新解释《春秋》之风特盛。然而,公开反对经学章句和从事重新解释经典的人,大都不反对儒学,而是为了挽救和加强儒学。

儒学出现危机,又有来自宗教的挑战。与汉代的独尊儒术相比,唐代实行三教并行政策,这本身就意味着对宗教的宽容和鼓励。正当儒学显得软弱无力、萎靡不振的时候,外来的佛教正完成与中国同化的过程,从而在社会生活中表现出它的生机和活力;道教紧紧跟随佛教,不甘落后。于是,佛教和道教的势力,在社会上迅速膨胀起来,全国到处都是寺庙和道观,随着而来的是成千上万的宗教信徒。佛教和道教从儒学那里夺走了大批群众,在这种情况下,儒学的地位显得岌岌可危。官吏本是儒生的职业,可是唐代官吏不少都皈依了宗教,士大夫与和尚、道士打交道,更是司空见惯。柳宗元明明是儒生,又自称"好佛",这种现象在汉代是没有的,在唐代不以为怪。

从社会作用看,儒、佛、道三家都可以为封建政治经济服务,可以说殊途同归。从这方面讲,唐代实行三教并行政策自有其理由。可是,这三家的思想形式各不相同,组织上各成系统,各自要在社会上扩大势力范围,因而在这三教之间,早已存在很深的矛盾。在不断的矛盾斗争中,一方面是互相指责攻击,另一方面又是彼此吸取对方的东西来丰富自己,以加强自己在斗争中的地位。即使是儒学,它虽然有悠久的历史传统和最有力的政治背景,但面对来自宗教方面的强大挑战,特别是佛教的挑战,如果不从对方吸取自己所需要的东西,完成本身的自我改造,就可能失去以往那种唯我独尊的地位。这样,在思想战线上,出现了儒、佛、道三教合流的强大趋势。所谓三教合流,并不是三者合一,而是你中有我,我中有你,彼此在开放中实现融合。到中唐和晚唐时,思想界人士几乎谁都逃不脱这儒、佛、道合流的基本形势。

柳宗元一生都批评道教,他几乎没有为道教说过好话。可他在长安时就对佛教怀有好感,他的朋友刘禹锡、吕温等都对佛教怀有好感。到永州以后,他的思想处于矛盾和痛苦之中,这种心理状态促使他与专讲"苦空寂灭"和超尘脱俗的佛教大为亲近起来,进而成为儒、佛合流的积极宣传者。亲近佛教,宣传儒、佛合流,同时也宣传佛教,欣赏佛教迷信,如说佛教"事神而语大",认为佛教中的神也是比较的好。柳宗元一贯反对天命迷信,还不断劝人不要相信鬼神,不要跟着道教去服药求仙,然而对佛教迷信却采取谅解容忍的态度。这是多么矛盾,多么令人费解,但又完全是事实。

重巽和尚

在佛教兴盛的唐代，偏僻的永州并不缺乏寺院。永州辖四个县，人口总共只有十六七万，可在小小的永州城区，就有龙兴寺、法华寺、开元寺等数处寺院。柳宗元刚到永州时，就居住在龙兴寺内。借住寺院，可能与他母亲信佛有关，而母亲信佛，又使他从小就接近佛教。现在，柳宗元觉得自己已被世人遗弃，佛教似乎可以弥补他失去的东西，因而与和尚的交往逐渐增多。他先在龙兴寺居住，法华寺也是他常去的地方，以后他又到法华寺去住过。在永州的和尚中，主持龙兴寺的重巽与他的关系最密切。他们相处共有六七年之久。

重巽在佛教宗派中属天台宗，在南方佛教界颇有名气。他对柳宗元很热情，把龙兴寺西厢房让给他居住，生活上也有照顾。春天，寺院竹林间的茶树抽出新芽，重巽把采制的新茶赠送给柳宗元。柳宗元马上唤人煮茶，室内茶香四溢，他心中十分高兴，写了一首诗表示对重巽的谢意。他在龙兴寺东丘修筑园林，也一定得到了重巽的支持。重巽主持修复净土院（所谓净土，就是佛教中的西方极乐世界），永州姓冯的刺史捐造了净土院大门，柳宗元捐造了净土院回廊，又在院墙上抄录了天台宗的《释净土十疑论》。

对柳宗元来说，重要的不是佛教宗派，而是佛学。在长安时，他没有时间去研究佛学。如今寄寓寺院佛门，有重巽这样的僧人朝夕相处，他开始深入地研究佛学，听重巽讲经，自己也读佛经。他带着自己的身世感受去亲近佛教。他在《净土堂》诗中写道：自己早已沦入苦海，现在才懂得一切皆空是进入佛道的门径；为了低首感谢"导师"重巽的开导，以后要远远躲开尘世的昏乱。

柳宗元是长期专心致志于尧、舜、孔子之道的儒生，又是为坚持自己观点而显得相当固执的人，因此他那些深思熟虑过的观点，不可能轻易被佛教掩没掉。况且佛教能使他凄苦的心理暂时得到宽慰，却不能从根本上消除思想上的种种矛盾和苦闷。

柳宗元亲近佛教时说要远离尘世，可实际上他根本不愿离开现实政治。龙兴寺里重巽讲经和居住的院落，称巽公院。他站在巽公院的苦竹桥上，望着脚下涓涓流水，想到的竟不是无边苦海和光明彼岸之类，而是在脑海里浮现出"要津"这个词。"要津"本指河道上的重要渡口，古人用它比喻政界要职。他在苦竹桥上构思的诗句是："谅无要津用，栖息有余阴。"（《苦竹桥》）这是说，我大概不能再被朝廷重用，暂时栖息在此也无妨。这话包含在无可奈何中自我安慰的意思，事实上他思想深处是希望重返政界，再登"要津"。

一个秋天的早晨，柳宗元坐在巽公院新造的芙蓉亭里，晨光中朱色的栏杆与翠绿的芙蓉树相映，花儿的清香随着晨风向远处飘扬。花朵上浸透了露水，一弯残月留在天边。面对这种真实的美妙景色，他发出了"尝闻色空喻，造物为谁工"（《芙蓉亭》）这样的疑问。意思是，曾经听到过佛学中色相皆空的理论，如果有造物主，他又是为谁创造了如此工巧的美景？柳宗元自己在文章中明确否定有造物主，佛教也同样不讲造物主。"造物为谁工"中的"造物"是假设语，为的是向佛学"色空"理论提出疑问。现实中的美景，他真实地感觉到了，可是，"色空"理论认为现实世界的万事万物都是"空"的，不是真实的存在，佛教劝人看破红尘就是根据这种观点。对于现实和佛理，柳宗元感到两者无法统一起来。发生在巽公院的这些事，肯定是在他初到永州住在龙兴寺时。那时，他初读大量佛经，又惯于独立思考，所以头脑里出现这类疑问是必然的。以后，他在永州继续反对天命神学。就他否认天是有意志的神这一点看，佛学与此并无矛盾，但他以后反复证明天是一种客观的自然物，这种观点必须承认包括天在内的自然物都是真实的存在，这就与"色空"理论相抵触。因此，他和刘禹锡虽都"好佛"，在理论上却都明确否认有绝对的"空"和"无"。看来，他重在向佛教寻求精神解脱，并没有完全接受一切皆空这类哲理。

大概还是住在永州寺院时，一天早晨，柳宗元漱洗完毕，走出东斋，拿着佛经到经院去做晨读。读着读着，他心里涌现出这样的问题："真源了无取，妄迹世所求；遗言冀可冥，缮性何由熟？"（《晨诣超师院读禅经》）这是说，真正的道源世人完全没有取得，妄行的事迹却被大家追逐，佛经遗言中的道理固然可以在冥思中求得，可是修缮佛性又该如何进入纯熟境界呢？诗中所说"缮性"，就是修缮佛性，是佛教中最要紧的一件事。佛教认为，人有了佛性，就能成佛，如说"有佛性者，皆得成佛"。取得佛性的途径就是修炼自己的心性。柳宗元在读经时提出"缮性何由熟"这个问题，并非反对修炼佛性。他向来重视实际，看惯了世上许多人一方面信佛，另一方面又胡作非为。从信佛人的胡作非为中，他产生了对修炼佛性这件大事的怀疑情绪。宗教最讲究盲从和虔诚，这一点与他性格不合。

在寺院住久了，柳宗元有时也与僧徒开点玩笑。可是，他与法华寺长老开的玩笑，真有点出格了。

法华寺有位长老已经七十岁，他当年种在寺里的檀树都已成林，《妙法莲华经》念过上万遍，修行日久，算得上道机纯熟。柳宗元在法华寺住过，与长老自然熟悉。有一天，在这位长老房间的东面廊轩上，他题了一首七言律诗《戏题石门长老东轩》，最后两句是："莫向东轩春野望，花开日出雉皆飞。"所说"雉皆飞"，是用一个典故。据说古代有个名叫牧犊子的老头，七十岁还未娶妻，春天走到郊外，看见一群"雉"雌雄相追逐，由此唤起心中爱情，感伤万分，回去写了一首古乐府《雉朝飞操》。法华寺长老与牧犊子同岁，所以柳宗元用了这个典故。那两句诗是说，你长老虽然道机纯熟，可是千万莫要站在东轩向春天郊野眺望，因为花开遍地旭日东升时，有成群野鸡在天空追逐飞翔，免不了要引发出牧犊子那样的爱情痛苦。既有"戏题"二字，表明是玩笑而已。可是，佛教把男女间爱情列为"五戒"之一，在僧徒中是绝对禁止的。与七十岁的长老开这种玩笑，对佛门未免有所不敬。这说明柳宗元对佛教戒律，对修行炼性，都持一种不以为然的旁观态度。

柳宗元读佛经，与重巽等和尚交往，主要是在刚到永州最苦闷最孤独的几年，那时他自己就住在寺院里。韩愈因此指出他好佛并提出批评，接着他就搬到愚溪去住了，这类事情也就少了。在与和尚的交往中，他有意识地保持自己的"儒者"身份。有一位衡山寺院的尼姑叫无染，赶到永州要求柳宗元为师父写碑。她向柳宗元诉说，她的师父在儿时就梦见过佛，佛在梦中告诉他："居南岳大吾道者，必尔也。"后来果真如此。她师父在临终前，夜晚出现光明，又有笙、磬的音乐，是许多人都见到、听到的。尼姑无染这些离奇荒唐的话，根据佛法无边的道理或许讲得通。应无染要求，柳宗元在碑阴文的最后写上了这些话。可他接着说明，这是"儒者所不道"——为信奉儒学的人所不讲的。公开表明他作为"儒者"，在思想上与佛教徒并不一致。历来的碑文作者很少有此说明，柳宗元也是出于无奈。

在永州大量读佛经之前，柳宗元的仁政民本和反大命神学等思想都已经确立，中国传统文化包括儒家经典、先秦诸子等，也读过很多，追随尧、舜、孔子的信念已非常坚定，所以对一切皆空、佛法无边等佛学理论不可能轻易相信，对佛教戒律、佛性修炼等也持一种旁观态度。唐代官员和知识分子佞佛的很多，与柳宗元关系较好的人中，如他的岳父杨凭、他的朋友吕温的父亲吕渭，都曾向高僧"执弟子礼"，至少在名义上做了高僧的徒弟，承认了佛教中的精神领袖。柳宗元的朋友孟简和萧俛更是如此。这些情况，他当然一清二楚。他在寺院居住好几年，佛教界有不少朋友，但从未有过向僧徒"执弟子礼"这类事情，也没有参加过参禅打坐之类宗教仪式。他并没有成为佛教徒，这是可以肯定的。以后的宗教界人士，把他列入某宗派，比如因为朋友重巽是天台宗，跟着也说他属于天台宗，这无非是想借他的名声给宗教作宣传。柳宗元没有成为佛教徒，或许与韩愈有点关系。因为如果与佛教过分亲近，他的朋友韩愈不会答应。现在仅仅是与僧徒来往多一点，只是说了些佛教的好话，就惹得韩愈在洛阳写信到永州来责问。在他们朋友之间，经常有直言不讳的尖锐批评。

元和六年（公元811年），柳宗元的堂叔父柳公绰出任湖南观察使。大约在这一两年内，柳公绰从长沙派船到永州，迎接重巽和尚到长沙去，这时候柳宗元早已搬到愚溪居住。当重巽离别永州时，他为这个相处了六七年的朋友，写了充满感激之情的送别序文。柳宗元处于极端矛盾苦闷之时，热情的重巽引导他接近佛教，了解佛学，为此他心怀谢忱。不过，他与重巽的关系，始终是一个"儒者"和一个僧徒之间的朋友关系。

曹溪禅师碑

为去世的和尚所写的碑，称释碑，或称禅碑。柳宗元所写释碑，除《曹溪禅师碑》外，都是永州时作品，其中又多是为湖南衡山寺院的高僧所作。南岳衡山是南方佛教重地，寺院很多，柳宗元的朋友重巽本是衡山云峰寺法证和尚的徒弟，柳宗元本人是著名的文化人，又好与僧徒交游，亲近佛教，这就引起许多人都来请他撰写释碑。

写碑文，免不了为碑主歌功颂德，柳宗元写释碑也是如此。应重巽要求为法证和尚所写碑文中，说法证佛道非常高明，弟子有三千，信徒有五万；又说他苦苦修行，冬天不穿棉衣，饿了也不吃饱肚子，还率领大家推土伐木，建造佛庙、佛塔，如此等等。他写的另一些释碑，大都也是这样替碑主说好话。这些碑主都是高僧，在佛教界是领袖人物，社会上有地位，与政界高官有来往，为这样的高僧歌功颂德，当然也是为佛教张目，十分有利于佛教扩大影响。那些去世的高僧，柳宗元都未见过，只是根据立碑人的介绍来写，所以在碑文中大多用转述语气。应别人请求为陌生人撰写碑文，作者只能遵从立碑人的意思，人云亦云，自己没有多少选择余地，这是常见的事。

有时候，柳宗元也会在碑文中发起议论来。恰好遇到一位一辈子最重视佛教戒律的碑主，人称"律和尚"，为适应碑主情况，柳宗元在碑文中大讲戒律的重要，还把佛教戒律与儒家礼法相提并论，看来是完全拥护戒律的。可是，读了他《戏题石门长老东轩》这首诗，知道他对佛教戒律其实并未看得多么神圣。由于碑文的内容应与碑主的情况相符合，所以与作者的思想未必一致，碑文的体裁决定了这种特点。尽管如此，

— 177 —

柳宗元还是愿意给僧徒树碑立传，在碑文中颂扬佛理，所讲佛教中话是他所有著作中最多的；他一而再、再而三地为佛教作宣传，在社会上所起的作用又是佛教本身所不能有的，这些都是实际情况。

柳宗元所写释碑，最著名也最重要的是《曹溪禅师碑》。这碑文作于逝世前不久，此时他已离开永州任柳州刺史。

曹溪禅师是何人？就是慧能和尚。[①] 他是初盛唐时人，比柳宗元早生一百三十五年。在佛教史上，慧能是鼎鼎大名的改革派人物，他所创立的禅宗的正系南宗，是唐以后中国佛教中最大的宗派，此后禅宗不仅风靡全中国，而且远播海外日本、东南亚等地。所以，在今天的佛教界，慧能和尚也是无人不晓的人物。"曹溪"在韶州（今广东韶关市），慧能和尚传道于曹溪宝林寺三十余年。唐宪宗诏赠慧能"大鉴禅师"称号。因此，柳宗元又应别人之请，在慧能逝世一百零六年时写下这篇碑文。在此之前，盛唐诗人王维，已为慧能写过《六祖能禅师碑铭》。

在《曹溪禅师碑》中，柳宗元对慧能的赞扬显得更为直率和热情。当时高僧都出身名门贵族，慧能在高僧中几乎是唯一出身微寒的人。在家时卖柴养母，出家做和尚后，一开始在寺院舂米劈柴，做低级僧侣，所以柳宗元称赞他"始以能劳苦服役"。慧能得到师传的衣钵以后成为禅宗六祖，但是为了躲避本教派中敌手的陷害，隐姓埋名十六年，才出来公开传道，创立了风行全国、远播海外的新教派。他生前传道活动主要在南方，去世后他的弟子取得了朝廷支持，从而把教派势力从南方扩展到北方。柳宗元在碑文中称慧能学说"今布天下，凡言禅者皆本曹溪"。他敏锐地觉察到，慧能的禅宗势力正在全国迅速扩大。

慧能是前辈的宗教改革家，他的事迹不必靠别人介绍。慧能又是中国思想史上的重要宗教思想家，从对慧能宗教思想的评价中，可看出柳宗元自己的一些宗教观点。

碑文介绍慧能的佛教思想，突出这样两点：一是"始而性善，终而性善"，意谓慧能是性善论者；二是"不假耕耘，本其静矣"，意谓慧

[①] 慧能（公元 638-713 年），亦作惠能。本姓卢，世居范阳（郡治今北京城西南），生在南海新兴（今属广东）。禅宗南宗的开创者，也是禅宗的第六祖。

能思想合于《礼记》所说："人生而静，天之性也。"慧能言行全都记载在《坛经》①中。从《坛经》可以看出，慧能讲的全是佛教中话，怎能有"性善"之类中国儒家的语言？不过，他确有这种思想。柳宗元在此，是用儒家语言介绍慧能的思想，表明他站在"儒者"立场，重视的是慧能思想中与中国传统文化相通的东西。

慧能佛教思想的中心是佛性说。他佛性说的一个重要内容，是认为人人皆有佛性。慧能认为，人可分南北，而佛性无南北之分，人可分少数民族和华夏族，而佛性不论地区和民族，人人无差别，全都具有。由于人人皆有佛性，所以人人可能成佛。禅宗甚至认为，人无论有多大罪恶，放下屠刀可立地成佛。柳宗元所说"始而性善，终而性善"，就是指这一点。慧能这种思想，与儒家早就讲的"人人皆可为尧舜"的思想就一致起来了。印度传过来的佛教，本来没有这种性善说，而它的轮回报应之说，在本质上还是与性善说矛盾的。现在，慧能在佛教中大讲人人皆有佛性，人人可以成佛，其实是佛教在人性论问题上，大踏步地向中国儒家的性善论靠拢。

慧能佛性说的另一个内容，是认为"人性本净"。人人皆有的佛性，不在别处，就在自己心中。而且人人都有成佛智慧，能从自己身上觉悟佛性并成为佛。这就是"人性本净"。慧能认为，"妄念"蒙蔽了人的本性，人就不能认识自己的佛性，可是一旦觉悟，就如"拨开云雾见青天"。明心见性，自性就是佛。既然佛在自性中，所以求佛不能到外边去求，只有向自己心中去求。慧能提出的求佛性方法非常特别，认为不必读经，也不必拜佛，复杂的宗教仪式是多余的，布施等可以免除，只需去掉杂念邪心，在寂静的内心境界中专心怔悟自己的心性，一旦悟入，就可成佛。柳宗元讲的"不假耕耘，本其静矣"，"生而静"是人的天性，大致是指慧能的这些思想。慧能这些说法，与儒学有些相通，更与道家的虚静思想十分相似。这种宗教修炼方法简便不烦琐，又突出了个人的心性自由，在佛教中大有反传统的精神，因而适合中国知识分子的口味，也能在下层人民中顺利通行。

---

① 《坛经》在历史上版本极多，可参阅郭朋著《〈坛经〉对勘》（齐鲁书社1981年版）。

就慧能来说，他的佛教思想至少还应有顿悟成佛这个内容。刘禹锡继柳宗元之后写的《曹溪禅师第二碑》中，就讲了慧能的"顿门"（顿悟法门）。柳宗元撇开宗教色彩特别重的顿悟这一点，强调性善和虚静。他作这样介绍，意在肯定慧能佛教思想与中国传统文化，特别是与儒学相同相通的地方，换句话说，就是肯定佛教走与中国同化的道路；而佛教中以性善和虚静为基本内容的心性理论，又是儒学在自我改造中应该重视吸收的东西。柳宗元在这方面明显地表现出自己的宗教思想。

当时的思想界，正处于儒、佛、道三教合流的过程中。三教合流的过程，对佛教来讲，就是它与中国传统文化逐渐同化的过程。佛教自汉传入中国，由于没有与中国同化，在忠、孝等观念上与中国传统文化抵触很大。因此，在以后的数百年间，虽然谁也无法把它禁绝，可是它也不易站住脚跟。在慧能之前，天台宗、华严宗等教派，都已做了有关佛教中国化的许多工作，但慧能是在这方面取得最大成功的一个人。宗教改革家慧能创立的禅宗，已经与印度佛教大不相同。禅宗把印度佛教文化和中国传统文化融合在一起，适应了中国人特有的心理观念，成为中国僧人的一种独创。它在强调人人有佛性的同时，又呵祖骂佛，不承认佛国的权威和佛的至上性；在突出人的内心自我修养和自我完善中，破除了佛国极乐世界和现实世界、出世世界和世俗世界的界限，从而使佛教带有某种平等性和平民色彩。因此，慧能的禅宗很快风靡全中国，又传播到其他国家。宋代以后中国的佛教，几乎可说是禅宗的天下。而柳宗元在唐代，通过赞扬慧能，肯定了佛教走与中国同化的道路，是符合宗教历史必然性的。

慧能的禅宗，从思想上看是更加彻底的唯心主义，从政治上看无非是向人们廉价出售进入天堂的门票，既有利于社会安定，又具有广泛的麻醉作用。柳宗元在反对天命鬼神等迷信思想时，表现出清醒而坚定的唯物主义立场，但对佛教迷信却置若罔闻，对佛教唯心主义也不置一词。总的看来，柳宗元缺乏用认识论的观点去探究佛教的唯心主义本质，又过于重视在政治上利用佛教，因而忽略了佛教可能有的消极作用。

"浮屠诚有不可斥者"

柳宗元在永州与僧徒交往频繁，又写诗又作文，谈佛讲禅，不断发表研究佛教和佛学的新见解。他本是社会上知名度很高的人物，有关他的这些消息，通过驿道在全国传播开来，使北方的韩愈很快知道了。他对柳宗元接二连三地为佛教说好话感到非常不满。在元和四年（公元809年），即柳宗元到永州后的第五年，他就写信去永州，毫不客气地提出批评。如何对待佛教，在这两位当代思想界领袖人物之间，是长期存在的重要分歧之一。

韩愈在反对佛教方面，是当时最坚决最积极的。他称佛教是"夷狄之法"，是外来的异端，主张利用行政手段勒令僧徒还俗，烧掉佛书，没收财产。他反佛这样彻底，以致态度显得有点粗暴。韩愈这种反佛的观点，在他著名论文《原道》中已提出来了。《原道》写得很早，柳宗元或许在长安时就看过。韩愈和柳宗元在是否需要反佛的问题上，在长安时就有争论。

在长安时期，柳和韩分别写过一篇《送文畅序》。文畅是江南一位和尚，游历长安时经柳宗元介绍与韩愈相识。唐代的佛教正经历与中国同化的道路，因此唐代的僧徒也吟诗作文饮茶，与士大夫交游，有了一点中国作风。作为文畅的朋友，柳在前、韩在后，分别为他写了一篇送别序文。柳宗元在自己文章中指出，佛教可以与"儒典并用"，提出了"统合儒释"的主张。这是他第一次明确说明应该利用佛教，并由此形成一生在佛教问题上的基本立场。所谓"儒释"，就是儒学和佛教，"统合儒释"，即儒、佛合流。柳宗元是"儒者"，他实际上是主张以儒统佛，或援佛入儒；

捌 以儒统佛

从佛教方面说，又是主张佛教与儒学同化。韩愈的观点与此不同。他在自己文章中大讲"圣人之道"如何好，故意在僧徒面前宣传儒学。这话同时又是说给僧徒以外的人听的。他还在文章中批评当代儒者立场不坚定。韩愈这样写道：文畅所得序文和赠诗已有"百余篇"，"惜其无以圣人之道告之者而徒举浮屠之说赠焉。夫文畅，浮屠也。如欲闻浮屠之说，当自就其师而问之，何故谒吾徒而来请也"。韩愈这番话，完全是针对长安士大夫讲的，语气还算缓和，不满之意却很明显。批评的对象自然包括柳宗元在内，因为他所指的"百余篇"诗序中，就有柳宗元的一篇。不仅如此，韩愈在长安时，还当面批评柳宗元好说佛教的话，喜欢与僧徒交往。

在喜好佛教方面，韩愈的朋友中比柳宗元严重的大有人在，最明显的就是孟简。孟简佞佛，以至于甘愿去寺庙翻译佛经，还不断向高僧从师称弟子。孟简与柳、韩都有友情，但没有看见过韩愈为这事主动去批评孟简。原因何在？其一是韩与孟的友情，还不到知无不言的程度，韩与柳却已是如此。他们两人之间虽然也有过误解，但过不多久就消释了。其二是在韩与柳之间还存在复兴儒学方面的共同目标。他们两人时有关于如何看待佛教的争论，其实都是围绕复兴儒学这个总目标的。这一点，尤其应该注意。

韩愈在《送文畅序》中大讲圣人之道，无非是看到了儒学的衰落，目的是要在现实中复兴儒学。就此而言，他的目的与柳宗元是一致的。柳宗元坚持儒学是思想的正宗，他从小就有发扬圣人之道的宏大志向，一生不断宣传尧、舜、孔子之道。在永州时，他看到孔庙房倒屋塌，孔庙建筑不如佛庙寺院和鬼神殿堂雄伟壮观，心里因此感到不安（见《道州文宣王庙碑》）。另外，他反对经学章句，是因为章句学束缚了儒学，使儒学失去活力和生气。这些地方，韩愈和柳宗元两人志同道合，并无分歧。但是在如何使儒学恢复生命力方面，两人见解并非一样。柳宗元公开主张广采百家之长，其中包括"统合儒释"，援佛入儒，使儒学从体系的开放中得到充实和发展。韩愈则在理论上特别强调儒家之道的纯洁性，特地抬出儒家道统，排斥百家，主要是反对佛教和道教两家。可是，在实际的理论工作中，韩愈并非完全拒绝众家之长，因为当他开始具体考虑如何振兴儒学时，也必须从实际出发。尽管如此，韩、柳两人在如何复兴儒学方面存在的意见分歧，还是让他们在是否需要反佛的问题上，尖锐地对立起来。

在儒、佛、道三教合流的时代潮流中，"统合儒释"，援佛入儒，其实是已经存在的事实，就连与佛教势不两立的韩愈，也未尝不是如此。他在理论上注意吸取佛教中关于宗教修养的学说，在《原道》中用"正心"、"诚意"这种儒家传统语言表述，又把它融化在"修身"、"齐家"、"治国"、"平天下"这儒家理论体系中去。这种做法应该说是很高明的，借鉴了对方又不露痕迹，不留把柄。这方面的工作，韩愈的学生李翱又比他前进了一大步。李翱与韩愈一样毫不妥协地反佛，然而他的《复性书》三篇，其中基本观点就是性善论和"人生而静"，与柳宗元在《曹溪禅师碑》中对慧能佛教思想所肯定的那两点内容不谋而合，如出一辙。区别是，柳宗元肯定的是一位佛教禅师的思想，而《复性书》是一位十分自信的儒家学者的言论。李翱把佛家修缮佛性这套理论和方法，搬到儒家哲学中去了，所以那时候并非只是佛教向儒学公开靠拢，同时儒学也在悄悄吸收佛学中的营养。事实情况就是这样复杂，谁否认也不行。柳宗元讲"统合儒释"，无非是把这种历史现象，坦率而又明白地说了出来。

柳宗元和韩愈都站在历史活动的前列，从不同侧面引导着历史向前发展，只是在对现实形势的认识和估量方面，两人着眼点有所不同。柳宗元偏向于从儒、佛合流和援佛入儒是历史必然趋势着眼，韩愈偏向于从宗教狂热已经严重威胁儒学正宗地位着眼。尽管两人在复兴儒学这一总体目标上是一致的，但由于对现实形势的着眼点不同，造成了对待佛教的不同态度。

从柳宗元方面看，他认准了儒、佛合流和援佛入儒是历史必然趋势，他一再讲这种话，而且理直气壮，毫不含糊。历史并没有开玩笑。唐代出现的这个趋势，到宋代就形成了理学，宋代理学是儒与道，特别是与佛合流的结果。但是，他对社会上已经出现的宗教狂热严重威胁儒学地位这一点，认识比较肤浅，远不如韩愈敏锐清醒。

当时社会上的情况，佛教和道教不仅占有大量财产和大批劳动力，而且从皇帝、贵族到平民百姓，都纷纷投向宗教。缙绅大官尊和尚为师，跟道士去炼丹服药,屡见不鲜,谈佛论道成为了官员们的一种时尚。百姓中的情况更是如此。韩愈有首诗叫《华山女》,描写佛教和道教开坛讲经,用欺骗手段去争夺群众,听道的群众竟人山人海,如痴若狂。柳宗元在自己所写释碑中,记载法证和尚有"度学者五万人,弟子者三千人";刘禹锡记载湘潭一位法号智俨的大师,登坛三十八年,"得度者万有余人"。这些高僧的信徒和弟子,竟如此之多,动不动就是上万或数万,这个数字即使打点折扣,也不是当时的儒家学者可以与他们相比的。法证、智俨还只是普通高僧,情况尚且如此,至于佛教界的名流如玄奘,去世时送丧人数有一百余万,住在坟地守墓的也有三万多人。社会上出现的这种情况,正是一种宗教狂热。这说明宗教得势,而中国传统文化的主要代表儒学相对来说处于失势状态。

思想界的这种形势,确有值得忧虑焦急之处。中国的西藏地区在公元八世纪才传播佛教,几个世纪以后便在那里出现了政教合一的统治体制。中国内地的情况与西藏有所不同,可是中国内地在公元七世纪就出现了宗教狂热,如果不加阻止,任其发展,以后的历史将会如何,虽然很难猜测,但可以肯定的一点是,这种宗教狂热会影响历史的进程和面貌。在这种形势下,柳宗元和韩愈不屈不挠地致力于复兴儒学,柳主张援佛入儒,韩主张反佛灭佛,又虽有不同,但都是为了使儒学恢复生气活力,加强巩固儒学的地位。中国古代文化自唐以后始终保持世俗的形式,不能不认为其中有他们的一份功劳。只是由于两人对现实形势的着眼点不一样,韩愈全面批评宗教狂热,柳宗元只全力批评道教,他不把佛教看作洪水猛兽,并鼓励它走与中国同化的道路。

柳宗元根据自己"儒家应吸收百家之长"和"佛教可以被利用"这种观点,在元和三年(公元808年)写的《送元十八山人序》中,正式提出道家、法家和佛教等都包含着可以"佐世"的东西,都有与儒学不相矛盾的地方,因此,这些学说能与儒学"通而同之",就是条贯统一起来,发挥它们的长处,剔除他们的短处。文章的重点,在于说明佛教如同先秦诸子那样是一家之言,可以为我所用。他在文章中这样谈佛教:司马迁说过"道不同不相为谋",观点不一样就不能合作,司马迁去世后中国才有佛教,学者之间由于观点不同而反对和怪骇佛教的人尤其多。

柳宗元在这里要表达的意思是，不必反对和怪骇佛教，可以吸收和利用它。这种公开主张利用佛教的观点，目的是充实加强儒学，并不是佞佛。然而，这对韩愈来说是绝对不能认同的。《送元十八山人序》一文，韩愈在洛阳见到了，元和四年（公元809年）一个到洛阳探亲的官员回湖南任所时，韩愈托他捎信给柳宗元，信中对柳宗元提出了"不斥浮屠"的严厉批评。"浮屠"指佛塔，一般用来代表佛教。

要说柳宗元完全不批评佛教，那也不对。有一次，他对一个和尚说："余观世之为释者，或不知其道，则去孝以为达，遗情以贵虚。"（《送元暠师序》）僧徒把否定孝视为豁达，抛弃人情当作虚静，他批评为"不知其道"。这种批评，仅限于佛教违反儒学时。他要求佛教能符合儒学，同化于儒学。因此，他不止一次地告诉僧徒，要"读孔氏书"，要"不敢忘孝"等。强调和尚"不敢忘孝"，是希望佛教在人伦道德这重要问题上，与儒学一致起来。印度来的佛教本是不讲究孝的。佛教与中国同化，是唐代现实中出现的一个潮流。柳宗元鼓励佛教走这条路，这种思想也表现在他逝世前不久写的《曹溪禅师碑》中。

韩愈批评柳宗元"不斥浮屠"，是要求柳宗元与他一起，反佛灭佛，并不是在批评佛教违反儒学。柳宗元自然不能同意韩愈的佛教观点，他写了《送僧浩初序》回答韩愈的批评。针对"不斥浮屠"的批评，他在文章中强调"浮屠诚有不可斥者"。这话包含两层意思：一是佛教有可批评之处，这实际上是同意韩愈；二是佛教又有不可批评之处，这是不同意韩愈的部分。口气虽然针锋相对，但他其实是给自己的佛教立场辩护。他借此机会，全面地阐述了自己的佛教观点。文章的内容有以下几点：

一、解释自己并不完全赞成佛教。他说，佛教徒剃光头，穿黑衣，否认夫妇、父子间人伦关系，不种田，不养蚕，只靠别人养活，这些我也是不同意的。这些话最早是韩愈在《原道》中讲的，柳宗元在此表示赞同。接着，他认为韩愈所痛恨的这些，是佛教表面的东西，不能因此而遗弃了其中有用的宝贵东西。

二、说明自己在永州为什么与僧徒交游。他说，我痛恨世上人为了追逐名利和猎取官职，去互相倾轧陷害，僧徒不爱官、不争能，以山水为乐，以闲静安适为习尚，况且我身在永州，不与僧徒交游，又能与谁来往呢？

三、坚持认为佛学中有与儒学相符合之处。他说,对于佛家,"吾之所取者与《易》《论语》合,虽圣人复生,不可得而斥也"。认为这样做,虽圣人再生也不会斥责他,这表明他不认为自己违反儒者立场。针对韩愈批评佛教是"夷狄之法"这一点,他反驳说,中国先秦时的华夏人中有盗贼如恶来、盗跖,夷戎人中有杰出政治家如季札、由余,难道我们能根据夷夏之别,与华夏人中的盗贼做朋友,又瞧不起夷戎的杰出政治家吗?柳宗元明确表示,在文化问题上,不能根据夷夏之别决定取舍,公开赞成吸取外来文化中有用的东西。

有关佛教方面的论争,总是韩愈主动发起的。他这次批评柳宗元,意在要求柳宗元"斥浮屠",目的是加强现实中儒学的地位,这一点柳宗元是明白的。在答辩文字中,柳宗元指出吸收众家之长是前代著名儒者扬雄早就做了的事,进而又指出韩愈根据夷夏之别排斥外来文化中的优秀东西,遗弃佛教中的宝贵东西,这样做对儒学并非有益。这个答辩同样没有离开儒家立场,而且是以加强维护儒学作为自己立论的出发点。如此看来,在你来我往的争论中,两人都以复兴儒学为旨归。要是没有这个共同目标,韩愈何必多此一举去作批评?柳宗元又何必为自己辩护去作答辩?因此,若从实际出发,不去理会历史上许多人的夸大其辞,就可看清韩和柳关于佛教的争论,无非是共同目标下存在的意见分歧。柳宗元向来自负,在《送僧浩初序》最后又说:"因北人寓退之,视何如也。"请北方去的人把这文章捎给韩退之,看他还有何话讲。如此自信,无非是以为这答辩文字,已经为自己没有背弃儒家立场作了充分辩护。他大概也怕世人误解自己佞佛,文章中特地作了自己为什么与僧徒交游的说明,突出表明他有这种顾虑。

既然目标一致,又是要好朋友,韩和柳之间要是没有这场笔墨官司也许更好。从另一方面看,这个分歧并不仅仅属于个人,同时又是社会上的客观存在,要是连有关这分歧的正常讨论都看不见,这个时代岂不太寂寞太可悲了?如何对待佛教,都是几百年来没有解决的矛盾,现在由韩愈和柳宗元这两位有见识的思想家进行讨论,讨论中促使各自作认真的思考,这实在可以算是一种幸运。虽然两人各执一端,一方偏重于坚持传统文化自身的特点和规律,另一方偏重于在开放融合中加强传统文化，他们各自发现了一方面的真理，从不同方面提高了人们的认识。

就柳宗元本人来说，他的佛教思想显得相当复杂，是非功过很难作出简单的评价。就儒、佛两家的关系来说，他思想中夷、夏之别的偏见较少，认为可以而且应该吸收外来文化中有用的东西，所以他一方面倡导推动援佛入儒，另一方面又鼓励佛教与中国同化，特别是向儒学靠拢。当佛教已经传入中国几百年，而且又在群众中大为流行的历史条件下，灭佛实际上是行不通的。他这种想法更为实际。仅就儒学来说，他坚持儒学是思想的正宗，主张吸收佛学，是为了加强儒学，并不是用佛学代替儒学。在这个问题上他是清醒的，从未动摇。但是，对社会上宗教势力恶性膨胀，严重威胁着中国传统文化地位这一点，他缺乏足够认识，所以不听韩愈劝告，从不去批评社会上的佛教狂热，相反还为佛教作宣传。再就佛教来说，他从未放弃从"儒者"的立场去观察佛教问题，由此产生了利用佛教的主张，虽然他所肯定的常常是佛学中的某些东西，然而自己思想上搞不清佛教和佛学的区别，又缺乏用认识论观点去探究佛学中的唯心主义，看不到佛教在政治上对人民的危害，于是从利用佛教，变成进而偏袒佛教。他晚年做柳州刺史时，既修孔庙，又修大云寺，认为佛教可以辅助教化，又说"事神而语大"，认为佛教迷信也有优越性。如此看来，他的佛教思想从当时来看，既有可取之处，又有错误混乱的地方。

玖

领导古文运动

韩愈是战友

早负盛名的柳宗元,到永州后发奋著书立说,所写文章不断传到各地,受到人们称赞,名气越来越大,吸引了许多不远千里来拜师求学的人。如韦中立,就是从长安千里迢迢到永州向他求教的。韦中立是一位好学的青年,柳宗元为他写了《答韦中立论师道书》,详细介绍了自己的写作经验和文章理论,并且热情赞扬韩愈的创作成就。又如韦珩,是前京兆尹韦夏卿的侄儿,由韩愈介绍,从北方专程到永州见柳宗元。韩愈当着韦珩的面,大力推崇柳宗元的文章。韦中立、韦珩是从北方去的,去求教的青年人中更多的是南方人。除了亲自去永州,另有些人寄了自己的作品请他指点,或者把文集寄去请他作序。这些人多是素不相识的陌生人,柳宗元都一一予以帮助。在全国文坛上,他已是名副其实的领袖人物,除了自己努力创作,又积极提携后进,不断指导青年学习和写作。

离城三里多地的愚溪柳家,在柳宗元永州十年的后期,逐渐变得热闹起来。这里没有通衢大道,没有朱墙飞檐,只有山水农田中的茅屋柴门,竹径通幽的一居"陋室"而已。可是,全国慕名而来问学之人络绎不绝,愚溪写的文章,愚溪发出的言论,受到人们的关注和重视。在青年学子心目中,愚溪柳家简直是一个文化中心。刘禹锡曾说过:"山不在高,有仙则名;水不在深,有龙则灵。"(《陋室铭》)愚溪受人关注,就因为那里有柳宗元。

柳宗元和韩愈并非总是争吵,当然在老朋友之间进行学术讨论,本不是什么坏事。在中唐古文运动中,柳宗元和韩愈是志同道合的战友,是并肩奋斗的领导人。所谓领导人,是就他们的实际地位而言,当时不可能有推选之类的事情，古文运动也不可能有现在那样的组织形式，但在各人心中有共同目标和共同规范，为这共同目标奋斗而有某些协同行为，却是事实。

韩愈比柳宗元大五岁，从事古文创作比柳宗元早，前半辈子政治上不得志，便专心从事写作。他旗帜鲜明地提出了古文理论，在社会上团结了一批文人，自己写了许多杰出作品。古文运动的崛起，韩愈有揭竿首倡之功。柳宗元在长安时就与韩愈合作，与他的朋友刘禹锡、吕温等一起从事古文创作，而柳宗元那时更热心于事功，虽然蜚声文坛，但创作成就稍在韩愈之下。到永州以后，他转而专攻著作，大力倡导古文，所取得的成就和造成的影响，使古文运动的声威骤然大振。韩愈这时反受政务牵累，十来年间的成就稍不如柳宗元。总的看来，韩与柳在古文运动中各有所长，难分高下，而他们又能同心协力，互相支持，在文章成就方面总是诚恳地推崇对方，并无文人相轻习气。这两位领导人如此亲密合作，使古文运动在很短时间内显示出巨大业绩，在历史上产生深远影响。

中唐古文运动是中国传统文化在自身发展过程中出现的一次历史性变革。它是文学运动，更是思想运动，名义上是倡导古文，实际上是在复古旗帜下实行文化领域的全面更新。就文学运动而言，这次由韩愈、柳宗元等人确立的书面语言和文章样式，为以后上千年的文坛提供了基本的规范和模式；就思想运动而言，这次运动中产生的新思想，经过曲折的道路，终于到宋代形成理学。理学一般认为是新儒学，它大体上是中国封建社会后期的统治思想。中唐的古文运动，是在中国封建社会前期文化向后期文化转变的广阔历史背景上展开的。历史上这类转变时期，经常是出现大思想家、大文学家以至文化巨人的时代。古文运动产生的两位文化巨人，就是韩愈和柳宗元。中唐古文运动的兴起，自然也有它的一批披荆斩棘的先驱者，如陈子昂、李华[1]、萧颖士[2]、元结[3]、独孤

---

[1] 李华（约公元715—774年），字遐叔，唐代散文家，官至监察御史、检校吏部员外郎等。
[2] 萧颖士，（公元708—759年），字茂挺，唐散文家。曾任秘书正字、扬州功曹参军等。
[3] 元结（公元719—772年），字次山，唐文学家。曾任道州刺史。

及[1]、梁肃[2]等人,他们在前面开拓道路,为韩愈、柳宗元等人登上历史舞台并大显身手准备了条件。对柳宗元、韩愈来说,他们又是从自己意识到的历史使命出发,具有巨大的热情和坚定的意志,依靠自己的丰富学识和卓越才能,在文化领域为国家建立了不朽功勋。

---

[1] 独孤及(公元725-777年),字至之,唐散文家。曾任左拾遗、常州刺史等职,以倡导古文著名。
[2] 梁肃(公元753-793年),字宽中,唐散文家。曾任太子侍读、翰林学士等职,倡导古文,传授韩愈、李翱、吕温等人。

"文者以明道"

在元和八年（公元813年），柳宗元对从长安来永州问学的青年韦中立讲："始吾幼且少，为文章，以辞为工。及长，乃知文者以明道。"因此，不只以修饰辞章、追求文字华丽和声韵完美作为自己才能（《答韦中立书》）。

这番话，无论对柳宗元自己还是对古文运动来说，都是很重要的，因为这是他第一次提出了"文者以明道"这样的思想。韩愈早就说过"思修其辞，以明其道"（《争臣论》），他说这话的时间很早，是在柳宗元考取进士的那一年。以后，柳宗元也说过类似的话，而针对如何写文章，用"文者以明道"这种简明扼要的语言来表达他们共同的思想，还是首次。所以，不妨说这是对古文运动的一次理论总结。后来，宋人说"文以载道"。其实，韩与柳都只说过"明道"，"载道"是宋人的说法。

古文运动的参加者，包括其先驱者在内，都强调文与道的关系。道，一般指属于理性的思想原则和基本理论，也可以指规律、法则等。"文者以明道"，其中"道"指儒家圣人之道；"文"指散文而不是骈文。古文运动作为思想运动，其主要任务是复兴儒学。当时为复兴儒学，从儒学内部看，最大的障碍是经学章句。因此，韩愈和柳宗元都与章句学相抗衡，自觉地以发扬圣人之道作为旗帜。古文运动作为文学运动，其主要任务是与复兴儒学和宣传圣人之道相配合，全面革新书面语言，改造文章体裁，用新鲜活泼的散文，代替僵硬呆板的骈文。"文者以明道"这句话，可以代表这样两方面内容。

在复兴儒学和发扬圣人之道方面，柳宗元的热情始终很高。年轻时，他立志要"延孔氏之光烛于后来"(《答元公瑾书》)。到永州以后,他还说:"仆尝学圣人之道,身虽穷,志求之不已。"(《报崔黯秀才论为文书》)面临发展变化了的时代,儒学已显得相当陈旧,在许多地方失却实际的指导作用。在此情况下,章句学死抠字句,实质上是坚守陈旧的教条,致使古老的儒学在佛教和道教的宗教攻势面前更加缺少活力,人们自然而然地对它逐渐丧失兴趣和信心。所以,反对章句学是复兴儒学的必要前提。柳宗元当着前来问学的青年人的面,猛烈抨击章句师,包括批评汉代著名章句学大师马融[①]和郑玄,谆谆告诫青年人不要去做章句师,要求青年人通过经典著作领会圣人之道。

从儒学所处的境遇看,确可说是出现了真正的危机。古老的儒学要么在死气沉沉中逐渐退出历史舞台,把地盘让给宗教,要么通过改造获得新生,恢复以往的生气和活力。柳宗元和他的朋友反对章句学而又标榜圣人之道,是因为讲圣人之道,可以不受经典中字句的束缚,可以比较自由地重新解释儒学。在重新解释中,使儒学获得新生,既不脱离源远流长的传统,又适应了变化发展后的现实,这在当时是比较容易为人们接受的较好办法。柳宗元和韩愈大致都是这样做的。所以,柳宗元所讲的圣人之道,是他自己所理解的圣人之道,与传统儒学不完全一样。

首先,柳宗元重孔、孟而轻周公。在唐代,周公和孔子并列为圣人。但在柳宗元看来,儒学的传统圣人如商汤王、周武王、周文王,特别是周公,都不重要。因此,他对圣人之道的另一种说法,就是"尧、舜、孔子之道"。尧和舜是传说中的人物,并无著作传世,所以这种表述,实际上只是推崇孔子。其实,唐代人常说的是"尧、舜、周、孔之道",柳宗元把周公排除在外,故意贬低周公。他在《桐叶封弟辩》中,还指名批评周公。周公遭冷遇,是因为周礼到唐代已逐渐失去意义。在孔子之外,柳宗元又十分推崇孟子。他曾对青年人说,求道的要紧处是"不出孔子","先读六经,次《论语》《孟子》皆经言"(《报袁君秀才避师名书》)。把《孟子》与《论语》并列,而且认为都是"经言",可知柳宗元对《孟子》的重

---

① 马融(公元79—166年),字季长,东汉著名经学家。汉安帝时任校书郎中,汉桓帝时任南郡太守,为一代通儒。

视。孔子以后，儒学一分为八，孟子不过是儒学中八家之一。再到以后，孟子与荀子差不多齐名，但从未到与孔子并列的运气。在古文运动中，韩愈一再推出孟子，视孟子为孔子学说的唯一继承人。就尊孔、孟而言，柳和韩一致。在儒学的历史发展过程中，孟子地位的上升，是儒学内容更新的重要标志。

其次，柳宗元主张儒学除旧布新。从除旧方面说，他在《时令论》中认为，天命观念不是圣人之道；在《封建论》中认为，分封制不是圣人之意。其实，天命与分封都是先秦儒学中的思想。从布新方面说，他主张儒学应从道家、法家，还特别提出从佛教中，吸取有用的东西。他认为这样吸取百家之长以充实儒学，即使是古代圣人复生，也不会反对。

从以上两方面看，柳宗元讲的圣人之道，即儒学思想，既是传统儒学，又不完全是传统儒学。因此，他对自己这个圣人之道，又特别强调是"中道"或"大中之道"。"中"或"大中"，他在《断刑论》中自己解释为"当"，就是恰当、适当的意思。用"中"或"大中"来修饰和限制"道"的内容，大致是为了明确它与儒学中的陈旧教条有区别。所以，柳宗元的思想，更应属于新儒学的范围。它与宋代新儒学的不同处主要是，它还处于探索阶段，没有定型。比如，新儒学是儒、佛合流的产物，柳宗元仅仅提出儒、佛合流的问题，本人并未在这方面做多少工作。又如新儒学把《论语》《孟子》《大学》《中庸》称作"四书"，地位高于"五经"，又尊孟子为"亚圣"，显赫一时的周公逐渐不被人们重视。宋代的欧阳修在《问进士策》中，就直接向考生提出周礼"不可用"的问题。这种变化似在柳宗元意料之中，可他只是做了促使变化的有关工作。由于还处于探索阶段，柳宗元的思想又比宋代新儒学显得新鲜活泼，而少程式化。

在要不要复兴儒学方面和儒学应除旧布新方面，柳宗元和韩愈的意见实际上是一致的。只是在对圣人之道具体内容的理解上和如何复兴儒学上，他们两人的看法始终有些不一致。这两人在理论上都非常自信，不肯轻易屈己就人，因而争论问题时言词尖锐，针锋相对。然而他们并没有纠缠分歧，而是把彼此的一致看得比分歧更加重要，在实践中携手共同宣传圣人之道，努力为恢复儒学在现实中的活力和地位而奋斗。柳与韩的终生友谊，以及他们之间颇为值得称道的君子之交，主要是在这个基础上建立起来的。

"文者以明道",既然是"明"儒家圣人之道,那么用以"明道"的"文",就应该是散文。

古文运动大力提倡用散文代替骈文进行写作。所谓骈文,并非文章体裁,而是古代的一种书面语言,它的特点是讲究对仗用典,讲究声韵音律,常常用四字句和六字句,所以柳宗元讥之为"骈四俪六"(《乞巧文》)。骈文在汉语的语言艺术发展方面有过重要贡献,但它严重脱离口语,既有碍于表达思想,又不便于反映现实。而当时的文章,要求采用接近口语形式进行写作,复兴儒学的思想运动要想在社会上取得广泛胜利,在语言形式方面也必须摆脱骈文的束缚。所谓散文,同样不是文章体裁样式,而是与骈文相对而言的另一种书面语言形式。它接近口语,不讲求对仗声韵,句子长短不齐,句法自由,所以称散文。我国先秦至西汉的书面语是散文,东汉以后的几百年间却是骈文统治文坛。中唐提出恢复先秦、西汉的散文传统,因此称先秦、西汉的散文作"古文"。至于古文运动这名称,是后代人取的。

柳宗元和韩愈通力合作,互相鼓励,在写作中成功地应用新鲜活泼的散文,代替"骈四俪六"的骈文。书面语言方面发生的这个巨大变化,从根本上改变了自东汉开始,经魏、晋、宋、齐、梁、陈、隋,共八个朝代由骈文统治文坛的局面,所以有"文起八代之衰"之说。书面语言的变革,进而又带动了文体方面的改革和创新。柳和韩各自在创作中改造旧文体,创造新文体,进而提高了各种文章体裁在表情达意和交流思想感情中的地位和能力,扩大了文章在社会生活中的应用范围。它在历史上产生的影响,一直绵延到宋、元、明、清时期。历史上事物的作用,大都有一定的时间和空间范围。当五四新文化运动兴起,韩愈、柳宗元创造的古文经历了它的繁荣和衰落的过程,终于又被白话文代替。

"文者以明道"作为一种写作要求,主张把阐明圣人之道作为写作的最高目的,文采辞章是"明道"必不可少的重要手段。柳宗元年幼时用骈文写作,为此不断作自我批评,前面与韦中立所讲那番话中,就含有这种意思。在基本上摆脱了骈文影响以后,他又潜心追求散文的技巧和艺术,但总是把"明道"放在重要位置上。有位名叫崔黯的青年,写文章不求说明圣人之道，只求文字和书法的美，柳宗元因此在给他的信中说，这种作风就像有些心腹病人饮食反常，爱吃土块、炭灰特别是酸咸之物，吃不着就难受，这个坏毛病必须立即医治。柳宗元和崔黯本不认识，所以他在信中表示，今后如能见面，将亲自帮他改掉这个毛病。

"文者以明道"，并不只是柳宗元个人的主张，也是古文运动共同的理论纲领。这理论纲领对反对文坛上的形式主义文风，提高散文的威信，促使儒学在与现实相结合的过程中新陈代谢，抵制思想战线上的宗教攻势，起了很好的作用。

但是，运动实践总是比运动纲领和原则更为丰富多彩。古人所说的文，可以是论说文，也可以是文艺作品。对文艺作品来说，如果也像论说文那样说理"明道"，难免要出问题，因为文艺作品需要形象和感情，忌讳赤裸裸的说教。韩愈和柳宗元是思想家，又是文学家，艺术气质很重，艺术修养很深，所以他们不仅写论说文，还不断写文艺散文。当他们写文艺散文时，很难完全按照自己提倡的"文者以明道"原则去做，创作中不得不突破这个原则。像柳宗元的《愚溪对》《乞巧文》《对贺者》等，很难说完全符合"明道"的要求。这与其说是"明道"，不如说是"言志"，这些文章都重在表现作者心中的一种情志。韩愈因此遇到了麻烦，倒是柳宗元支持解救了他。

韩愈用拟人的手法，写了一篇文艺散文《毛颖传》。"毛颖"就是毛笔。《毛颖传》为毛笔立传，想象奇特，语言幽默风趣。文章从毛笔的来历写起，铺叙陈述了它在文化和政治方面的丰功伟绩。功业建成，笔头也秃了，就被皇帝丢在一旁，备受冷落。写的是毛笔，颇有传记文章法，诙谐的笔调中又寄寓着讽刺时世的意思。然而用"明道"的观点来衡量，却没有讲出什么圣人之道，似乎只是开个玩笑而已。因此，马上有一些人批评韩愈"以文为戏"，把写文章当作游戏。这种批评，首先来自同一营垒的古文运动中的一些人。

儒家的诗论讲"言志"，文论讲宗经重道。古文运动的先驱者早已宣传过宗经重道，所以一般人对于"文者以明道"的观点，还是比较容易接受的。可是在中唐，传奇小说正出现日益兴盛的势头，《毛颖传》就有点像是传奇小说，用儒家文论的传统观点去看，这类作品不登大雅之堂。堂堂古文家写此作品，未免要挨批评被嘲笑。

　　《毛颖传》被人带到永州，柳宗元也读到了。他早已听说过人们对它的批评，立即写了《读韩愈所著〈毛颖传〉后题》，大力声援韩愈的创新。他说，大家之所以嘲笑《毛颖传》，"不以其俳乎"？无非因为它像杂耍戏剧，但是，"俳又非圣人之所弃者"。又说，"学者终日讨说答问"，忙于学习和工作，必定也有感到疲倦的时候，因而《礼记》上有"息焉游焉"的话。这是说生活中应有娱乐和休息。在饮食方面，人们总是希望吃到天下各种"奇味"，韩愈所著《毛颖传》，就可以使人得到休息和娱乐，又可以提供人们一种"奇味"，何况其中还有思想寄托，"学者得以励"，所以是"有益于世"的作品。柳宗元为韩愈争辩，不是用"明道"的观点，也不是一般地肯定作品中的语言形式，而是从艺术欣赏着眼，提出了作品的审美价值问题。他为艺术争一席之地，在文论中越出了儒家传统的藩篱，观点新鲜而大胆。这类话，韩愈本人和古文运动中其他人，都没有讲过。

　　头脑里框框比别人少，又一向重视实际，是柳宗元思想作风方面的一个优点。"文者以明道"作为古文运动的纲领，是有益的。对此，柳宗元从未动摇。但是作为文艺创作的指导思想，或者用它来规范所有文艺创作，就有不妥之处。当时正处于文艺创作蓬勃发展的时代，人们的思想可能跟不上形势，有些人则固守古老教条，不肯正视现实。而柳宗元在提倡"文者以明道"的同时，又肯定了艺术审美的价值，这种观点的重要意义，远非限于《毛颖传》和韩愈，它更有利于促使小说和戏剧的发展。

"雄深雅健,似司马子长"

古文运动最终是依靠大批作者创作的优秀作品来确立它不可动摇的胜利。当时从事古文创作的人很多,领袖人物则是韩愈和柳宗元。柳宗元在运动中并非只是以指导性的言论,而是率先创作了丰富的优秀作品,来影响社会上一大批人。要为散文确立足以代替骈文的社会地位,必须有大散文家出现不可,光靠理论宣传是不行的。柳宗元和韩愈都是继西汉司马迁之后中国最大的散文家,他们的散文作品,在以后一直是人们学习写作的榜样。

柳宗元的作品,现有中华书局出版的《柳宗元集》。这是目前较为完备的本子,包括诗歌在内共编为四十五卷,另有外集两卷,其中诗作较少,绝大部分作品是文。

先秦、两汉的散文,大都用于著书立说或制作公文,应用范围不够广泛。柳宗元和韩愈都是利用古代散文的形式,改造了旧文体,创造了新文体,自由地在散文中表达思想,抒发感情,使散文变得更接近于日常应用,适应人们越来越多地通过文章去交流思想感情的需要。关于柳宗元的创作成就,韩愈在他生前就备加推崇,在他去世以后,又立即作出这样的评论:"雄深雅健,似司马子长,崔(骃)蔡(邕)不足多也。"(《新唐书·柳宗元传》)司马子长就是《史记》作者司马迁,崔骃和蔡邕都是东汉作家。中唐古文运动最看重西汉文章,尤其敬佩司马迁的《史记》。韩愈认为柳宗元的散文成就已经超过东汉作家,可以与司马迁相提并论,这在当时实在是很高的评价。韩愈的这个评价,马上又得到同时代的著名文人刘禹锡、皇甫湜等人的赞同。古文运动之所以在二三十年内形成席卷文坛之势,奠定了以后散文历史的千秋大业,成就如此辉煌,固然是因为是一时间文坛上思想家兼文学家、一身二任的人才众多,名家辈出,同时又与这些人团结一致,较少有文人相轻的恶习有关系。能团结就无内耗。中唐古文运动中有激烈的学术讨论,但无破坏团结的分裂。柳宗元和韩愈之间存在的互相尊重和亲密合作关系,就说明了这一点。

关于柳宗元的散文,下面分别从论说文、传记文、寓言、山水游记几方面,作简略的介绍。

柳宗元思维精细缜密,深于哲理,长于论辩,用古代各种文体所写论说文很多,流传也很广。他的论说文大致可分为三类:一类是今天所说的论文,一类可以归纳为说理性的杂文,再一类是其他作品,主要是以阐述思想观点为基本内容的书信和送别序文。

先说论文。这方面的重要作品有《时令论》《断刑论》《天爵论》《四维论》《天说》《贞符》《封建论》等。这些作品所论,皆是与现实有关的重要问题,内容大致属于政治学和哲学。作者思想解放,观点新颖,立论大胆,论证翔实,逻辑严密。以《封建论》为例,该文篇幅最长,全篇围绕"封建非圣人意也,势也"这个命题,组织材料,展开论证,思想开阔,结构完整,从中可以看出作者思维逻辑的严谨细密。从论证方法上看,作者把观点结合在历史事实中,从对历史过程作动态的描述中揭示自己的思想。这基本上属于历史和逻辑相统一的思维方法,这种思维方法同样也体现在他的《贞符》中。我国古代历史学素称发达,柳宗元又是思想家,因而有可能成为世界上较早注意历史和逻辑相统一的人。在论证过程中,作者把不同意见一一摆出来,在驳论中立论,又在古今几千年的广阔背景上纵横驰骋,大开大阖,左右逢源,概念明确而丰富,说理精到而透辟,所以说服力很强。这种历史上并不多见的雄辩作风,最能代表柳宗元论说文的风格。

再谈说理性杂文。柳宗元的这类文章形式多样,不拘一格,数量也比论文要多,如《晋文公问守原议》《桐叶封弟辩》《伊尹五就桀赞》《驳复仇议》《谤誉》《敌戒》《序棋》《永州铁炉步志》以及《非国语》等数十篇。这类文章从写法上看,多数是一事一议,一般先摆事由,后作议论。文章所摆事由大都有根据,或者是历史事件,或者是传说故事,少数是现实事物,而议论一概针对现实而发。议论的方式也变化多端,有时就事论事,有时发挥事理联想,有时又用问答对话的方式。写这类文章,作者旨在抒发议论,只求借事由充分表达自己的思想观点,意尽为止,不一定严格按照事实。因此这类文章的精彩处,不在于作者如何看待历史,而是针对现实所发的议论。如《晋文公问守原议》和《桐叶封弟辩》这两篇文章,都是先引出历史故事,从分析历史中展开针对现实的议论,分析问题如剥层层笋皮,丝丝紧扣,又始终围绕着一个中心议题,读来能感觉到一种坚定的逻辑力量和摄人心胸的气势。

柳宗元的说理性杂文,往往妙趣横生,情趣与事理相结合,引人入胜。《永州铁炉步志》,文章开头时讲"步",就是水边的码头。从前永州城的码头旁边,有个铁匠铺,这个码头因而得名"铁炉步"。作者说自己乘船到永州已经九年了,到码头来过多次,却从未见过铁匠铺。先作此说明,意在提醒人们铁炉步了所以得名,是因为那里有铁匠铺,现在没有铁匠铺了,却还叫铁炉步。写这种文章,先要注意抓准事由。介绍铁炉步是醉翁之意不在酒,作者其实是看中了铁炉步名不副实这个事由,借题发挥,通过相关联想,引出一大段议论来。

这段议论,有三层意思:一是从铁炉步的名存实亡,联系当今世上的门阀士族。如说:"今世有负其姓而立于天下者,曰:'吾门大,他不我敌也。'问其位与德,曰'久矣其先也'。"这是讲士族依仗祖先遗留的高贵门第("负其姓"),取得名望地位,这种"冒于号"即徒冒祖先名号的情况,与铁炉步一样是名不副实。二是指出门阀士族有其"位"而无其"德",人们对此却不以为"怪"。文章中说,到铁炉步去买铁器家什,谁都知道将是"怀价而来",空手而归。如今的士族"位存焉而德无有",然而人们竟都乐意拜倒在他们的门第之下("世且乐为之下")。三是进一步指出,名不副实有何危害。世上最大的徒冒祖先名号,当是:"桀冒禹,纣冒汤,幽、厉冒文、武,由不知推其本而姑大其故号,以至于败,为世笑僇,斯可以甚惧。"这是说,有"位"无"德"的士族最终将弄得国破家亡、身败名裂,这才是最可怕的。至于到铁炉步买不到铁器,尽可另找他处,倒无关紧要。这三层意思,逐步递升,揭出题意,议论也就结束,毫不拖泥带水。主旨是抨击门阀世袭,故意从铁炉步起笔,议论时有铁炉步交错相间,纵横对比,文气曲折婉转,生动有趣,说理机智巧妙,醒人耳目。虽有大段议论,读来却无枯燥乏味之感。

柳宗元所写说理性杂文,大都有这种深刻生动的优点。文章或长或短,文中提出的多是有现实意义的问题,如《永州铁炉步志》是批评门阀世袭,《晋文公问守原议》是针砭宦官擅权,《序棋》是不满于任人唯亲,《桐叶封弟辩》是否定天子无戏言,《舜禹之事》《伊尹五就桀赞》都是阐明民本思想,等等。这些充满理性光辉和论辩才华的作品,能够长期给人以智慧的启迪。

谈到以说理论辩为内容的书信和送别序文,柳宗元这类作品不少,地位相当重要。书、序也可列入杂著一类,但从文章格局上看,它自有的特点。柳宗元的书、序并非都可列入论说文,有些书、序内容贫乏,不过是应酬之作。

一事一议的杂文,柳宗元经常用于批评。在书、序中,他往往系统地说明自己的思想观点,所以书、序是了解他的思想的重要材料。如《送范明府序》《送薛存义序》论官民关系,《答刘禹锡〈天论〉书》论天人问题,《答元饶州论〈春秋〉书》谈春秋学,《与韩愈论史官书》谈史官和史学,《送僧浩初序》专论佛教,《送元十八山人序》专论儒学与包括佛教在内的百家之学的关系,《答韦中立书》以及给其他青年的一组书信,是论古文运动的重要文件,《答元饶州论政理书》、《答吴武陵论〈非国语〉书》、《与吕温论〈非国语〉书》等说明他关于政治、经济、哲学、文学等方面的观点。柳宗元的书、序较少士大夫那种多愁善感的作风和矫揉造作的感情,文风刚健清新,说话明白畅快,论辩犀利,具有很高的学术价值。因此,想要了解他的思想,如果不读他的书、序,将是不全面和不成功的。

古代没有报纸和刊物,无法像今天那样利用报刊及时进行思想交流和学术讨论。书信和送别序文,是专门写给某个人的,因而有可能随着人员流动而传到四面八方。柳宗元写的不少送别序文,文中与所送对象直接有关的话,其实讲得不多,这显然是借写序来发表自己的见解。书、序形式灵活,应用自由方便,可以针对某个问题及时提出自己看法,与别人交流或讨论，其作用不在论文之下。柳宗元的有些书、序，在思想史上和文化史上具有重要意义。经过柳宗元等人的提倡和应用，书、序在唐代以后，便成为人们交流思想和讨论问题的重要形式。

柳宗元的传记文，在历史上也很有名。这里所说传记文，是指人物传记散文。

古代禁止民间修史，私修国史被认为有罪，所以史书所载的人物传记，不是史官是不能写的，但为民间人物写传并不禁止。柳宗元并没有做过史官，在文章题目上标明是"传"的，大都是民间人物传。如《种树郭橐驼传》中的郭橐驼，是种树的农民；《梓人传》中的杨潜，是建筑业工匠；《宋清传》中的宋清，是医药业商人。为民间人物写传，利于借题发挥，自由地表达自己见解。而柳宗元所写传记文，有些作品"明道"色彩很重。像《梓人传》中讲"相道"，即如何做宰相；《种树郭橐驼传》中讲"官理"，即官吏如何治理人民；《宋清传》谴责见利忘义、趋炎附势的官场市侩等。至于《段太尉逸事状》，段秀实本是史书应有传的大官，所以文章不称"传"，作者写这文章原是为史官修史提供材料，现在看来也属于传记文。除此之外，柳宗元另有一些碑、状，也可以称作传记文。

传记散文所写的人物，既具有文学性，又未完全脱离历史。如宋清是长安有名的药商，《宋清传》所写的基本事实，若有虚构也不会很多。如此看来，郭橐驼和杨潜也很可能实有其人。在"明道"色彩很重的传记文中，除了生动的人物形象，作者的议论都占有很大份量。柳宗元也有几篇文学性特别强的传记文，如《李赤传》和《河间传》。前者的主人公是江湖浪人李赤，后者的主人公是淫荡妇人河间女。文中人物刻画细腻，情节曲折离奇，情感描写十分大胆，这里不可能没有虚构。这两篇文章，与唐代的传奇小说十分相像，因此早就有人怀疑它不是古文家柳宗元的手笔。

柳宗元传记文的基本文学特点，是善于刻画人物，语言简洁生动。拿《种树郭橐驼传》来说，该文分三部分，第一部分写主人公郭橐驼，二、三两部分就是记录主人公关于种树经验和"官理"的两大段谈话。这两段谈话是议论，成为文章的主干，但所用语言与论说文不同，大都是叙述性语言和描写性语言，兼有细节刻画。所以，二、三部分能与第一部分形成一个整体，成为主人公形象的组成部分。可是，写人物主要还是靠第一部分。作者在此仅用下面一百零七个字，去勾勒人物形象，可谓惜墨如金，却又栩栩如生。

郭橐驼，不知始何名。病偻，隆然伏行，有类橐驼者，故乡人号之"驼"。驼闻之曰："甚善，名我固当。"因舍其名，亦自谓橐驼云。其乡曰丰乐乡，在长安西。驼业种树，凡长安豪富人，为观游及卖果者，皆争迎取养。视驼所种树，或移徙，无不活，且硕茂早实以蕃。他植者虽窥伺效慕，莫能如也。

在这一百零七个字中，开始是在郭橐驼这名字上做文章。"橐驼"就是骆驼。为什么称他郭橐驼？说是因为生过病，背驼起来了，走路弯着腰，很像是骆驼，乡里人就叫他"驼"。他自己也认为这名字很合适，原来的名字便逐渐被人们遗忘了。通过说明"橐驼"这个名字的来历，使读者对主人公的出身低微和其貌不扬，留下了深刻的印象。这就是用的文学手法。接着，又写郭橐驼是一位种树专家。作者在此主要用渲染手法，说别人去偷看他种树，回去后模仿着种，结果总是不如他，因而长安富豪人家都争着欢迎他。从其貌不扬写到身怀绝技，是先抑后扬，这比平铺直叙更能吸引读者。这样用一百零七个字，交代了主人公的籍贯、职业、相貌、擅长等，如此简洁，又如此生动。

以人物为中心的传记文，除要注意立意之外，把人物写好特别重要。单就写人物来说，柳宗元注意通过事件和细节去作具体刻画，尽量避免对人物作一般性介绍，这是他传记文取得成功的一个重要原因。写郭橐驼，就是用的这种方法。再以《童区寄传》为例，区寄年仅十一岁，被两个贩卖人口的暴徒劫掠以后，面临做奴隶的命运，他本处于软弱地位，但他最终战胜了两个暴徒，争得了自己的自由。柳宗元在文章中用浓墨重彩去点染区寄的机智和勇敢。区寄被劫掠以后不断哭泣，显得很害怕，这对孩子来说似也平常，可区寄这是存心麻痹对方。当两个暴徒酒喝得酩酊大醉，一个去谈生意，另一个把刀插在路旁睡觉，区寄便趁对方不备，割断了身上捆绑的绳索，取刀砍死正在熟睡的暴徒。这时候，恰巧谈生意的暴徒回来了，区寄并未成功逃脱，又被抓住。他只得对这个暴徒花言妙语一番，骗得了信任，暗中却又在寻找脱身之计。半夜里，他稍稍转身到炉子旁边，用炉子里的火烧断了绳子，手烧烂了也不怕，接着取刀杀死了另一个暴徒。

在柳宗元所写人物中，区寄的形象较为完整，情节有头有尾，曲折惊险，关键处又交代得一清二楚，英雄少年智勇双全的气概，表现得非常突出。这大概是作者被区寄那种不畏强暴、敢争自由的精神深深打动了。更令人惊讶的是，区寄的故事还是作者在永州时从在广西工作过的官员杜士周那里听来的。根据别人提供的故事，写出了优秀作品，当然不是人人能做得到的。作者能够如此，一要靠自己对生活的熟悉和思考的成熟；二要靠自己精湛的艺术技巧。这两个条件柳宗元在永州时都具备了。

柳宗元写人物最成功的作品，当数《段太尉逸事状》。文章篇幅最长，段秀实的思想性格与作者其他作品中的主人公相比，更显得充实丰满。这或许因为作者仰慕过段秀实，是思想上产生过共鸣的人物。写法还是与其他作品相似，就是通过事件和细节，去表现人物。从搜集到的许多逸事中，作者挑选出两件事，着力加以描写。一是他救护一位交不起田租的农民，二是他制止了扰害百姓的兵乱，后一件事写得尤为详尽。在写这两件事时，作者又用心表现段秀实的对立面，使段秀实勇于为民除害的思想性格，在与对立面的相矛盾和相比较中呈现出来，更显得光彩夺目。其中段秀实只身赴乱军兵营一节，他不顾生命危险，在充满敌对情绪的乱军兵营中义正辞严地说服驻军首领承认错误。他胆识兼备、大义凛然的品格，在此表现得淋漓尽致。

柳宗元的传记文，以关心国事和关怀民生为主要内容，这内容也是他本人思想性格的结晶。而语言简洁传神，人物形象生动，这种写作手法，明显是受司马迁《史记》的影响。

寓言和山水游记

寓言融哲理和形象于一体。柳宗元是思想家兼文学家,具有从事寓言创作的有利条件。寓言在我国起源很早,如先秦著作《庄子》《孟子》《韩非子》《战国策》《吕氏春秋》以及后来的《列子》等,都有丰富的寓言。但是,寓言在以上这些著作中,处于附属地位,很少有单独成篇的作品。柳宗元继承了我国寓言创作的传统,很可能还受到诸如《百喻经》等佛教中丰富寓言故事的影响,从而成为我国历史上首先把寓言作为独立的文学样式进行写作,并且取得很高成就的作家。

柳宗元的寓言,大约有十多篇。其中著名的是《三戒》三篇,以及《蝜蝂传》《罴说》等。

《三戒》这题名的意思,就是三种应该引为警戒的事情。它由《临江之麋》《黔之驴》《永某氏之鼠》这三篇寓言组成。《三戒》三篇,篇篇是我国古代寓言的珍品。《黔之驴》更为大家所熟悉,因为"黔驴技穷"这个成语就出自《黔之驴》。没有读过这作品的人,也都知道这个成语。

寓言大都用一个简短的故事,来说明一个道理。它可以写现实中的人物故事,也可以把动物或自然界其他事物比拟为人,来进行描写。《黔之驴》写的是驴和虎的事。"黔"是地名,唐代黔州在今贵州省北部。据说,"黔"这地方原来没有驴,有人把驴带去了,从而引出驴与虎的一段故事。虎初次见驴,"庞然大物也,以为神",只敢在密林里偷偷观察驴的动静。"他日,驴一鸣,虎大骇,远遁"。虎以为驴要来吃自己。日子久了,虎觉得驴并无特殊本领。接着,柳宗元绘声绘色地描写了虎对驴从谨慎试探到大胆吞吃的过程：

> （虎）益习其声，又近出前后，终不敢搏。稍近，益狎，荡倚冲冒，驴不胜怒，蹄之。虎因喜，计之曰："技止此耳！"因跳踉大㘎（跳跃怒吼），断其喉，尽其肉，乃去。

这段文字，是公认的传神之笔。传神处在于生动有趣地写了虎的心理变化，层次分明，活灵活现。

柳宗元为驴的下场叹息说："今若是焉，悲夫！"驴何以可悲？从外形看，它是"庞然大物"，好像"有德"；从叫声讲，它叫声洪亮，好像"有能"。可是，它的全部本领，不过是"蹄之"，即用脚踢而已。如果它不对虎"蹄之"，虎摸不清它低能的底细，还不至于被吃掉。问题是既有虎与之对立，无知的驴不可能不暴露自己的低能。低能暴露之日，正是葬身虎口之时，于是就有"黔驴技穷"以至死的可悲下场。柳宗元似乎想告诉人们，一切无德无能的"庞然大物"，迟早要暴露自己的真面目，其下场必然是可悲的。

《蝜蝂传》和《罴说》，同样都短小精悍，又都很别致。《蝜蝂传》中的蝜蝂，是一种爱负重攀高的小虫，从来不顾自己有多大能耐，背东西越多越好。有人可怜它，从背上给它拿下东西，可是只要它还能爬行，仍要把东西弄上去背着。它又喜欢背着东西往高处爬，于是到筋疲力尽时，就摔死了。作者在这则寓言中指出，那些贪得无厌地聚敛财富，谋取高位，又至死不悟的人，他们的见识就如这小虫子一般。

寓言也可以写人物故事，《罴说》就是如此。作品中写的是南方山中的一个猎人，他能用竹器吹出多种野兽的声音。打猎时，他吹鹿的鸣叫声，鹿果然来了。正要射鹿，想吃鹿的貙也来了。貙是要吃人的，猎人当然害怕，就吹出老虎的吼声把貙吓跑。山里的老虎听到同类的声音，真的跑来了。猎人自然更怕虎，只得吹罴的声音把虎吓跑，可是罴也真的来了，猎人再没有本领把罴吓走，最终被自己吸引来的罴吃掉了。猎人卖弄小聪明，终于招致灭顶之灾。作者指出，那些"不善内而持外者"一定有猎人那样的下场。所谓"不善内而持外者"，就是做事情不依靠自己的本领和力量，只依仗外力去投机取巧的那种人。

柳宗元的寓言大都是鞭挞现实中丑恶的人情世态，有些明显可说是针对政界的腐习陋俗进行批评。作者用思想家的眼光来观察世事，文学技巧又娴熟，所以他的寓言作品对现实的概括很深，哲理性强，富有教育意义。从艺术上看，寓言和传记文虽然都需描写形象，但传记文一般不能完全脱离真人真事，寓言在创造形象时却几乎完全依靠虚构和想象。柳宗元在寓言中虚构了各种新鲜有趣的动物故事和人物故事，从中创造了一批角色，或者是动物，如虎、驴、蝜蝂等，或者是人，如猎人等。他特别善于用拟人的手法描写动物形象。如《黔之驴》中的虎和《临江之麋》中的麋，都是十分成功的艺术形象。从寓言中可以看出柳宗元的艺术想象力非常丰富，塑造形象的能力很强，而语言清隽含蓄，幽默略带诙谐，再加上富有教育意义，所以他的寓言作品一向被人们喜爱。柳宗元是我国历史上最著名的寓言作家之一，他把我国寓言创作提高到一个新的水平。

比寓言更能证明柳宗元具有杰出艺术才能的，是他的山水游记。

柳宗元的山水游记，是山水自然美的艺术升华。中国艺术史上对山水自然美的描写，远比西方要早，从而成为东方艺术中公认的一个特色。中国古典艺术对山水自然美的描写，是从诗歌中兴盛起来的。南北朝时，山水诗兴起，到唐代已出现以王维为代表的山水诗派。在绘画方面，继人物画出现了顾恺之、吴道子这样的大师以后，在柳宗元之前唐代的山水画已逐渐形成一个特殊的艺术品种。山水诗人王维本人，就是很有成就的山水画家。用散文来描写自然山水，在柳宗元之前只有零星篇章，缺乏有影响的作家和作品。柳宗元独辟蹊径，成为我国文学史上第一个取得巨大成就的山水游记作家，他为今后这类题材的创作，奠定了牢固的基础。

本来柳宗元大概无意做山水文人，因为在长安时，他从不写山水文字，在这方面，倒是贬官成全了他。在永州长期的矛盾苦闷生活中，他从佛教中寻求解脱，又到山水自然中求得排遣。在这种情况下，他带领亲友游遍了永州的山山水水，足迹所到，游历所见，成为笔下许多优美的山水文字。他写的游记，最脍炙人口的是"永州八记"。

所谓"永州八记"，包括柳宗元在永州写的八篇游记。其中四篇作于元和四年（公元809年），即《始得西山宴游记》《钴鉧潭记》《西小丘记》《小石潭记》，这又称为前四记。另四篇作于元和七年（公元812年），即《袁家渴记》《石渠记》《石涧记》《小石城山记》，这又称为后四记。"永州八记"是作者山水游记的代表作，又被公认是历史上同类作品的典范。

写前四记时，作者还在永州城里居住。《始得西山宴游记》写柳宗元和他的伙伴第一次登上西山，在山顶野餐，至傍晚尽兴而归。西山在永州城西，中间有潇水相隔。西山今称粮子岭，当年未经开垦，林木葱郁的俊秀山岭，决非今天光山秃岭可比，虽说不上有多么雄伟，却是永州城郊的第一高峰。柳宗元与同伴涉潇水，沿愚溪，焚草伐木，开路登上了西山，如此兴致勃勃。他在大自然中想求得物我合一和物我两忘，使自己沉重的心灵变得轻松一些，但在文章中流露出来的，仍是浓重的伤感。前四记中另外三记所写的钴鉧潭、西小丘、小石潭，这三地相距很近，都在愚溪北岸。所说钴鉧潭，是因为潭的形状像熨斗，古代熨斗称钴鉧，因而得名；西小丘在钴鉧潭之西，因而命名为西小丘；小石潭在西小丘西南，顾名思义是一个由岩石构成的小水潭。

作者写后四记时，已搬到愚溪居住。住地就在西山脚下，登西山，或到钴鉧潭等地去，都很方便。后四记所写风景，都在永州远郊。柳宗元游历大体是由近而远，至于形成文字的风景，都是从游历中选择的最佳处。逆潇水南行，过朝阳岩才到袁家渴。袁家渴是潇水上的一处分流。潇水在这里水面开阔，"其中重洲小溪，澄潭浅渚，间厕曲折，平者深黑，峻者沸白"，布有美石和岩洞，冬季夏日的树木水草皆生机盎然，远接高山群岭。柳宗元屡次荡舟于此，感受到了无法用文字穷尽的自然之美。后四记中另三记所写石渠、石涧，都在袁家渴附近，只有小石城山在永州城西北，方向正好相背。小石城山是一座不大的石山，形状就如城堡。今天的永州除小石潭所在地已经建成一个小水库外，其他都还有遗迹可寻。只是柳宗元当年所见，基本上是自然原貌，然而沧海桑田，经过了对自然的开发和利用，今日的景观与往日大不相同了。

柳宗元游朝阳岩是踏着元结的足迹去的，而"永州八记"中所写自然景观，都是他自己发现的。这些秀山丽水在北方人眼里可能显得奇特，但在南方丘陵地带则相当普通,更不是什么名山胜水。柳宗元的长处,是能从普通的秀山丽水中,发现那不易觉察又令人神往的自然美。

譬如袁家渴附近的一条石渠,一两尺宽,十多步长,老百姓在上面架了小桥,可见早已有行人过往了。这不过是一条平平常常的乡间天然小石渠,可是柳宗元在《石渠记》中,竟把它写得具有诱人欲睹的美。大概石渠本身没有什么好写,他就把注意力集中在渠中的泉水上面。"有泉幽幽然,其鸣乍大乍细。"叮咚作响的泉水,时而流到大石底下,时而漫过石块而去;泉水流成"泓"(小水塘),"昌蒲被之,青鲜环周";泉水西去流入潭中,潭内"清深多鯈鱼";泉水注入潇水,两侧"皆诡石怪木,奇卉美箭","风摇其巅,韵动崖谷"。通过写泉水流动,把渠中的泉,与泓、潭、花、竹、木、石等巧妙地点缀起来,相映成趣。小小石渠从而变得既有音乐之声响,又有丹青之色彩,多姿多彩,形成一种玲珑剔透的美。写《石渠记》的成功,表明了柳宗元对自然美具有细致的感受能力。若是其他人遇到完全有可能视而不见。

写自然山水,柳宗元不只写自己所见,而且写自己所感,记事完整,详略显然又是经过安排的。《小石潭记》所写,只是山岭间发现的一个普通石潭,经柳宗元形诸文字,竟使千余年来无数读者击节赞赏。文章从如何发现石潭起笔,先是听到了竹林深处传来的鸣玉般的水声。"闻水声","心乐之",闻声在前,见潭于后,潭似乎是无意中觅得。接着依次写潭中石,潭边树,潭内鱼,其中潭内鱼一段,堪称生花妙笔。鱼在阳光照耀下的石潭中"怡然不动"(意为呆呆地停在那里),见人后又"往来翕忽"(意为往来轻快地游动),阳光、清水、鱼影、石潭构成一种自然天成的奇妙画境,表现出静中见动的幽美诗情。简单补叙潭水来源之后,在文章结束前,作者又抒发了"坐潭上"的一番感受。

"永州八记"大都像《小石潭记》那样有作者出现在作品中。作者把自己所见的自然之美,和自己感受到的欢乐、忧伤,一并诚实地告诉读者,娓娓道来,似乎是向知心朋友谈论一次称心如意的旅行,让读者分享自己的愉快,所以读来格外感到亲切真实。这八篇游记所写的对象无一重复,在选材和篇章结构方面,各具特色。

山水本是无情之物,可是柳宗元描写山水景色,总是带着个人的感情色彩。作品中景语皆情语，情景交融。这是"永州八记"的重要艺术特征。

"永州八记"所写，大致都是清山、奇水、幽林、怪石之类。作品中泉水、潭水的清白无污，诡石、怪木的不同流俗，奇花异卉的清香四溢，美箭秀竹的既孤且直，凡此种种，都与作者的为人高洁，人格的傲然卓立相统一相协调。这种自然美，实际上就是作者的品格美。热爱和表现这种自然美，等于是通过自然观照自己。而作者在贬官以后产生的遗弃感和孤独感，满腹牢骚、愤恨难泄的抑郁心情，苦中寻乐聊以自慰的心理，也常常在作品中一并透露出来。如《小石潭记》，选取了自然界中这样一片凄清景象："四面竹树环合，寂寥无人，凄神寒骨，悄怆幽邃。"写这种景象，是为了表达作者自己的独特心境。又如《始得西山宴游记》中，作者与同伴"引觞满怀，颓然而醉"，接着又写"苍然暮色，自远而至，至无所见，而犹不欲归。心凝形释，与万化冥合"。这里凄楚之情，悲凉之气，力透纸背。再如《西小丘记》和《小石城山记》，针对美景在荒野中无人赏识，作者借此发了一通怀才不遇的牢骚。作品中的美景良辰，蕴含着作者的殷切情意，情与景相交融，使他的游记散文出现了诗情画意，充满了艺术的魅力和情趣。

柳宗元写山水游记取得了空前的成功。这一方面是因为他在散文创作中体现了诗歌的传统影响，他本是善于写诗的人；另一方面他又充分发挥散文艺术的长处，进而使散文能与诗歌相抗衡。散文在句式方面比诗歌自由，不受诗歌韵律的束缚，篇幅可长可短，因而在表情达意、写景状物方面，比诗歌更能尽兴。运用散文的这种特点，柳宗元对自然景物中的千姿百态，做了绘声绘色的细腻描绘，再把写景与抒情巧妙地结合起来，使他的山水游记中有了诗一般的意境和韵味。用散文来描写山水自然，在文坛中如异军突起，独树一帜。在山水诗的成就达到登峰造极之后，山水游记又能与山水诗相对峙，做到这一步很不容易，需要才能，也需要功力，但是柳宗元做到了。

作为古文家的柳宗元，在散文领域取得了全面的、划时代的成就，成为中国散文史上重要的里程碑。在古文运动中，他成为众所公认的领袖，是因为他一身二任，既是杰出的思想家，同时又是杰出的散文艺术家。

拾

出任柳州刺史

"谁料翻为岭外行"

自从永贞元年（公元805年）贬官永州以来，一直到元和十年（公元815年）正月，柳宗元才接到召他回京的诏书。

在这十来年间，朝廷上并非无人动议起用柳宗元、刘禹锡这些人，无奈唐宪宗心里耿耿于怀，朝廷里反对势力强大，那些意见都未奏效。他们是出身名门望族又是在政界有影响的人物，贬官时间如此之长，唐代先例不多，因而引起政界人士越来越多的同情。从朝廷情况看，一是韦贯之于元和九年（公元814年）年底出任宰相。此人为官清廉，一生正直，史书上说他从不接受贿赂，因而"家无羡财"，犹能主持公道。做宰相后他"严身律下，以正议裁物"（《新唐书·韦贯之传》）。永贞元年（公元805年），他由监察御史提升做右补阙。韦贯之是支持永贞新政的，所以出任宰相，对改善柳宗元等人境遇有利。二是裴度、崔群等人正在朝廷逐渐得势。崔群在唐宪宗朝内任翰林学士、中书舍人、礼部侍郎，这时正在户部侍郎任上。他与韦贯之关系较为亲近，为人持重公正，又是柳宗元年轻时的好朋友。裴度在唐宪宗朝内任司封员外郎、中书舍人，这时正任御史中丞，他与崔群、韩愈的关系密切，对柳宗元、刘禹锡等人颇为同情。崔群，特别是裴度在中唐政治中起过重要作用。这时他们还未掌握大权，裴度于本年六月任宰相，崔群于两年后任宰相，然而他们的同情已经能起一些作用。

从全国形势看，中央朝廷与藩镇割据势力的矛盾，正逐渐变得紧张尖锐起来。在河北诸镇，特别是淮西地区，已经剑拔弩张，一场大规模的战争正在酝酿之中。就在这一年六月，割据的藩镇势力竟然派人到长安刺死宰相武元衡,刺伤裴度,为的是阻挠朝廷对割据淮西的吴元济用兵。京城朝野,大为震惊。在这种形势下,朝廷内部未尝不需要缓和矛盾,维护团结。所以,韦贯之任相以后,便有召回柳宗元等人的诏令,当年的"八司马"中,已有凌准、韦执谊两人去世,程异一人调用。这次与柳宗元同时被召的,有刘禹锡、韩泰、韩晔、陈谏四人。

柳宗元接到诏令后,心里万分高兴。永州十年,他有时显得相当消极,政治上长期沉默不语,然而难改不甘寂寞的本性。他在永州时写的一首诗《江雪》:

千山鸟飞绝,万径人踪灭。
孤舟蓑笠翁,独钓寒江雪。

这首五言绝句中的千古名作,描写了"千山""万径"背景下的"孤舟""独钓",在冰清玉洁的广阔世界中显示孤高清傲的性格,有凛然不可侵犯的气势。诗作含义,也可理解为作者在有意作巨大行动之前的伟大沉默。就他而言,蛰居永州决非所愿,内心随时准备为国效力。所以,一接到诏令,他立即辞别永州,离开愚溪寓所,登程北上。一路上诗情勃发,喜悦之情无法遏止。回去的行程到底比来时要快得多,正月永州起程,二月就与刘禹锡一起回到了京师。

朝廷的政治情况异常复杂。臣僚的前程命运,最终只攥在皇帝一人手心里。皇帝也有喜怒哀乐,天知道他心里产生了一个什么样的想法。在封建政治中,阴谋诡计只需通过皇帝一人,所以很容易得逞。柳宗元等固然兴匆匆地满怀着希望回来,可是等待他们的,并不一定是幸运。

据说,宰相本有意安排他们在朝廷任职,谁想到不安分的刘禹锡,回来后写了首诗,惹得政敌们大为恼怒,居然马上发展成为影响他们前途的政治问题。

刘禹锡这首诗,就是《戏赠看花诸君子》:"紫陌红尘拂面来,无人不道看花回。玄都观里桃千树,尽是刘郎去后栽。"所说"玄都观",是长安城里著名道观。诗中强调桃树新栽,意在讥刺那些反对永贞新政而飞黄腾达的骄横新贵。这诗是在游览玄都观后赠给同时奉调回京的柳宗元、韩泰诸人的。既有"戏赠"二字，大概是旧地重游后百感交集，诗情突发，顺手写给同伴看的，写诗时决不会想到会因此闯下大祸。可是，他们贬官十年归来，一言一行都惹人注意。诗作不胫而走，政敌们很快知道了，就将此诗拿去作为"无悔过之心"的证据，提出意见，认为这些人不宜在朝廷任职。这个意见，正合唐宪宗的心意。

其实，柳宗元、刘禹锡的强硬态度，朝野人士早已知道。因此，这首诗不过是敌手们在关键时刻抓住的一个把柄而已。没有这诗，他们前途也未必就妙。他们才高名重，政界关系多，影响大，回朝廷任职，政敌们怀有强烈的妒嫉和宿恨。身居要职的衮衮诸公，不少人只看重自己的权力地位，并不考虑是否对国家有利。至于唐宪宗本人，老是记着永贞元年与他们结下的冤仇。一般人怀有如此狭隘心理还要好一点，皇帝如此作风，就不能不因此误国。一些人反对他们在朝廷任职的意见，立刻得到皇帝的支持。这种局面一旦形成，任何人的同情都无济于事。结果，柳宗元他们二月才回长安，三月十四日皇帝就宣布五人全部出任远州刺史。做出这样的处理意见，倒是异乎寻常地迅速。

这一次，柳宗元被任命为柳州（今广西柳州）刺史。从永州司马到柳州刺史，官算是升了一点，但按古代里程，柳州比永州远两千余里。所以，这次是被打发到更遥远、更荒凉的地方去了。朝内有些人，总想把他们发配得越远越好。不久前，他从永州回来，临近长安时，还在诗中写道："驿路开花处处新"，似乎觉得一路驿道都开满了欢迎他的鲜花。现在当头一瓢冷水，浇灭了满心的喜悦和希望，接受再一次意想不到的惩罚。他只得吞下这杯苦酒。

阔别十年的繁华京都，从小生活的故里长安，正值春光明媚，街道旁榆柳翠绿，玄都观有桃花，曲江池有新荷。然而，柳宗元在此，只能作一个来月的短暂停留。年轻时的好友，许多人在长安任职。崔群早已是台省郎官。还有韩愈，在几个月前由史馆修撰转任考功郎中，知制诰，执掌起草诏令。他仕途坎坷，至今已四十八岁，才有一些好转。这一次回京，柳宗元大概与韩愈、崔群等人见过面。多年来，他与韩愈文字交往频繁，其中有几次激烈争论，只是没有机会见面。书信难以尽言，那些分歧该当着面深入地谈谈，就像年轻时他们一起在长安那样，这该有多好！可是，柳宗元这次来去匆匆，恐怕又是心烦意乱，很难有时间去与朋友讨论学术和思想。从此以后，唐代文化界两颗巨星，再也未能晤面。下一回，竟是韩愈来给子厚写祭文和墓志铭，料理他的身后事宜。

接到任命，柳宗元必须马上去柳州赴任。这次长安东郊的驿道两旁，站满了为柳宗元送别的亲友。他们大都是当今贤豪，而他想到自己"独赴异域穿蓬蒿"，心里有说不出的滋味。到柳州去必须途经永州，所以走的还是不久前回京时走过的那条老路。这次，刘禹锡任连州刺史，所以他和柳宗元结伴而行。连州在今广东北部山区的连州市，他们可以同路到湖南。朝廷本来任命刘禹锡做播州刺史，惩罚更严，这自然与那首诗有关。播州在今贵州遵义市，途经崇山峻岭，崎岖遥远，又是经济落后的边远地区，而刘禹锡有八十岁老母需要侍奉。为了这件事，柳宗元在长安对别人说："禹锡有母年高，今为郡蛮方，西南绝域，往复万里，如何与母偕行？如母子异方，便为永诀。吾与禹锡为执友，胡忍见其若是。"（《新唐书·柳宗元传》）他准备奏请朝廷，将较好的柳州任所调换给刘禹锡，自己到播州去，即使由此获罪，亦死无悔恨。结果还算幸运，御史中丞裴度在唐宪宗面前说情：陛下正在侍奉太后，恐怕对刘禹锡有所哀怜为宜。于是，唐宪宗改变主意，改任刘禹锡连州刺史。柳宗元虽无老母牵累，然而现在是病弱之躯，愿用柳州换播州，这种高风亮节，士大夫传为美谈。

刘禹锡在文坛上是著名哲学家、政论家，又是第一流的诗人，同样是才名盖世的人物。在为人方面，与柳宗元一样重道义，高气节。他既写那首惹事生非的"戏赠"诗，十四年后再召回京，又写《再游玄都观》一诗，其中竟有"前度刘郎今又来"这样的话。其人性格旷达乐观，是不容易被屈服的。十二年后（即公元826年年底），他与白居易各自途经扬州相遇。满怀同情之心的白居易，在扬州为他饮酒赋诗说，你"诗称国手"，然而无可奈何；"亦知合被才名折，二十三年折太多"！古来才人常因"才名"受挫折，可是你刘禹锡受二十三年折磨，也是太多了！刘禹锡即席作诗谢白居易，诗中就有"沉舟侧畔千帆过，病树前头万木春"这样的名句。于此亦见旷达作风。

柳、刘两人结伴出襄阳，过长江，溯湘水而上，到了衡阳，必须在此分手。柳宗元到柳州去,是继续走水路,由衡阳乘船从湘江东南行,穿过今天湘、桂边界上的灵渠,进入珠江水系。再顺流而下,直达柳州。刘禹锡到连州去,是由此弃船走陆路,往南翻过南岭山脉便是。

在衡阳,柳宗元与刘禹锡依依惜别,心情相当凄凉。他们站在衡阳驿道上,放眼望去,只见汉朝伏波将军马援南征时走过的古道上,风烟迷漫,古墓前石人零落,与茫茫青草、树木连成一片,这景象增添了心头的惆怅。柳宗元写了《衡阳与梦得分路赠别》诗,"梦得"是刘禹锡的字。诗开头两句便是:"十年憔悴到秦京,谁料翻为岭外行。"这是说经过十年贬谪生活回到京都长安,谁料想反而被排斥到岭南[①]地方去。古代中原人把去岭南生活,视为畏途。在这七言律诗的后四句,他又向刘禹锡叹息:"直以慵疏招物议,休将文字占时名;今朝不用临河别,垂泪千行便濯缨。"从这些话,可以看出柳宗元既对当世不满,又深深为自己伤感。

对以前最热衷的政治事业,柳宗元如今已颇有厌倦之情。在衡阳写的另一诗《重别梦得》中,又写道:"二十年来万事同,今日歧路忽西东;皇恩若许归田去,晚岁当为邻舍翁。"他们一同中进士,二十多年间一道在宦海浮沉,如今将在歧路惜别,悲从中来。后两句诗是说,要是允许弃官归田,就做相邻而居的田舍翁,以度晚年。有关退隐的类似想法,他在永州就有,他说这类话,一般只表明自己思想中的矛盾苦闷,未必真要这样做。即便如此,他现在遭受又一次打击,政治上灰心丧气,情绪低落,是可以肯定的。

千言万语中,柳宗元与刘禹锡恋恋不舍地分手了。以后几年,两人鸿雁传书,频频有信札往来,然而这次分手,却成为他们的永别。

柳宗元对于真理和事业,有一种宁折不弯的刚毅性格。但是,过于执著的另一面,是失败以后思想往往不易放开,政治挫折在个人心灵上造成的悲伤情怀特别浓重,未免患得患失,抑郁少欢。他不如刘禹锡旷达开朗。这种心理状态,对自己的健康十分不利。而永州十年的憔悴生

[①] 岭南,指五岭(越城、都庞、萌渚、骑田、大庾)以南地区。在中原人看来,此地区在五岭之外,故又称岭外。

活，他废寝忘食地读书写作，早已把身体搞垮了。所以，人们所见的那些优秀作品，其实是他用自己的心血和生命换来的。尽管他只有四十三岁，却一身疾病，未老先衰。眼下除有政治方面的伤感，更添迟暮的忧愁，难免促使他政治情绪低落下来。以前那种锋芒毕露的脾气，现在也有一点改变。

经过三个多月的长途跋涉，车船劳顿，当年六月底，柳宗元抵达柳州。他一生做事从不因循苟且，到柳州以后，叹息着说："是岂不足为政耶？"（《柳子厚墓志铭》）难道在这里就不能在施政上有所作为吗？虽然苦恼悲伤，情绪低落，但深知自己职责所在，仍决心尽力而为。他早就讲过，"心乎生民而已"，"无忘生人之患"，他是要说到做到的。他在柳州度过了生命中的最后四年。总算有这么几年时间，努力去实践自己的诺言。

"种柳柳江边"

柳州治所在马平（今柳州市），下辖五个县。在唐代，这里是边远地区，土地未经开发，荒凉艰苦，人口非常稀少。唐代的柳州人口总数，说法不一。据《旧唐书·地理志》载，天宝年间有二千二百三十户，一万一千五百五十人；另据《元和郡县图志》载，开元年间有一千三百七十四户，元和年间有一千二百八十七户。尽管说法不一，不过区别则是两千余户还是一千余户。唐代户口隐瞒十分严重，边远地区更难作精确统计，实际数字可能要大一些。可是一千多年前的柳州，虽说是州府，所辖人口与内地一个县相差无几，这是实际情况。内地州府的情况有所不同。据《旧唐书·地理志》载，像柳镇曾在那里做过录事参军的晋州（今山西临汾），天宝年间领九个县，有六万四千八百三十六户，四十二万九千二百二十一人；再如密州（今山东高密），天宝年间领四个县，有二万八千二百九十二户，十四万六千五百二十四人。柳州情况与它们不能相比。

柳州那时到处是亚热带原始森林。在《寄韦珩》诗中，柳宗元描写柳州的树木和野葛交错，参天蔽日，森林中的许多蛇，就像葡萄那样盘结在一起，景象相当可怕。柳州的治安大概也不好。这首诗描述了到任仅几天，就发生强盗抢劫事件，掠夺壮年，屠杀老人，一片悲惨啼号声。所以，他可能放下行装就筹划平定贼乱，维持社会安宁。柳宗元到柳州不久，就生"奇疮"，疼痛难忍，险些丧命，以后又害了一场霍乱。这两场病，使他更加虚弱，再添白发，身上连筋骨都露出来了，瘦骨嶙峋。他真的是老了。

个人的种种委屈和不幸，时常萦绕于柳宗元心头。然而作为一州之长，在处理政务时，柳宗元还是把这些放在一边了。虽然年龄不算大，却已是风烛残年，但他勤勤恳恳地埋头苦干，几年以后，竟使荒僻的柳州，变得气象一新。他在柳州的政绩，归纳起来讲主要有以下几个方面。

　　一是废除奴俗，解放奴婢。奴婢是唐代社会最卑下的等级。当时法律明文规定："奴婢贱人，律比畜产。"（《唐律疏议》卷六）所谓"贱人"，是对"良人"而言的。"贱人"除有奴婢，还有杂户、官户、部曲、客女等。"良人"中也有被压迫剥削者，但都没有人身依附关系。所有"贱人"对主子都有人身依附关系，而以奴婢最重。奴婢不仅自己是终身奴婢，子子孙孙也永远是奴婢。对主子来说，奴婢永远为自己所有，并且是和牲畜、土地一样的财产。唐代奴婢属于古代奴隶制的残余。

　　唐代毕竟是封建经济发达的社会，为保护和发展封建生产关系，法律禁止掠卖奴婢，"不许典贴良人男女作奴婢驱使"，内地还常有免奴婢为良人的事情。只是在柳州那样的边远地区，情况与内地有所不同。如柳宗元所写《童区寄传》中的区寄是牧童，身份为良人。由于柳州地区落后，那里蓄奴风气很盛，所以掠卖区寄那样的良人去做奴婢，虽属犯法，虽难以禁止。

　　柳宗元发现，柳州不仅有贩卖奴婢的事，而且这里借钱用男人或女人作抵押品，过期不还钱，抵押的男女就成为债主的奴婢。这种情况使穷苦人随时都有沦为奴婢的危险，社会上奴婢之多也就可想而知。于是，柳宗元制订了一项解放奴婢的政策，规定奴婢可以用钱赎身，赎身后便是良人。这样的规定，就是在事实上否认了奴婢的终身身份。考虑到有付不起赎身钱的人，政策还规定自沦为奴婢之日起，奴婢可向主人计算工钱，当工钱与债款相抵，奴婢身份就自动解除。这种算工钱的政策，实际上已把奴婢视为佣工或雇工。奴婢作为主子的一种财产，本无工钱可算，而佣工或雇工在当时属于良人。只要执行这个政策，债务奴婢获得自由，就是可以实现的了。

　　关于禁止贩卖良人作奴婢，这方面柳宗元严于执法。此外，他另外制订的这项解放奴婢的政策，对保障下层人民的人身自由权利无疑具有重大意义。因而，今日史书无不热情称颂。

柳宗元创造的这项政策，在当时就为打击奴隶制残余、巩固封建生产关系起了作用。桂管观察使裴行立拿去在柳州以外的州县推广，结果不到一年，共解放奴婢上千人。后来，韩愈做袁州（今江西宜春）刺史时，推广这个政策，也解放了不少奴婢。柳宗元这项政策越出了柳州的范围，表明他施政能力卓越，政治见识进步。"无忘生人之患"这类话，他决非是嘴上说说而已。

二是发展生产，关心人民生活。使奴婢成为良人，等于是解放社会生产力，它能迅速提高劳动者的生产积极性。除此之外，柳宗元又做了许多发展生产的具体事情。古代文人大概因为屈原有《橘颂》的缘故，十分喜爱柑橘树。柳宗元在永州愚溪学会种橘，到柳州后，他亲自在城西北栽种黄柑二百株，为当地发展柑橘果业生产起了一点示范作用。为这件事，他写有《柳州城西北隅种柑树》一诗。他去世后，柳州人在他种柑处建"柑子堂"。"柑子堂"毁后，清乾隆年间在柳州罗池另建"柑香亭"，至今犹存。他主持修复柳州大云寺时，组织民众在附近开荒凿井，有的成为菜园，有的种上树竹，仅竹子就种三万株，形成了大片竹林。他鼓励僧人参加农事生产。佛教反对杀生，因种地要杀生，所以僧人向来不从事田间劳动。禅宗不管这些，也从事农林生产劳动。柳宗元如此重视农林生产，这种作风很快影响到社会上的百姓。

柳州位于柳江河畔。在江边种树，既保护河堤，又利于观瞻。如今这位柳州刺史恰好姓柳，这位姓柳的刺史带领着许多人在柳江河畔种柳树，真是有趣的巧合。因此，柳宗元有兴写了《种柳戏题》一诗：

柳州柳刺史，种柳柳江边。
谈笑为故事，推移成昔年。
垂荫当覆地，耸干会参天。
好作思人树，惭无惠化传。

最后两句诗是说，虽然以后人们见到长大的树，而思念种柳的柳姓刺史，但我感到惭愧的是没有能使人民受惠的政教可以流传。

柳州百姓原来都饮用江水，但江水不如井水卫生，况且遇天旱江水浅，打水有困难，遇下雨泥泞路滑，打水更有危险。柳宗元到任第二年，就拨出一笔公款，在城里打井，解决百姓的饮水问题，这也是推广打井技术的好办法。他写有《井铭》，记载此事。在柳州市政建设方面，他整修街道，在道旁植树，城市面貌有所改观。

三是兴办学校，提倡文化教育。柳宗元治柳州特别重视文教事业。他六月到任，当年十月就把文宣王庙（即孔庙）整修一新。又立即兴办学堂，把废弃多年的"府学"恢复起来。[1] 他急迫地做这两件事，是为了在祖国的僻远地区，传播中原地区的先进文化。从历史上看，柳州地区以至岭南文化水平的提高，其中有柳宗元的一份功劳。

那时柳州人生病，不懂得求医吃药，只知请巫师用鸡占卜，再就是杀牲口祭神，因而人口死亡率高，牲畜繁殖不起来，田园荒芜。柳宗元力图用文明克服愚昧迷信。他在百姓中提倡医学，推广验方。推广的验方至少有《治霍乱盐汤方》《治疗疮方》《治脚气方》。这三种验方，他还寄到连州刘禹锡处。[2] 霍乱、疗疮、脚气，他自己都曾患过，在南方是多发病，推广这些验方，有利于群众保健事业。刘禹锡通医道，一向重视收集验方。柳宗元懂点医学，大致是受刘禹锡的影响。他在永州曾闹过误服自己所买假药的笑话，后来逐渐注意医道，并种草药。至于对付用鸡占卜和杀牲口祭神这种民间迷信陋俗，他觉得仅靠儒家礼教和刑罚很难奏效，不如利用佛教讲大慈大悲和反对杀生去改变它。他主持修复柳州大云寺，就抱有这样的目的。他这种想法，并非完全不符合社会学原理，但是他不一定懂得这是权宜之计，因为他对佛教怀有好感，总想把佛教纳入封建政治的轨道。

还应该称道的是柳宗元与当地少数民族融洽的关系。古代汉族知识分子很容易根据夷夏之别的传统偏见，对少数民族持歧视态度。这方面柳宗元并非没有错误，主要是为支持上级裴行立对少数民族进行军事镇压，写过一些具有民族偏见的文章，其中不少是代裴行立写的公文。就他本人情况看，他所解放的奴婢，在当地所做那些好事，自应包括少数

---

[1] 柳宗元在柳州兴办"府学"一事，参见吴文治《柳宗元评传》。
[2] 柳宗元寄给刘禹锡这三种验方的时间，卞孝萱《刘禹锡年谱》系于元和十二年（公元817年）。

民族在内。他本极富于同情心,在《峒氓》这首诗中,他用亲切的笔调,真实生动地描写了少数民族的习俗。这诗最后两句是:"愁向公庭问重译,欲投章甫作文身。"意思是,我为在庭堂上通过翻译了解他们的情况而发愁,希望丢掉自己士大夫礼帽,去跟他们一起做文身的土人。诗中说自己想做文身土人,对此倒不必过于当真,因为这是写诗。但是,他愿意遵从少数民族习俗,要求学习他们的语言,希望减少与他们的隔阂,并同情他们的苦难,这种心情是完全真实的。

  柳宗元作为官员,缺少的是奴颜和媚骨,然而精于政理,勤于政务。治柳州四年有余,颇见成效。据韩愈《柳州罗池庙碑记》所记,逃亡的人回来了,百姓家里造了新房,码头上停泊着新船,庭园里干干净净,街道上清洁整齐,牛、猪、鸡、鸭大量繁殖起来,社会上出现了讲礼仪、重道德的风尚,生产和文化都有发展。柳州的面貌起了前所未有的巨大变化。柳宗元去世后,柳州各族人民都十分思念他,宋代就建有"思柳亭"。今天柳州市的柳侯公园内,还有清代重建的"思柳轩"。这表达了各族人民对柳宗元政绩的深切怀念之情。

"生有高名，没为众悲"

到柳州以后，柳宗元的健康愈来愈差了，几乎是百病交加，精竭体衰。他是在体力不支的情况下，埋头理政，一心想在施政上有所建树。这时，他已不再写重要文章，而有些诗作很感人肺腑。大概是意识到自己迟暮日重，有意勤政，不愿再分很多精力去从事写作。从作品内容看，这个时期针砭时弊和理论上进击的锐气，比以前也大为减退。只是对于事业和理想的态度，虽然有失望和悲哀，但从不屈服示弱，更无改弦更张之意，依然显出一副铮铮铁骨。

在内心深处，有一种比永州时更重的痛苦折磨着柳宗元。他在《岭南江行》诗中写道："从此忧来非一事，岂容华发待流年？"从此令人担忧的事情将愈来愈多，岂能容许我这白发老人，再挨过多少流水一般逝去的时光？看上去柳州这几年，他处于百虑丛生的心态之中。自知来日无多、时不待人，而仕途落魄、再起无望，理想和事业遭到无可挽回的失败。不仅如此，他个人生活方面的情况，也很难令人安心。在永州和柳州都未能正式续娶妻室，眼下男孩尚小，不能自立，自己又是身处异乡的病弱之躯。长安有故园，万年县有列祖列宗坟茔，这些怎能不时常挂在心头？可是，政界反对他的势力，由于有唐宪宗支持而不可能消退。这一切，不能不使他忧愁万分，心烦意乱。

对家乡的思念，是心中无法摆脱的一种情结。柳宗元真想在有生之年，能够到回家乡，重见长安，哪怕回到北方任职也好。在柳州，他不少诗篇真实地记录自己的生活和心情，其中有些就是怀念家乡和亲友的。他的《登柳州峨山》这样写道："荒山秋日午，独上意悠悠。如何望乡处，西北是融州。"语言如平常说话，从中可以感到他思乡的凄楚之情，平淡中又见乡情的浓郁。另一首《与浩初上人同看山寄京华亲故》，表达了他对长安亲友的怀念，更是情深意切。

勤政时，柳宗元的心情可能是比较欢畅的。《种柳戏题》记录自己在柳江河畔种树，诗句音节流畅，欢快之情溢于言表，看来他对自己作为州牧刺史能去种树一事，相当满意。种了二百株黄柑以后，他诗中写道："几岁开花闻喷雪，何人摘实见垂珠？若教坐待成林日，滋味还堪养老夫。"自称"老夫"，其实他年龄不算大，所以多少有点感伤之意。可是想到柑树将来开花结果，惠人果实，心里却充满了快乐。

为了把柳宗元调回北方，长安亲友们曾作过不少努力，特别是热情爽直的吴武陵。就是这位当年在永州相识的青年进士，曾在长安到处奔走。主要是存在宪宗皇帝这道难以逾越的障碍，这件事显得困难重重。吴武陵先给工部侍郎孟简写信，信中慷慨陈词，为柳宗元远放柳州愤愤不平。孟简与柳宗元有交情，吴武陵希望孟简为之说情，可是没有效果。后来，吴武陵参加元和十二年（公元817年）的淮西平叛战役。这次战役的领导人是裴度，韩愈在裴度军中任行军司马。吴武陵通过韩愈，向裴度贡献计谋，又与韩愈一起临前线观察形势，战争中表现得坚定积极，深得裴度赏识。淮西平叛结束以后，吴武陵不断向裴度进言，说柳州应该派武将去镇守，要求把柳宗元调回北方。在长安为柳宗元说情的，肯定不会只有吴武陵一人。裴度已任宰相，手中有实权，他愿意帮忙，只是还没有来得及调用，柳宗元便不幸于元和十四年十一月初八（公元819年11月28日）在柳州病逝，享年四十七岁。

临终前一年，柳宗元与部属在驿亭饮酒时，说："吾弃于时，而寄于此，与若等好也，明年吾将死。"（《柳州罗池庙碑记》）他懂点医学，所以能大致不差地预感自己健康状况已到了生命不支的地步。对于衰老死亡，他看得还算淡漠。永州时他写过一首诗《觉衰》，其中讲到自己未老先衰虽出乎意料，可也"未必伤我心"。"古称寿圣人，曾不留至今"，反正人是要死的，连古代圣人也是这样，自己何必在意？当然，这些话里不能说没有对生活的留恋，或许多半是在宽解自己罢了。生命的最后时刻，他从容沉着地料理后事。先整理好自己的作品，寄到连州刘禹锡那里，信中说："吾不幸，卒以谪死，以遗草累故人。"最使他放不下心的，大概还是儿女幼小，无人照料，自己没有兄弟，两个姐姐又早已去世。所以临终前，又给刘禹锡写了托孤遗书，一是托他为自己抚养儿女，二是嘱他把自己灵柩葬于长安万年县柳家先人墓地。他给韩愈也写了嘱托后事的信。

柳宗元去世后，留下两男两女。大的男孩名周六，只有四岁，是到柳州第二年生的，小的男孩名周七，是遗腹子。此外两个女孩也都幼小，还未成年。他的灵柩是在去世后一年，由表弟卢遵从柳州送回万年县安葬。柳宗元为官一生，却很清贫，去世后连丧葬费也支付不起，靠了桂管观察使裴行立的捐赠，灵柩才得以回归故里。

刘禹锡正从连州扶母亲灵柩回归洛阳，途经衡阳，在旅舍突然遇见柳州的来使，接读柳宗元托孤遗书和去世讣告。刘禹锡母亲在连州去世前后，柳宗元还三次派人去慰问，所以刘禹锡根本没有想到朋友会这样快去世。在《祭柳员外文》中，刘禹锡记述自己在衡阳旅舍惊悲交加，放声大哭，"如得狂病"。从遗书他知道朋友已有儿子，稍得宽慰，至于托孤之嘱，应承"誓使周六，同于己子"。刘与柳之间的友情，很难完全用"莫逆""知己"之类词语来形容，以后柳宗元的儿子就是由刘禹锡抚养成人的。在衡阳旅舍，刘禹锡着手料理亡友回长安安葬事宜，并马上给韩愈写信，请他撰写墓志铭，又与死者生前好友韩泰、韩晔、李程等一一联系。李程是他们任监察御史时的同事，这时正任鄂岳观察使，任所岳阳。柳宗元灵柩北上，需沿湘江过长江，岳阳是必经之路。届时李程曾亲作祭奠。

刘禹锡到洛阳后，又派专人到柳州吊唁，写了《祭柳员外文》。他"含酸执笔"，"南望桂水，哭我故人"，悲痛难忍，中断数次才把这令人心碎的祭文写完。祭文中写了他们的友谊，也写了死者的才学和一生不幸。元和十五年（公元820年）七月，柳宗元灵柩在万年县栖凤原先人墓侧安葬，刘禹锡携死者遗孤去祭奠，写了《重祭柳员外文》。祭文中，刘禹锡说自己八个月来每想到柳宗元的去世，都神情恍惚犹疑，不敢相信，可是今天丧葬不能不痛哭，承认这件事是真的。柳宗元的去世，对刘禹锡的精神刺激实在太大，他失去了世界上最要好的朋友，一位彼此间既可以畅怀讨论，又可以诚恳规劝，还可以生死相助，始终不失信任的好朋友。刘禹锡在祭文中又把柳宗元之死，归结为"生有高名，没为众悲"这样两句话。柳宗元备受委屈，可对世人奉献甚多，才高而早夭，仅得四十七岁之寿，因而引起社会上广泛的同情和悲痛。崔群在自己的祭文中，也称柳宗元之死是"今古同悲"。

韩愈在元和十四年（公元819年）正月，因谏佛骨事被贬，由刑部侍郎贬为潮州（今广东潮州）刺史。十月，又改任袁州（今江西宜春）刺史。柳宗元逝世时，他正风尘仆仆地从潮州往袁州赴任。柳州的讣告和刘禹锡在衡阳写给他的信，是在驿道上等着交给他的。韩愈闻凶讯，悲痛异常，马上写了祭文，派专人至柳州吊唁。他在祭文中写道："子之文章，不用于世；乃令吾徒，掌帝之制。"韩愈始终赞美柳宗元的文章，现在还说自己文章不如他，为朝廷不用柳宗元深感痛惜。韩愈在祭文中又表示："凡今之交，观世厚薄；余岂可保，能承子托？非我知子，子实命我……"从"非我知子，子实命我"这句话看，柳宗元托付韩愈的后事中，可能有墓志铭这一项。这时，韩愈正遭贬官，自身难保，"余岂可保，能承子托"正是为此而说。世人大都趋炎附势，而柳宗元待人不看地位权势，只重旨趣和友情，这种品格又是韩愈最为推崇的。而韩愈本人自到京城以后的许多年来，受人们的冷落和白眼可说是太多了。当柳宗元灵柩在万年县安葬，韩愈从袁州寄去了著名的《柳子厚墓志铭》，对柳宗元的文章道德评价极高。他清楚地意识到，柳宗元的文学成就将是不朽的。

柳州各族人民对柳宗元逝世深感悲痛。三年后，即唐长庆元年（公元821年），就在柳州的罗池建庙，把柳宗元供奉为罗池之神；又特地派人去长安找到韩愈，请韩愈写《柳州罗池庙碑记》。这碑文全面记录了柳宗元在柳州的政绩。柳宗元的灵柩运回北方去了，柳州人就在罗池庙旁，修建了柳宗元的衣冠墓。一辈子否认鬼神的柳宗元，被柳州人衷心地供奉为罗池之神，这未免是难以理解的历史矛盾，颇令人深思。但这不能说明柳宗元否认鬼神的理论主张是徒劳的。

世世代代的柳州人，都到罗池去瞻仰纪念柳宗元。柳州人因有柳宗元做刺史而感到光荣，柳宗元也因此得名柳柳州。宋代追封柳宗元为文惠侯，因而罗池庙改名为柳侯祠。柳侯祠历代多有修建，清代还以柳侯祠作为柳江书院，成为柳州地方的最高学府。现存的柳侯祠，是新中国成立后根据清代柳侯祠的建筑形式重建的。门额"柳侯祠"三字，是现代大文豪郭沫若的题字。柳侯祠内有柳宗元像，以及荔子碑等名贵石刻。荔子碑是宋代文豪苏轼的书法，写的是韩愈《柳州罗池庙碑记》中的"迎享送神诗"那部分。因碑中首句是"荔子丹兮蕉黄"，故取"荔子"二字命名。由于荔子碑反映的是柳宗元的事迹，又是韩愈的诗和苏轼的书法，因而有"韩诗苏字柳事碑"之称，号称三绝。柳侯祠附近，还有柳宗元衣冠墓、柑香亭、思柳轩等，常年有国内外来客到此游览、瞻仰。

拾壹

英名长存

到宋代被重新发现

柳宗元四十七岁时，在遥远的异乡去世了。他带着忧国忧民的满腔悲愤，带着遗憾和委屈，离开了过于幼小的儿女，离开了人世间。在宦海风波中，他任过尚书省的礼部员外郎，又以州牧而终，然而去世时室如悬磬，连自己的丧葬费也没有，遗孤只得托付朋友照料，可谓两袖清风，清贫如洗。因此，在他那里，最富足的在于精神，最眩人的要算品格，留给后人的最宝贵财富，则是他生前所写的作品。去世后不久，患难之交刘禹锡就为他编好了文集，称《唐故柳州刺史柳君集》，共三十卷。刘禹锡为文集写了序言，又附有韩愈写的墓志铭。人才辈出的中唐文坛上出现的这种团结合作气氛，与政界残酷无情的倾轧和意气用事的无休止党争，形成十分鲜明的对照。

在中唐曾使文化界许多人倾倒的一代文宗柳宗元逝世以后，他的名字逐渐在人们记忆中淡化消失。韩愈比柳宗元晚五年（公元824年）去世。中唐古文运动由于失去这两员主将，便逐渐走向衰落，到晚唐，只存一线浅浪余波而已。韩愈和柳宗元开创的事业，后继乏人。元和十五年（公元820年）以后的国家政治情况，也很不妙。宦官擅权的嚣张气焰，达到了不可收拾的地步，谁要去收拾，包括宰相和皇帝本人在内，最终都是自己掉脑袋。朝臣众多，也并不缺乏有见识的能人，但朝臣间因为具体政见不同和亲疏关系，形成了势不两立的党派集团，从而把力量在朝廷内部消耗殆尽。党争之祸既十分残酷，又多半是意气用事，彼此都毫不留情地罗织罪名整治对方，必欲置对方于死地而后快。政界的有为之士常常是党争中另一派整治的目标，或者被整死，或者索性整死对手。

拾壹 英名长存

在这种情况下，许多人干脆躲避政治。国家的一点元气，在阉人干政和残酷党争中，所存无几。面临国亡民穷的局面，文化自然少有人问。古文运动本已式微，所以晚唐时仅仅偶尔有人谈到柳宗元，如司空图[①]高度赞扬了他的诗歌艺术，可谓知音。但柳宗元的整个文化成就，几乎无人提及，他似乎只是以往一位寻常的骚人墨客罢了。五代十国时代五六十年中，中华大地烽火连天，兵连祸结，柳宗元和韩愈的名字几乎被人们遗忘。五代后晋时刘昫等撰修的《旧唐书》，虽然载有柳和韩的传，但其中"经籍志"竟不列柳宗元和韩愈的文集。

历史上的许多名人，特别是文化名人，去世后的命运，经常在漫长的时间流程中表现为一种起伏不定的曲线。连公元前六世纪的大思想家孔子，他的地位本来也与墨子、老子等人差不多，到他去世后数百年的汉代，才被尊为圣人。从此以后，他的名声才日甚一日地高升。比孔子大约晚二百来年的孟子，长期被认为是儒家学派中的一位普通学者，其重要性大致与荀子不相上下。可是孟子学说的意义，在唐代被韩愈、柳宗元等人重新认识，以至到孟子去世一千多年以后的宋代，他被尊为亚圣，有资格端坐庙堂于孔子身旁，同受祭祀膜拜之礼。这种现象，从文化传播学的观点犹可理解，后代人作为前代信息的受传者，总要受到亲身所处环境的种种影响和制约，并抱有不尽相同的目的，因此对于前人，后人头脑中难免形成带有时代印记又具自己个性特点的认识。时代不同，有关前人的这类认识也不尽相同。这一点无法避免，今天何尝不是如此，只是具体情况有所不同罢了。

柳宗元和韩愈在中国历史上都存在不会淹没而被重新认识的可能性和必然性。这是因为地主阶级要在五代十国的分裂和衰颓的基础上，重建统一的中华帝国，就必须正视秦汉以来的经济、政治所发生的重大变化，必须寻求与这变化了的现实相适应的思想文化，以利于巩固统治和维系国家。在这种情况下，必须重视复兴儒学这件大事，改造旧儒学，创造新儒学，并使新儒学逐步完善，使它在与佛、道相争中，取得牢固的优势。

[①] 司空图（公元837—908年），字表圣，河中（治所今山西永济）人。所撰《诗品》一书，是其代表作。

再是恢复散文传统，创造新散文，并使新散文丰富多彩，人们乐于应用，以便完全取代陈腐的四六骈文。这两件事，正是当时中国思想文化领域迟早应该完成的任务。古人讲文治武功，这两件事乃是当时文治中的首要问题。柳宗元和韩愈一生奔走呼号，他们所写作品，或宏篇，或短章，几乎都与这两件事有关。因此，一旦宋代人从现实中意识到这一点，惊喜地奔向韩愈和柳宗元，继承他们的未竟事业，肯定他们在历史上的地位和成就，便成为无法避免的事。所以，到北宋初年，柳宗元历史命运的曲线，便呈现出上升趋势。从此以后，人们从各种不同角度，或以不同观点去评论他，意见纷纭，褒贬皆有。但是，他在中国文化史上的重要地位，却是谁也无法否认的。

有意思的是，柳宗元和韩愈两人在他们去世后的两百来年，被宋代人同时发现，并且同时被大力宣传。发现并宣传他们的人，最早是北宋初年的柳开（公元947—1000年）。柳开原名肩愈，这个"愈"便指韩愈；又字绍先（一作绍元），这个"先"是指他的先祖柳宗元。他对别人讲，自己取这个名和字的意思是"绍其祖（柳宗元）而肩其贤（韩愈）"。柳开热情倡导学习韩和柳，但他并未见到韩或柳的全部作品，因为唐代的手抄本早已零落失散，当时社会上很难找到完整的抄本文集。所以，柳开的宣传影响毕竟有限。这方面起更大作用的，是几十年后的穆修（公元979—1032年）。穆修几乎用毕生精力搜集韩和柳的文集。他很早就得到了李汉编的韩愈文集，但他开始时只见到柳文一百余篇，花了二十余年工夫才觅得有刘禹锡序文的四十五卷本柳集。由于中国的造纸技术自汉代发明后不断改进完善，中唐又发明了雕版印刷术，所以宋代的传播媒介制作技术，在世界上遥遥领先。因此，穆修在刻印了韩愈文集之后，终于在宋仁宗天圣元年（公元1024年）秋天刊刻《唐柳先生集》。换句话说，柳宗元在逝世二百零五年后，就有了自己作品的木版印刷本。这成为中国最早的柳集刻本。

利用先进的传播媒介制作技术，宋人在传播柳宗元作品方面，热情既高，成效又大。在这方面，中国古代的文人在全世界可说是最幸运的。在两宋三百余年间，北宋人重在做柳文的收集和校订工作，南宋人则重在对柳文作音释注解。经北宋人收集校订后刊刻的柳集，包括穆修的在内，共有七个不同版本。此外，南宋又出现两个同类版本。[①]南宋对柳文的注释工作，规模很大。如张敦颐作《柳文音辨》、严有翼作《柳文音切》、童宗说作《柳文音释》、潘纬作《柳文音义》、韩醇作《柳文训诂》等。以后，由于社会上注释本出现较多，所以又有郑定作《添注》，魏仲举作《集注》，廖莹中作《辑注》等。其中魏仲举的本子称《新刊五百家注音辨唐柳先生文集》，所列注家包括魏仲举本人，竟达一百零二人之多，里面只有四五位是唐代人。这些注本中所列注家，包括石介、范祖禹、王安石、苏轼、曾巩等在内。多数人并非专门为柳文作注，只是在自己著作中有所论及，但这一点可说明宋代人对柳文的重视程度，和柳文传播的广泛性。

经五代到宋代，柳宗元才华出众的作品被广泛传播，他一下子成为社会上知名度极高的人物。宋代人常讲的是"韩柳文章李杜诗"，柳宗元成为对宋代人影响最大的唐代四大文化名人之一。柳宗元的名字，再也不可能在历史上抹去了。官方对他也是基本肯定的。宋徽宗崇宁三年（公元1104年）敕封他为柳州文惠侯；宋高宗绍兴二十八年（公元1158年）又加封为文惠昭灵侯。韩愈在宋代的运气更好。他不仅追谥"文忠"，又在宋神宗元丰七年（公元1084年）与孟子、荀子、扬雄四人同受封爵，这一次韩愈封为昌黎伯。这样，韩愈便大模大样地进入孔庙，跟随孟子、荀子、扬雄之后，列于文宣王孔子之侧，接受隆重祭祀。这种无上光荣，柳宗元望尘莫及，大概也是韩愈本人做梦都想不到的。韩、柳生前，两人都互相谦让，互相尊重，然而宋代人大都是尊韩抑柳。宋代人既承认柳宗元的历史地位，又常常把韩和柳相比较进而抨击柳宗元。这种事从宋代开始延续了上千年。

[①] 此据万曼《唐集叙录》，中华书局1980年版。

上千年的议论纷争

通过中国古代先进的传播媒介，柳宗元的历史影响无疑被大为扩大了，可是围绕他产生的议论纷争，也越来越多。在唐代的重要文化名人如李白、杜甫、韩愈、柳宗元这几个人中，后人有关柳宗元的争议，可说是最多的。有许多人起来指责他，或者专门写了文章与他辩论，其中有些人显得相当不客气、不冷静。总的说来，人们又觉得离不开他。在后人心目中，他的文章是不可不读的典范，有些人起来专门为他辩护，又有人颂扬他、崇拜他。当宋代的古文运动取得胜利以至到理学形成以后，柳宗元对现实所具有的意义减少了，人们对他的热情有所降低，然而社会上议论他的基本情况，还是如此。关于后人围绕他的聚讼纷争，我们从政治上、思想上、文学上三方面来谈，大体可以归纳为这样三句话：十分不幸的政治家，颇多争议的思想家，声望很高的文学家。这样分开来谈，固然有可能把古人肢解从而陷于支离破碎，然而对于我们简要地介绍历史情况来说，有方便和有利的一面。

先说十分不幸的政治家。

就柳宗元自己而言，他本人更重视做政治家。他前半生积极从政，以参加永贞革新为最高潮。随着永贞革新的流产，他成为了政治活动的失败者。又因为领导永贞革新的王叔文被官方舆论说成是窃国弄权的"小人"，他就被认为是声名狼藉的"王叔文党人"。因此，柳宗元作为政治家在后代所受的批评，远比作为思想家和文学家要多。就这一点说，他是十分不幸的。

中国古人重视读史书，正史上对一个人作何褒贬评论，在社会上产生的影响最大。流传至今的二十四史中有两部唐书，一部是《旧唐书》，修撰于五代后晋时；另一部是《新唐书》，修撰于北宋。史家合称之为"两唐书"。这两部唐书对柳宗元政治方面所作的批评都十分严厉。《旧唐书》指责他："蹈道不谨，昵比小人，自致流离，遂堕素业。"意思是由于自己政治上不谨慎，亲近了王叔文这类"小人"，结果自作自受，自己毁坏了前程。《新唐书》中则说，王叔文本是"沾沾小人"，想窃取国家权柄，是《春秋》"书为盗"那样的坏人。而柳宗元诸人跟从王叔文，企图"侥幸一时，贪帝病昏，抑太子之明，规权遂私"，于是造成了大致如《旧唐书》所说那种自作自受的结局。《新唐书》认为，柳宗元本人也有"规权遂私"的意图，这个批评显然比《旧唐书》要严厉得多。

　　两部唐书特别是《新唐书》，为柳宗元在政治方面定下调子，往后想有翻身的日子，就很难了。因为古人读书，除了苦读经书外，就要熟读史书，一般人很难有机会研究集部的许多著作，再去比勘史籍，考订其中的不实之词。所以多数人只能跟随史书，人云亦云。文人中的这种习尚，对柳宗元非常不利。再者，两部唐书之所以拿成败论人，是根据永贞革新失败后唐宪宗元和年间有文字记载的官方舆论。《新唐书》对他进行更加严厉的批评，又增加了宋代的一层社会背景。宋代进一步加强中央集权，皇权呈现出无限膨胀的趋势，将要形成的新儒学——理学，为巩固中央集权，把忠君等伦理纲常强调为天理，在理论上具有本体的意义。在这种社会背景下，宋人写的《新唐书》，特别突出对"忠奸顺逆"的褒贬，而称柳宗元"规权遂私"，其实就是说他有对君不忠之罪。自宋代以后，"不忠之罪"比瘟疫可怕百倍，凡是遇到这类问题，一般都忙不迭地跟着口诛笔伐，唯恐沾到自己身上。因此，历史上视柳宗元为"小人"的，大有人在。苏轼、王安石本是极富独立思考精神的思想家、政治家，他们对柳宗元推崇备之，可是批评也都相当重。如王安石在《读柳宗元传》中，称八司马是"天下之奇材"，这评语不能说不高，然而接着又认为，他们"一为叔文所诱，遂陷于不义，至今士大夫欲为君子者，皆羞道而喜攻之"。显然，王安石也认为柳宗元有失君臣之"义"，又指出宋代想做"君子"的知识分子，多为此"羞道而喜攻之"。其实，王安石的思想和经历，有不少与柳宗元相通，他尚且有如此看法，遑论别人？因此，一直到清代，桐城派代表人物方苞还指责柳宗元"大节有亏"（《答申谦居书》），这就不足为怪了。

为柳宗元等说公道话的人，并非没有，最早有北宋杰出的政治家范仲淹（公元989-1052年）。范仲淹读了柳宗元、刘禹锡、吕温诸人著作，感到他们"礼意精密，涉道非浅，如叔文狂甚，义必不交"；并认为王叔文"人望素轻"，然而永贞元年他做的是好事；《旧唐书》无非以成败论人，所记不可尽信。范仲淹这番话见于《述梦诗序》，它的意义在于为永贞革新首倡肯定之说。《述梦诗》本是中唐名臣李德裕所作，刘禹锡曾作唱和。范仲淹五十岁做润州（今江苏镇江）知州时，为重刻《述梦诗》而写序文，又在这序文中因刘禹锡转而谈到永贞革新与柳宗元诸人。所以他这番议论，是借一个机会故意要讲出来的。这时的范仲淹，已因所谓"朋党"罪而贬官，但与他有关的著名的"庆历新政"还是五年以后的事。所以他发这番议论，既与自己的经历、思想有关，又确是自己研究历史思考所得。不过对他这个意见，社会上响应者了了。《新唐书》中持完全相反的意见，但《新唐书》的作者宋祁和欧阳修，在现实政治中都是范仲淹的追随者。同意范仲淹这意见的，在宋代大概只有严有翼的《柳文序》、赵彦卫的《云麓漫钞》等数例而已。

历史上对柳宗元从行为到人品所作连篇累牍的批评，说起来都与他参加永贞革新有关，而要辨析永贞革新中的是非曲直，必须靠学识渊博且态度科学的历史学家。可是，经过了宋、元、明三代，才见有王夫之、王鸣盛从历史学角度对此作出了与两唐书不同的分析。王夫之是明末清初的大思想家和著名学者，他在自己的史学名著《读通鉴论》中，对王叔文、柳宗元等人在永贞元年所行新政都加以肯定，对他们失败原因的分析颇具独特性。他意在辩诬，认为以往史家把他们视为"千古之败类，则亦诬矣"。王鸣盛是乾嘉学派的一位大师，博学广闻，尤精史籍。他在史学专著《十七史商榷》中，比较了《旧唐书》《新唐书》和《资治通鉴》等，发现《旧唐书·顺宗纪》所记王叔文等的善政最为详尽，而《新唐书》则把"顺宗一朝美政，刊削殆尽"。他指出："叔文行政，上利于国，下利于民，独不利于弄权之阉臣，跋扈之强藩。"又指出："改革积弊，加惠穷民，自天宝以至贞元，少有及此者。"王鸣盛这翻案文章做得最精彩，事实摆得充分，道理讲得透彻，颇能为柳宗元等人伸一口千古冤气。这仅仅是王夫之、王鸣盛的个人意见，社会上占主导地位的还是正史中的看法，尽管这些看法与王叔文、柳宗元等人的事实并不相符。

再谈颇多争议的思想家。

作为思想家的柳宗元建树颇多，这是谁也无法否认的。在政治学、哲学、文学、经济学、法学等许多领域，柳宗元都提出了有价值的理论主张，其中反对天命神学的思想、否定分封制的论述、复兴儒学的主张、古文创作的理论以及有关农业税的见解等，都具有划时代的意义。他主张吸收百家包括佛学之长，来改造旧儒学。这对儒学本身其实是一剂苦口良药，是儒学发展的一条必经之路。他的仁政民本思想，更富于理想色彩，显得十分动人，表明他是中古时期富于民主精神的人。从思想作风上看，柳宗元非常重视实际，思维面向现实又外向开放，多有积极进取的精神。在艰难环境中他刚毅坚强，具有百折不挠的气概。他理论上不是没有缺陷失误，然而与成就相比，就显得不重要了。

但是，柳宗元在思想领域取得的每一项成就，在历史上几乎都有争议，赞成者多，反对者也多。与韩愈相比，由韩愈引起的思想争议并非没有，然而比他要少得多。所以，柳宗元可称是颇多争议的思想家。拿《封建论》来讲，在柳宗元论说文中居首位，又是历史上难得的好文章，所以一到宋代，《封建论》从者如云。欧阳修作《新唐书·宗室列传赞》，司马光作《资治通鉴》，范祖禹作《唐鉴》，都采纳了柳宗元《封建论》提出的观点。范祖禹在《唐鉴》卷四引用《封建论》时，采取这种口气："柳宗元有言曰：'封建非圣人意也，势也。'"这就像是引用某种经典著作一样，宋代历史学家纷纷取《封建论》的观点撰写史书。此外，宋又有苏轼、朱熹等人，元有吴莱等人，明有李贽等人，清有顾炎武等人，这些学界名人都赞成柳宗元《封建论》的观点。即使如此，也照样有人提出异议。宋代一位学者叫胡寅，在《读史管见》中，对《封建论》特地提出驳论，偏说是"封建之法，天道之公也"，"郡县之制，人欲之私也"，见解恰好与柳宗元相颠倒。看来，胡寅有心在宋代恢复封侯建国这一套古制。像胡寅那样的人，自宋至清，历代皆有。清代的袁枚在文化界颇有名望。为反对《封建论》，他一连写了两篇文章，可见积极性还是很高的。

后人对柳宗元思想频频争议，其中原委十分复杂。柳宗元立论大胆新颖，有些观点未免曲高和寡，或者时过境迁，以后被人认为不合时宜等。

立论大胆新颖，是柳宗元论说文的特点。从他自身方面说，是因为不那么崇拜偶像，受传统观念的束缚较少，教条习气很轻。他一生无疑是最尊敬孔子的。可是，有一次为孔庙写碑文，在对孔子大加赞扬一番以后，他竟又说了这样一句话："惟夫子神道设教，我今罔敢知。"（《柳州文宣王庙碑》）意思是，唯先生关于"神道设教"的理论，我现在还不敢完全苟同。他说这话，是诚心诚意的，绝无半点轻侮孔子的意思。他既然对最尊敬的孔子也敢有异议，心中肯定就不会有多少偶像崇拜。不崇拜偶像，写文章时很少顾忌，说话痛快淋漓，斩钉截铁。所以，章士钊赞誉柳宗元，是自汉至唐的"论辩第一胆大者"（《柳文指要》下，卷一）。柳宗元的文章，因此必然是有些人看了中意，有些人看了不中意。中国封建社会里总有那么些人，头脑中不能容忍任何新鲜思想。再加上柳宗元是政治活动中的失败者，史书上有不良名声，因而一些思想陈腐又热衷卫道的人，更想起劲地去反对他。宋代的胡寅，可能就是其中之一。

柳宗元的有些观点，因为过分富于理想色彩而未免陷于曲高和寡，他的仁政民本思想便是。他一方面是强化中央集权论的倡导者，这从《封建论》可证；另一方面又不那么强调皇权，不那么重视等级名分，相反格外地强调民心和民意的政治作用。在他看来，强化中央集权和实行以民为本应并行不悖，而实行以民为本就能使中央集权的国家长治久安。他关于仁政民本的那些独特想法，本源于孔子、孟子，所以儒学中人一般还不能正面反对，然而公开赞成的却也很少。因为这类思想嘴上说说还可以，至于付诸实践，就算有幸碰上哪一个圣君贤相，还未必能真正实行起来。特别是宋代以后的正统派政治思想，把皇权抬到了至高无上的境地，一般人恭维皇权犹恐不及，哪有真心思去问民心和民意？所以，他那些思想远没有像单独强调皇权和等级名分那样吃香时髦。当然，历代也还有人肯定。主张"先天下之忧而忧，后天下之乐而乐"的范仲淹，称他"涉道非浅"，就应包含这方面的内容。清代咸丰、同治年间的刘熙载，在桐城派的一片贬柳声中，却在《艺概》中指出"柳州系心民瘼"。虽寥寥数语，却也表明民主精神的历史延续。

在中唐，柳宗元公开主张儒学应吸收百家之长，其中包括援佛入儒，以后儒学的历史发展，恰如柳宗元所料。但是，他把这一主张公开化，在一些人看来是不能容忍的，至少是不合时宜的。赞成他这一主张的人不是没有，宋代以后甚至变得多起来，然而反对他的人更多。在宋代，自欧阳修开其端，之后宋人十之八九都为这个问题激烈地批评他。其实，宋代的理学家无不吸取佛学为己有，程颢、程颐是如此，朱熹也是如此，这个事实可以证明柳宗元二百多年前说的话并不错。今天的哲学史研究家，明确指出："朱熹常说'人人有一太极，物物有一太极'。这是佛教的'真如''佛性'学说在唯心主义理学中的复制品。"（任继愈主编：《中国哲学史》第三册第235页）此话一点不假，实际上朱熹非如此做不能成为理学大师。可是，朱熹同时又是一位佛教的激烈反对者。朱熹因此批评柳宗元"反助释氏之说"（《朱子语类》卷一二二）。有趣的是，理学家埋头于理论上大规模融佛的同时，态度上都是旗帜鲜明地反佛。他们为什么反佛？其实是出于一种策略需要，因为这时候正统儒学的优势地位正受到道教特别是佛教的威胁。这种策略需要，在宋代还显得比较突出，因此柳宗元就只好多挨批评了。明代儒学的地位相当稳固，心学和佛教基本上相安无事，因而公开赞成柳宗元的人就多起来。在这方面对柳宗元无论是贬还是褒，都不大注意柳宗元主张援佛入儒，本是为加强儒学。因此，人们的评论未免都有过分囿于实用的流弊。其实，在唐代大力提倡"圣人之道"的人，除了韩愈，就数柳宗元了。至于以儒学异端视之，那是宋代以来儒家学者特有的狭隘心理在作怪，唐代人就从不这样看待他。

再谈谈他作为声望很高的文学家的一面。

作为文学家，柳宗元在历史上一直享有盛誉。从北宋开始，他就与韩愈并重，人称"韩柳"。韩和柳的创作，皆以散文为重，但各有所长。一般说来，韩长于碑志，柳长于论说，韩的杂著丰富多彩，柳的游记和寓言独占鳌头，至于书序大致各有千秋。韩文气势充沛，如江河直下，汪洋恣肆；柳文富于雄辩，精细缜密，冷峻峭拔。五代和北宋初年的文坛，又成为四六骈文的天下，宋人要完成古文革命，不学韩、柳，别无他法。首次刊刻柳集的穆修，在《唐柳先生集后序》中，宣称："世之学者，如不志于古者则已；苟志于古，求践立言之域，舍二先生（指韩与柳）而不由，虽曰能之，非余所敢知也。"学古文非学韩、柳不可，穆修这观点为宋人所共有。

宋代不少人在某一方面批评柳宗元，但对他的文章一般都非常喜爱。宋祁在《新唐书》中从政治方面严厉批评柳宗元，但宋祁本人特别爱好韩、柳文章，因而《新唐书》移录柳文近十篇。苏轼贬官海南，还写信嘱咐侄孙："宜熟读前后汉文和韩、柳文。"（《与元老侄孙》）"前后汉文"指《史记》《汉书》等。朱熹的话说得更加透彻："今日要做好文章者，但读《史》、《汉》、韩、柳而不能，便请砍取老僧头去。"（《朱子语类》卷一三九）这些话，表明苏轼、朱熹等人的古文观点与韩、柳一脉相承。苏轼本人在海南岛时，随身携带陶渊明集和柳宗元集，"常置左右，目为二友"（《答程金父推官》）。他对柳文评论甚多。对于柳宗元的诗，他评为"发纤浓于简古，寄至味于淡泊"（《书黄子思诗集后》），又评为"外枯而中膏，似淡而实美"（《东坡题跋》卷二）。苏轼这两句话，一向认为是对柳诗特征的最好概括。此外，如陆九渊在他为科举考试所作《策问》中，说："唐三百年，文章宗伯唯韩退之，其次柳子厚"（《象山先生全集》卷二十四）；戴埴在《柳子厚文》中称："柳子厚文坛之雄师"（《鼠璞》卷下）；严羽指出："唐人唯柳子厚深得骚学"《沧浪诗话·诗评》；如此等等。由此看来，宋人奉柳宗元为文坛宗师，可谓众口一词。

自元至明，明初文坛领袖宋濂等倡导宗法唐宋。宋濂把司马迁、班固和韩愈、柳宗元、欧阳修、苏轼等人并称，显然是唐宋古文运动的余绪。明初洪武年间，朱伯贤编刻《唐宋六家文衡》。这六家即韩愈、柳宗元、欧阳修、曾巩、王安石和苏氏父子。以后，以李梦阳、何景明为代表的"前七子"主持文坛，"倡言文必秦汉，诗必盛唐，非者是弗道"（《明史·文苑传》）。何景明提出"古文之法亡于韩"（《与李空同论诗书》），认为散文必须学秦、汉之文，韩、柳之文不足为法。以李攀龙、王世贞为代表的"后七子"，大致也是这种主张。前后七子在明代文坛形成一股复古作风，这种复古，其实是泥古，并无多少创造性。但韩、柳散文更切合于后代，这无疑是抹杀不掉的事实。因此抛弃唐、宋而走"文必秦汉"的路子，实际上根本走不通。明中叶，有王慎中、唐顺之、归有光、茅坤等人，再次提出学习唐、宋古文。茅坤根据唐顺之等人主张，编刻了《唐宋八大家文钞》，广为流传，影响甚大。这"唐宋八大家"，就是唐代的韩愈、柳宗元，宋代的欧阳修、王安石、曾巩、苏洵、苏轼、苏辙。其中茅坤评语，有些未免失当，但提出"唐宋八大家"，用意是为古文明确源流演变，以示文统，又是为古文确立创作法度，以示规范。所以，这实际是针对那些复古派鄙弃韩、柳，而重新肯定他们是散文创作的正宗。

清代散文中最大流派桐城派，基本上承袭了"唐宋八大家"之说。桐城派自方苞重"义法"，到姚鼐讲"义理、考证、文章"三者善用，观点有所不同，但诸人对柳宗元作为散文中的卓然大家未敢忽视，只是从道学观点对他所作陈腐批评，确实比前人要多。到了近代，颇有近代启蒙思想的著名学者林纾，十分不满桐城派对柳宗元的顽固偏见。他在《韩柳文研究法》一书中，针对方苞的种种"丑诋之词"，称柳宗元"振拔于文坛，独有千古，谓得非人杰哉"？而刘师培诸人讲中国文学史，都把柳与韩相提并论，渐近历史的真实。

从中国散文史来看，韩愈和柳宗元领导的中唐古文运动，是影响深远的重要转折点，它廓清了骈文对文坛几百年的统治，开创出一个崭新的局面。以后，经宋元到明清上千年的散文创作，大体沿着韩、柳共同开辟的道路前进和发展。如果没有他们两人崛起于中唐文坛，以后的中国可能诞生另一个人或另一些人，来推动散文向前发展，完成文化中的某些变革任务。因为历史总是要前进的。但是，唐以后的散文史，将是另一种样子，至少历史前进的步伐，将要艰难得多。这是可以肯定的。

柳学研究在今天

全面地重新评价柳宗元的工作，实际上是新中国成立以后开始的，其规模之大和影响之广，又是空前的。重新评价的范围，涉及历史科学的各个领域，包括政治学、哲学、文艺学、经济学、法学等各方面。

20世纪五十年代初期，研究柳宗元影响较大的学者有黄云眉、侯外卢等人。黄云眉于1954年在《文史哲》（总第十期）发表《柳宗元文学的评价》一文。该文认为王叔文集团是"企图在政治上有所改革的新势力集团"，"从历史发展的观点上来看，是具有一定的进步意义的"；该文又着重分析了柳宗元作品中的"人民性和现实意义"。《柳宗元文学的评价》一文，后来被作者收入《韩愈柳宗元文学评价》一书，于1957年由山东人民出版社出版。作者在该书"引言"中指出："像柳宗元这样一个具有高度政治斗争性的杰出文学家，就因为他的政治斗争的失败，使他始终玉洁的人格，蒙受了千载的诬蔑，从而使他寒芒熠熠的文学内容，也不可能获得正确的认识，这在今日是完全有替他洗刷的必要的。"黄云眉这段话，可以代表当时学术界多数人的心情。《柳宗元文学的评价》一文，由于作者是兼治文学的历史学家，因此史学论证翔实，文学分析也颇为深入细致，这种文与史相结合的研究方法很见成效，社会影响相当大，还引起日本京都大学清水茂教授的重视。清水茂撰有《柳宗元的生活体验及其山水记》[①]，以示响应。我们又应看到，黄云眉的意见，客观上也是顺应了当时中国学术界对柳宗元研究中的基本趋势。

关于王叔文党人的评价问题，新中国史学界不约而同地表现出肯定的意向。史学家吕思勉和岑仲勉，前者著《隋唐五代史》，后者著《隋唐史》，两书于五十年代初期出版，都从铲除宦官擅权的角度，肯定了王叔文党人。黄云眉的功绩，是较早地把王叔文党人和宋代王安石相提并论，认为他们从事的是政治改革。侯外卢的意见，与黄云眉一致。1959年出版的侯外卢主编的《中国思想通史》第四卷上册，指出："二王、刘、柳是反对宦官专横、反对当权的官僚大族而进行变更制度的革新派。"这类见解以后逐渐为多数人接受。

研究柳宗元的文学成就，除黄云眉等人在专论中提出新的看法，文学史专著中也出现再评价的倾向。文学史家陆侃如、冯沅君著《中国文学史简编》（修订本），先在《文史哲》连载，又于1957年正式出版，作者指出柳宗元"更能同情人民的苦难"。又认为，对于柳宗元，"现在我们应该重新评价了"。此后，六十年代初出版的游国恩、萧涤非等五人主编的《中国文学史》，和中国科学院文学研究所编的《中国文学史》，这两部至今仍有影响的著作，大致都从同情人民疾苦和强烈现实主义精神这两方面，去论述柳宗元文学创作的内容特色。

作为历史上重要思想家的柳宗元，在建国后出版的各类中国学术思想史著作中，一般都列专章论述。对于他的哲学思想研究，最初以侯外卢诸人的贡献最大。中国思想史研究方面的著名学者侯外卢，在他主编的多卷本《中国思想通史》第四卷上册中，有专章论述"柳宗元和刘禹锡的唯物主义、无神论和战斗性格"。认为柳宗元和刘禹锡"在中国唯物主义史上的贡献和地位，不仅超过荀子，而且也超过了王充和范缜"，"开启了宋代王安石以及明代王艮、方以智以唯物主义哲学直接参与大规模政治斗争的先河"。关于柳宗元具有唯物主义哲学思想这一点，已为中国哲学史界所公认，只是具体论述尚有一些分歧。

[①] ［日］清水茂：《柳宗元的生活体验及其山水记》一文，原载日本《中国文学报》第二册，由华山译成中文，刊载于《文史哲》1957年第4期。

历史上任何杰出人物，在后人心目中都可能产生不同的认识。于五十年代和六十年代初，中国学术界在柳宗元研究中的分歧，主要来自柳宗元与佛教的关系。在这方面较早提出批评意见的，是著名历史学家范文澜。范文澜肯定了王叔文党人的政治行为，也肯定了柳宗元的唯物论。与此同时，他在《中国通史简编》第三编第二册中指出：柳宗元"中佛毒当然很深"，"柳宗元思想也分成两截，半截唯物，半截唯心"；"韩愈顺着儒学方兴的胜势，柳宗元沿着佛教将败的颓波，文章高下决定于作者的思想和气势，韩愈崇儒学，势盛而气壮，柳宗元信佛教，势逆而气衰"。1964年出版的任继愈主编《中国哲学史》第三册，有些地方接近范文澜的观点。书中充分肯定了柳宗元哲学中的唯物主义和无神论，同时又认为，柳宗元"受佛教唯心主义哲学的影响较深，使他在当时思想斗争的主要战线上，主攻方向不明确，降低了他的唯物主义思想水平"。柳宗元与佛教的关系，至今仍是柳宗元研究中热烈争论的问题之一。

十年浩劫中文化凋零。"四人帮"于1973年开始，怀着恶毒的政治目的，掀起了一场批儒评法的闹剧。在这场闹剧中，柳宗元被作为法家人物捧到天上，成为"四人帮"政治舞台上的一具玩偶。这个情况，显然与柳宗元本人思想中的民主精神和向往自由的意愿，毫不相符。当然，各地学人收集整理有关资料和校注柳宗元作品，这类工作于以后并非无益，但是那些千篇一律不顾事实的颂扬文字，与古代道学家们对他所作的千篇一律不顾事实的批评文字一样，都谈不上有什么价值。不过1971年由中华书局出版的章士钊著《柳文指要》则与这场闹剧毫无关系。《柳文指要》分上、下两部。上部四十五卷，逐篇探讨柳文，包括评论、考证、校笺等，称"体要之部"；下部十五卷，专题论述柳宗元和柳文的各项问题，称"通要之部"。该书作者独爱柳文，积数十年研究之心得，其中并非没有值得商榷之处，但是，该书包罗万象又详赡精深，发微探幽而独到之处极多，实是自古至今在综合研究柳宗元方面的最重要著作，深得国内外学术界好评，今后仍将在柳学研究中发挥重要参考作用。

新中国成立以来撰写的柳宗元传记著作，从历史上看是最多的。较重要的作者有施子愉、吴文治、顾易生、孙昌武等。施子愉的《柳宗元年谱》，发表于1957年第1期《武汉大学学报》，次年由湖北人民出版社出版。该年谱是继宋代文安礼《年谱》和张敦颐《历官记》以后的一个重要研究成果，内容包括柳宗元行事和诗文系年，参证史传，创新纠谬甚多。吴文治的《柳宗元评传》，1962年由中华书局出版，论述柳宗元的生活道路、思想发展，而对文学作品的分析评论尤多，吸收各家之长又有所发明，基本上代表了六十年代的学术水平。吴文治另于1964年出版《柳宗元研究资料》共两册，又于1979年出版以宋代"百家注本"为底本进行校刊的《柳宗元集》共四册，可说是至今最好的柳集版本。以上两种书，都是中华书局出版的。此外，商务印书馆和上海人民出版社都出版过《柳河东集》。至于柳宗元诗文选注之类出版物，各出版单位出版的更是不可胜数。1980年，人民文学出版社出版孙昌武的《柳宗元传论》，标志着柳宗元传记研究达到一个新的水平。这是作者十余年研究的结晶。传记著作一般都要吸收别人成果而带有综合性，该书讲柳宗元"宣传'大中之道'"等，有可能受到《柳文指要》的影响。但该书对柳宗元的生活环境、思想渊源、诗文分析方面，对古文运动的论述方面，以及全书的布局行文方面等，皆不乏新见，有省人耳目的效果。

　　现在，全国研究柳宗元的学者众多。国外的研究者以日本居多，日本的清水茂、筧文生等人的研究成绩甚为丰硕；美国和欧洲国家也有一些学者在研究。1981年我国在湖南省召开了柳宗元学术讨论会，1983年又在广西壮族自治区召开了柳宗元哲学思想讨论会。国内的研究兴趣，正从以往偏重于文学，转为思想研究和文学研究并重，研究中的探讨和争鸣非常活跃。曾经对中国古代文化做出重大贡献的柳宗元，今天的中国人民将批判地继承他的精神遗产，使之在现实中发扬光大。

附 录

一 柳宗元事迹著作编年

唐代宗大历八年（公元773年） 一岁

生于长安。父柳镇，母卢氏。先世河东人，河东柳氏系汉魏以来关中著名士族之一。

是年刘禹锡、吕温、白居易、崔群两岁，韩愈六岁，陆贽二十岁，王叔文二十一岁。

大历十一年（公元776年） 四岁

随母亲卢氏住长安西郊乡下。不久随家迁长安城内亲仁里居住，与名将郭子仪为邻。

德宗建中元年（公元780年） 八岁

宰相杨炎改革税制，废"租、庸、调"，行"两税法"。陆贽任监察御史。

建中三年（公元782年） 十岁

幽州节度使朱滔、魏博节度使田悦、成德军王武俊、平卢军李纳四人联合叛唐称王，淮宁节度使李希烈于蔡州响应，自称天下都元帅、建兴王。唐军与逆军战事不利。召陆贽为翰林学士。

建中四年（公元783年） 十一岁

柳镇调任鄂、岳、沔都团练使判官，是年随父到夏口就学。柳镇又任职于洪州，随父于南方求学数年。

十月，朝廷调泾原兵五千击李希烈，以解襄阳之危。泾原兵路过长安，发生兵变，攻入京城。叛军拥原幽州节度使朱泚为"大秦皇帝"，改元"应天"。唐德宗率数百人逃出皇宫，过咸阳，奔奉天。长安陷落，段秀实拒降被朱泚杀害。十二月，贬宰相卢杞为新州司马，迁陆贽为考功郎中，继任翰林学士。

德宗兴元元年（公元 784 年） 十二岁

二月，朔方军将领李怀光叛。六月，朱泚被部下杀死。长安收复，唐德宗七月回宫。陆贽代德宗作罪己大赦诏书，《奉天改元大赦制》。

德宗贞元元年（公元 785 年） 十三岁

与杨凭之女订婚。八月，叛将李怀光于河中自缢身死，于是代崔中丞作《贺平李怀光表》。

贞元二年（公元 786 年） 十四岁

四月，李希烈兵败被杀。六月，吴少诚杀淮西节度使自称留后。

贞元三年（公元 787 年） 十五岁

从祖柳浑被任命为兵部侍郎、同中书门下平章事（宰相）。是年，韩愈从宣城到达长安谋科举考试。

贞元四年（公元 788 年） 十六岁

柳镇调任朝廷殿中侍御史，随父从南方回长安亲仁里家中。是年韩愈留居长安，寄寓安邑里马燧家，紧挨亲仁里东侧，柳、韩之交从此始。

贞元五年（公元 789 年） 十七岁

求进士未第。柳镇因受奸相窦参等人陷害而贬夔州司马。

贞元六年（公元 790 年） 十八岁

求进士未第，作《上权德舆补阙温卷启》。

刘禹锡由吴地游学长安。

贞元八年（公元 792 年） 二十岁

春，陆贽以兵部侍郎知礼部贡举，梁肃、王础辅助选才，于是韩愈进士及第，同榜还有李绛、崔群、李观、欧阳詹等人。

四月，宰相窦参贬郴州别驾，陆贽任宰相。柳镇由夔州司马调回朝廷任侍御史。

贞元九年（公元 793 年） 二十一岁

二月，登进士第。礼部侍郎顾少连知贡举，同榜有刘禹锡、苑论、辛南容等三十二人。

五月，柳镇卒于长安。

贞元十年（公元 794 年） 二十二岁

至邠宁节度使府探望任度支营田副使的叔父，遍游邠州、宁州各地，与"老校退卒"谈话，访得段秀实事迹，为以后撰写《段太尉逸事状》积累了材料。

与登第后省亲回到长安的刘禹锡交游。

贞元十一年（公元 795 年） 二十三岁

居父丧期间不应科试。

韩愈第三次应博学宏词科落第，怅然离京东去。

刘禹锡登吏部取士科，授太子校书。韩泰登进士第。

德宗宠信裴延龄，四月再贬陆贽为忠州别驾。谏议大夫阳城率拾遗王仲舒数人守延英门上疏，论裴延龄奸佞，德宗迁怒，七月贬阳城为国子司业。后来柳宗元写有《与太学诸生喜诣阙留阳城司业书》《国子司业阳城遗爱碣》。

贞元十二年（公元 796 年） 二十四岁

应博学宏词科未第。与杨氏完婚。是年写《邠宁进奏院记》《故御史周君碣》《终南山祠堂碑》《太白山祠堂碑》等。

是年秋韩愈应董晋召，任汴州观察使署推官。

刘禹锡任太子校书，奔父丧离长安去扬州。

贞元十三年（公元 797 年） 二十五岁

居家、交游、作文。是年写《上崔大卿启》《送辛殆庶游南郑序》等。

韩愈于汴州任推官。

贞元十四年（公元 798 年） 二十六岁

博学宏词科及第，任集贤殿书院正字。

吕温、李翱进士及第。

贞元十五年（公元 799 年） 二十七岁

八月，夫人杨氏卒。是年作《辩侵伐论》《四门助教厅壁记》等。

贞元十六年（公元 800 年） 二十八岁

三月，二姐（裴瑾妻）年三十而卒。是年作《温县主簿韩君墓志》、《曹文洽韦道安传》（文佚）等。

白居易进士及第。韩愈任徐州节度推官。刘禹锡为杜佑淮南节度使掌书记。吕温赴洛阳服父丧。

贞元十七年（公元801年） 二十九岁

自集贤殿书院正字调蓝田县尉。女儿和娘诞生于长安善和里柳宅。是年作《送班孝廉擢第归东川觐省诗序》等。

贞元十八年（公元802年） 三十岁

在蓝田尉任。大姐（崔简妻）去世。是年作有《亡友独孤君墓碣》《武功县丞壁记》《送文畅上人登五台遂游河朔序》[①]等。次年春韩愈作《送浮屠文畅师序》，韩、柳两人通过文字论争佛教从此始。

韩愈任国子监四门博士。刘禹锡调任京兆府渭南县主簿。柳、韩、刘三人切磋学术甚多。柳、刘又与韩泰一起在长安听施士丐讲《诗经》。

贞元十九年（公元803年） 三十一岁

十月，自蓝田尉升任监察御史里行。是年作有《祀朝日说》《禘说》《馆驿使壁记》等。

韩愈、刘禹锡是年调任监察御史。年底韩愈贬任连州阳山县令。吕温丁忧期满，授左拾遗。白居易、元稹同登书判拔萃科，同授秘书省校书郎。

贞元二十年（公元804年） 三十二岁

任监察御史里行。是年作《监察使壁记》《诸使兼御史中丞壁记》《兴州江运记》《送范明府序》等。作于长安但不知何时的另有：《天爵论》《时令论》《断刑论》《舜禹之事》《种树郭橐驼传》《梓人传》等。

奉韦执谊之意，与刘禹锡一起造访住长安南郊已颇有文名的牛僧孺。

德宗贞元二十一年，顺宗永贞元年（公元805年） 三十三岁

正月，德宗李适病故，顺宗李诵即位，用王叔文、王伾推行新政。柳宗元升任礼部员外郎。七月，皇太子李纯勾当军国政事。八月，顺宗内禅，宪宗李纯即位。王叔文被贬为渝州司户，王伾为开州司马。九月，柳宗元等七人贬为远州刺史。十一月，再贬柳宗元等七人为远州司马，

[①] 该文提到"厚于上人"的"吏部郎中杨公"即杨凝，卒于贞元十九年正月，作者撰此序时杨凝在世，故系贞元十八年。

柳宗元得永州司马，刘禹锡得朗州司马；又有韦执谊贬崖州司马，史称"八司马"事件。

是年，柳宗元在长安时从师陆质，学《春秋》；贬官后，母卢氏及从弟宗直、表弟卢遵等随行，年底到永州，借居龙兴寺。作文有《户部侍郎王君先太夫人河间刘氏志文》、《吊屈原文》、《贞符》(未完稿)等。

八月，韩愈以阳山令迁江陵法曹参军。刘禹锡贬官去朗州途经江陵，与韩愈相会。

宪宗元和元年（公元806年） 三十四岁

任永州司马员外。修缮龙兴寺西厢房作为居处，与重巽和尚相识；潜心读百家书，包括研读佛教典籍；筑园林于龙兴寺东丘，次年又筑法华寺西亭。五月，母卢氏病故于永州龙兴寺，享年六十八岁。是年作有《龙兴寺西轩记》《龙兴寺息壤记》《龙兴寺东丘记》《陆文通墓表》等。

八月，宪宗有诏：八司马"纵逢恩赦，不在量移之限"。王叔文赐死，王伾病故。"八司马"之一凌准病故。

六月，韩愈召回长安任国子博士。

元和二年（公元807年） 三十五岁

母卢氏灵柩由表兄弟卢弘礼归葬万年县栖凤原柳氏先人墓地。长安故友娄图南从桂州赶来相会，陪伴三年后离去。是年作有《先侍御史府君神道表》《先君石表阴先友记》《先太夫人河东县太君归祔志》等。

元和三年（公元808年） 三十六岁

贬官流人集于永州，有原侍御史元克己、青年进士吴武陵、原睦州刺史李幼清等，又有娄图南等人。皆以文从柳宗元游，或花下对酒唱和，或观景夜饮赋诗，可称一时之盛，是年作《法华寺西亭夜饮赋诗序》等记之。新任刺史崔敏与贬官流人相处甚洽，同泛舟湘江，宴游南池。作《陪永州崔使君游宴南池序》。

与刘禹锡讨论学术，彼此互寄书信文章不断。刘禹锡《答柳子厚书》记收到"新文两篇"。先后讨论问题甚多，包括天人关系、政理、《易》学、佛学、文学等。

元和四年（公元809年） 三十七岁

作书与长安诸亲友许孟容、杨凭、李建等，希望得到量移，未果；

送表弟卢遵离永州赴桂州；携亲友游西山、钴𭐠潭、两小丘、小石潭等，作文记之；近年来所患痞病稍见好转；作《非国语》六十七篇；《贞符》在吴武陵催促下完稿；作书与被贬为道州刺史的吕温讨论《非国语》等学术问题；与吴武陵讲文论道，撰写与吴武陵讲论唱和的诗文甚多；韩愈捎信来批评"不斥浮屠"；柳宗元以《送僧浩初序》作答，称"浮屠诚有不可斥者"。

元和五年（公元810年） 三十八岁

在永州城郊得愚溪，筑室于愚溪旁，下半年移居愚溪，以后写《愚溪诗序》《愚溪对》等以抒情怀。六月，吕温由道州调任衡州刺史，路过永州与柳宗元相会，并转交李吉甫书札。堂弟柳谋弃官归江陵家，路过永州，愚溪小住，临别柳宗元作序相送。女儿和娘病故，时十岁。

韩愈新作《毛颖传》出，学界哗然，作《读韩愈所著〈毛颖传〉后题》一文，大张韩愈笔意，全力支持创新。

元和六年（公元811年） 三十九岁

六月，吕温病故于衡州，悲痛万分，作《祭吕衡州文》《东平吕君诔》。从叔柳公绰出任湖南观察使，召永州龙兴寺重巽和尚赴长沙，临别时特为之作序相送。应岳父杨凭（在余杭长史任）令作《岳州圣安寺无姓和尚碑》，应浩初和尚作《龙安海禅师碑》、应重巽和尚作《南岳云峰寺和尚碑》等。

见到刘禹锡与董侹讨论《易》学所作《辩易九六论》后，即作《与刘禹锡论〈周易〉九六书》，以示不同见解。一位姓元的饶州刺史来信商讨并请教"政理"，即作《与元饶州论政理书》，除同意刘禹锡所论外，又对税收问题等发表了自己的见解。

韩愈由河南令迁尚书职方员外郎，由洛阳移居长安，是年作有《送穷文》《复仇状》等。柳宗元作有《驳复仇议》，法学思想与韩愈《复仇状》有所差异。

元和七年（公元812年） 四十岁

住永州愚溪继续读书作文。贬官流人除李幼清外，多已离去，与和尚交往也渐减少。常信步于田间旷野，与田父野老交接相亲。姐夫崔简卒于驩州，两个外甥扶灵枢北归时，遇暴风淹死于海。七月藳葬崔简和两个外甥于永州，又作祭文等。年内游袁家渴、石渠、石涧等地，又陪崔策登临西山，皆有文记之。

韩愈于二月由尚书职方员外郎再任国子博士，仕途不畅，作《进学解》等文。

元和八年（公元813年） 四十一岁

游距永州七十里的黄溪。来愚溪问学者日见增多。韦中立自长安赶来从师，作《答韦中立论师道书》。韦夏卿之侄韦珩，持韩愈亲笔信来永州就学，又作《答韦珩示韩愈相推以文墨事书》。另有严厚舆、袁君陈等人要求从师，皆写信作答。又作《永州铁炉步志》等文，以抒感怀。

韩愈由国子博士改任比部郎中、史馆修撰，着手改写韦处厚所撰《顺宗实录》。朝廷有人动议起用"八司马"。刘禹锡致书当朝大臣求升迁之意，柳宗元未作反应。此事终因武元衡和宪宗等反对，动议未果。

元和九年（公元814年） 四十二岁

在永州愚溪读书作文，与山水为伴，答四方问学者。为韩愈《答刘秀才论史官书》，撰《与韩愈论史官书》相劝，又寄《段太尉逸事状》备修史用。为布衣段弘古卒作《墓志》和《祭文》。

作于永州但不知何时的作品另有：《封建论》《天说》《天对》《捕蛇者说》《三戒》《乞巧文》《骂尸虫文》等。

元和十年（公元815年） 四十三岁

正月，诏赴京师。二月，与刘禹锡结伴抵长安。三月，出为柳州刺史，刘禹锡得播州后改为连州刺史。与刘禹锡同路南行至衡阳分手。六月，至柳州。七月，从弟宗直卒于柳州。十月，主持新修柳州文宣王庙完工。

六月，镇州节度使王承宗为助淮西吴元济而在长安刺杀宰相武元衡，刺伤御史中丞裴度。裴度出任宰相。白居易八月由太子左赞善大夫贬江州司马。

元和十一年（公元816年） 四十四岁

为便利柳州人饮水而凿井。作文有《井铭》《祭井文》等。长子周六生，从弟宗一离柳州北去。

是年，韩愈迁中书舍人，又于五月降为太子右庶子。

元和十二年（公元817年） 四十五岁

修复柳州大云寺，在寺旁种树植竹，开垦田园。撰《筝郭师墓志》，并寄于连州刘禹锡。岳父杨凭、姐夫裴瑾卒。

七月，裴度亲临淮西督师讨伐吴元济，韩愈任裴度行军司马。十月，李愬攻入蔡州擒吴元济。韩愈于淮西胜利后升任刑部侍郎。

元和十三年（公元818年） 四十六岁

赴桂州为裴行立訾家洲亭作记。应岭南节度使马摠请，作《曹溪禅师碑》。为平淮西，作《献平淮夷雅表》《上裴晋公度献唐雅诗启》等文。

数年来于柳州行善政。因俗施教颇多，解放奴婢，发展生产，州内气象一新。

元和十四年（公元819年） 四十七岁

十一月初八日（11月28日）病逝。病重时，曾遗书与刘禹锡和韩愈，托以编集、抚孤之事。

刘禹锡因母亲病故，奉柩返洛阳，十一月途次衡阳，见柳宗元讣文，为失良朋知己悲痛欲绝。韩愈因谏佛骨事由刑部侍郎贬潮州刺史。是年十月改袁州刺史，在驿道上接凶讯，即写祭文并派人去柳州吊唁。柳宗元病故后，因家境贫困，无法料理丧事，只好停柩八个月后，得生前好友资助，于次年（元和十五年，公元820年）七月归葬故乡万年县栖凤原先人墓侧。

二 参考书目

柳宗元集．柳宗元集校点组校点．中华书局
柳河东集．据宋世綵堂本断句排印本．上海人民出版社
柳宗元年谱．施子愉著．湖北人民出版社
古典文学研究资料汇编（柳宗元卷）．吴文治编．中华书局
韩愈柳宗元文学评价．黄云眉著．齐鲁书社
柳宗元评传．吴文治著．中华书局
柳宗元．顾易生著．上海古籍出版社
柳宗元传论．孙昌武著．人民文学出版社
柳文指要．章士钊著．中华书局
韩昌黎文集校注．马其昶校注．马茂元整理．上海古籍出版社
韩昌黎诗系年集释．钱仲联集释．上海古籍出版社
刘禹锡集．上海人民出版社
白居易集．中华书局
全唐文．中华书局
全唐诗．中华书局
韩愈志．钱基博著．商务印书馆
韩愈述评．陈克明著．中国社会科学出版社
刘禹锡年谱．卞孝萱著．中华书局
白居易年谱．朱金城著．上海古籍出版社
中国通史简编范文澜著．人民出版社
中国史纲要．翦伯赞著．人民出版社

隋唐五代史.吕思勉著.上海人民出版社
隋唐史.岑仲勉著.中华书局
唐代政治史述论稿.陈寅恪著.三联书店
唐代制度渊源略论稿.陈寅恪著.商务印书馆
中国政治史.周谷城著.中华书局
中国官僚政治研究.王亚南著.中国社会科学出版社
中国经济思想史.胡寄窗著.上海人民出版社
魏晋南北朝隋唐经济史稿.李剑农著.三联书店
中国思想通史.侯外庐主编.人民出版社
中国哲学史.任继愈主编.人民出版社
中国哲学大纲.张岱年著.中国社会科学出版社
中国古代思想史论.李泽厚著.人民出版社
经学通论.皮锡瑞著.中华书局
经学历史.皮锡瑞著.中华书局
唐代佛教.范文澜著.人民出版社
隋唐佛教史稿.汤用彤著.中华书局
佛教哲学.方立天著.中国人民大学出版社
中国佛学源流略讲.吕澂著.中华书局
中国文学史.游国恩、萧涤非等主编.人民文学出版社
中国文学史.中国科学院文学研究所编.人民文学出版社
中国文学批评史.郭绍虞著.中华书局
中国文学批评史.罗根泽著.中华书局
美的历程.李泽厚著.文物出版社

注：这个参考书目中，把《旧唐书》《新唐书》《资治通鉴》和历代的笔记、诗话、文论等均略去，重点增加了曾受到启发的现代研究著作目录。

后 记

当年在山东大学中文系读书,历史系黄云眉教授新作《柳宗元文学的评价》一文,在社会上引起很大反响,这件事给我留下了深刻印象。我毕业后留校,与黄先生虽不在同一个系,但常蒙接见交谈,循循善诱。1973年,跟随吴富恒教授办《文史哲》,我在奔走办刊之余,常有所问,受益之处,绝非编辑一端而已。就在1973年夏天,见到章士钊的学术新著《柳文指要》,我马上借来翻阅,此时并非有研究的宏愿,仅是为满足自己对学术的一点渴望罢了。那一年,承殷孟伦师赠施子愉著《柳宗元年谱》一书,并告柳子厚如何如何,未敢忘却。1981年以后,我的合作者杨慧文参加了现在属于全国古籍整理规划的山东大学《柳宗元全集》校注组的工作,使我们有机会接触关于柳宗元的更多材料,包括仰慕已久的珍贵版本和以往学者的研究成果。年来友朋往来,柳宗元成为经常谈论的话题,得益匪浅。这就促使我们萌发合作撰写《柳宗元新传》的念头。

动手写作之初,上海人民出版社张臻要求我用散文笔法写历史人物。张臻提出这个主张,可能是鉴于当今不少历史人物传记读物,写得干干巴巴,一大堆材料和引文,再加一大堆结论,不一定没有学术性,但缺少可读性,结果人物传中不见人物,读起来十分费劲。除专业研究者外,一般人不愿意硬着头皮去读这种书。所以编辑热心为他尊敬的读者,寻求既有学术性又有可读性的人物传记。

凡读古文,我最佩服《史记》。司马迁写人物传,不论写屈原那样

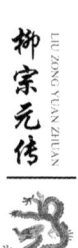

的大诗人，还是写荆轲那样的游侠士，都言必己出，少有引文，通篇文气无阻隔，读来通达顺畅；又注重写人物性格，有作者自己情感贯注于字里行间，因此真实生动，虽是历史作品，掩卷后觉得余味无穷。再如傅雷所译罗曼·罗兰五种人物传记，篇幅都不长，然而其中人物都有精神。即使是论文，像泰纳的《巴尔扎克论》，深刻的思想与生动的文字结成一体，称之是散文，似也无妨。看看这些大手笔，高山仰止，自己简直就不敢动笔。

司马迁写传记文，奥妙在于能够传神。其实柳宗元、韩愈的传记文，何尝不是如此。我们要学这些散文家的传神，谈何容易！想来想去，感到困难重重。柳宗元主要是思想家，因此不能不讲他的思想，讲思想就得重视理论逻辑，这就难免枯燥乏味。他一生经历简单而不复杂，并无曲折传奇可作渲染，也无奇闻轶事可助谈趣。在思想家中，他大概属于经常板着面孔，显得比较严肃和认真的那一种人，尽管他的某些作品有较多幽默感。想到这些，心里未免胆怯，逼着另想一些办法。办法是否有效，又没有把握。

1984年年底，我辞去《文史哲》编务。在以后的两年内，就全力以赴去做这件事情。

在这两年时间内，除反复诵读四十五卷柳宗元诗文，我还把文稿写了两遍。而我似乎一直是与柳宗元一起生活的，持笔作文不用说了，与亲友谈话，也老是柳宗元长，柳宗元短，旁人或以为神经质。写历史人物传记与文学创作不同，必须事事有根据，凭空虚构将一钱不值。可是有一点与文学创作相仿，就是必须唤起丰富的想象。因此，我故意保持自己那种专注和虚静的心境，希望它有利于达到这样的目的：具体地再现柳宗元的生活和性格，正确地叙述他的思想和成就。

柳宗元一生涉及的方面很多，由于年代久远，往日的事情现在变得十分复杂，今天为弄清其中一个问题，常常要费很多工夫。他的有些作品，文字古奥，不容易读懂。在这方面，前人和今人的许多著作对我们帮助很大，有些已在注释中做了说明。学术界围绕柳宗元的争论历来很多，我们没有把不同意见一一列出，大体是按自己想法径直写去。细心的读者，会发现本书在有些问题上持有与别人不尽相同的看法。诸如柳宗元思想的历史渊源，特别是与儒家的关系，他的思想发展道路，他的仁政民本思想及其评价，他的宗教观点尤其是对佛教的看法，他本人与韩愈的关系等，这些地方或许可说有点新见。历来所谓新见，恐怕没有不受过别人这样或那样的启发，我们既不敢夸口，也不敢自擅，只是期待着评说其中的疏漏之处。

本书撰稿工作由我执笔。杨慧文有"中国古代文学史参考丛书"隋唐五代卷的编写任务，仍为本书参加了全过程，从讨论提纲到修改定稿，并搜集不少重要材料。作文时殚思竭虑，可谓苦在其中；吐而后快，亦是乐在其中。如能使读者同乐，更是世上难得的幸运，愿意舞文弄墨的人，也许都悄悄地怀有这种希望。

刘光裕

记于山东大学南院望云斋

1987年12月

再版后记

《柳宗元新传》最初于1989年由上海人民出版社出版，撰写时间1985-1987年，距今三十来年。今年六月间，得知中国书籍出版社将再版拙作，更名为《柳宗元传》，令我八十老翁欣喜雀跃，马上想到修订三十年前文字与其他。不料，八月初有车祸断臂之难，只能住院治疗；过了十一月，治疗成效渐著，心想修订文字已无能为力，草草写个"再版后记"或许是可能的。

柳宗元既是思想家，又是文学家。我最早从文学作品接触柳宗元，然而到后来对他作为思想家的兴趣更大些。本书与同类著作相比有两个特点。其一，以表现柳宗元在思想史上的杰出贡献为主；其二，尝试用散文笔法写思想家传记。

柳宗元作为思想家的历史贡献至少有三：第一，继承并发展儒学中最具生命力的"民本"学说，成为孟子以后中国最重要的"民本"论者；第二，当儒学面临危难之际，他与韩愈一起挺身而出，成为唐代复兴儒学运动的领袖与中坚；第三，积极倡导通过吸收众家之长以实现儒学变革，从而成为促使儒学从汉学往宋学转变的先驱人物。柳宗元是忠贞不渝的儒学思想家。

我在书稿交给出版社之后，继续思考柳宗元与儒学的关系，先后写了三篇长文，即《唐代经学中的新思潮——评陆质春秋学》（1988），《柳宗元与儒学革新》（1990），《柳宗元民本思想与现代民主》（1998）。要搞清柳宗元思想不可不知他的老师陆质。柳宗元三十三岁任礼部员外郎时向陆质"执弟子礼",由此可知他对陆质及其学说的敬重。有唐三百年经学领域,我以为可称思想家者唯为陆质一人。拙作《唐代经学中的新思潮》一文刊于1990年《南京大学学报》。此前近百年除史著谈及,未见全面评论陆质春秋学的专门文章。接着又作《"陆氏三书"考》《陆淳年谱疏证》两文,以纪念这位可敬的经学革新家。事至今日,关注陆质者渐见增多,大陆与台湾都有;还有人撰《柳宗元抑周尊孔思想成因初探》与我呼应。"抑周公而尊孔子"之说出于拙作《柳宗元与儒学革新》,而柳氏这思想源于他的老师陆质。我因柳宗元而了解儒学,并关注陆质,进而又因陆质而了解儒家经学,于是逐渐相信,以儒家为代表的中国古代文明确实拥有西方古代不具有的一些强项与优势,客观评论儒家及其功过仍是学界当务之急。

本书之所以再版,全赖中国书籍出版社与责任编辑安玉霞,特表谢意。当年,撰写本书是应上海人民出版社编辑张臻之约。张臻是我大学同窗,他的帮助与鼓励难以忘怀,如今却已离我而去,不能分享本书再版的快乐,令我伤感难抑。谨以诚挚之心,期待再版后读者朋友的批评与指正。

刘光裕
2016年12月

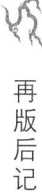

图书在版编目（CIP）数据

柳宗元传/刘光裕，杨慧文著.—北京：中国书籍出版社，2017.4
ISBN 978-7-5068-6015-4

Ⅰ.①柳… Ⅱ.①刘… Ⅲ.①柳宗元（773-819）—传记 Ⅳ.①K825.6

中国版本图书馆CIP数据核字（2017）第009831号

柳宗元传

刘光裕　杨慧文　著

策　　划	安玉霞
责任编辑	安玉霞
责任印制	孙马飞　马　芝
封面设计	展　华
出版发行	中国书籍出版社
地　　址	北京市丰台区三路居路97号（邮编：100073）
电　　话	（010）52257143（总编室）（010）52257140（发行部）
电子邮箱	eo@chinabp.com.cn
经　　销	全国新华书店
印　　刷	三河市华东印刷有限公司
开　　本	710毫米×1000毫米　1/16
字　　数	280千字
印　　张	17
版　　次	2017年4月第1版　2020年8月第2次印刷
书　　号	ISBN 978-7-5068-6015-4
定　　价	42.00元

版权所有　翻印必究